Arena-Taschenbuch
Band 1557

Rüdiger Siebert

Magellan –
Entdecker im Zwielicht

Spurensuche in Südostasien

CIP-Kurztitelaufnahme der Deutschen Bibliothek

Siebert, Rüdiger:
Magellan – Entdecker im Zwielicht:
Spurensuche in Südostasien/Rüdiger Siebert.
[Vom Autor überarb. u. aktualisierte Fassung].
– 1. Aufl. – Würzburg: Arena, 1987.
(Arena-Taschenbuch; Bd. 1557)
Auch u. d. T.: Siebert, Rüdiger: Tod auf Mactan
ISBN 3-401-01557-5
NE: GT

1. Auflage als Arena-Taschenbuch 1987
© 1982 by Arena-Verlag Georg Popp, Würzburg
Die gebundene Ausgabe erschien unter dem Titel
»Tod auf Mactan«
Vom Autor überarbeitete und aktualisierte Fassung
Alle Rechte vorbehalten
Umschlaggestaltung: Grafisches Atelier Arena,
unter Verwendung eines Stichs (Archiv für Kunst und Geschichte)
Bildnachweis: Bildarchiv Preußischer Kulturbesitz,
Berlin: S. 46, 95, 114, 148, 273, 298; alle übrigen
Fotos von Rüdiger Siebert
Karten: Rainer Brand
Gesamtherstellung: Pfälzische Verlagsanstalt, Landau
ISSN 0518-4002
ISBN 3-401-01557-5

Inhalt

Brunei – Urwaldparadies mit Schattenseiten

Die Molukken

Magellan und Lapulapu

Die Geschichte hat das Zeug für einen Kriminalfall. Kategorie Schwerverbrechen, und zwar gleich mehrere:

In den frühen Morgenstunden überfallen etwa 60 Europäer die Bewohner der Insel Mactan. Die Menschen jenes Eilandes hatten den Weißen nicht das Geringste zuleide getan. Die Europäer sind mit Armbrüsten, Musketen, Schwertern und Lanzen bewaffnet und durch eiserne Rüstungen und Helme geschützt. Die bedrängten Menschen Mactans wehren sich ihrer dunklen, nackten Haut. Sie verfügen nur über vergiftete Pfeile und hölzerne Speere. Trotz ihrer Unterlegenheit können sie damit den Eindringlingen schmerzhafte Wunden beibringen. Als die Insulaner sehen, daß die Rüstungen ihrer Widersacher nur deren Oberkörper, nicht aber die Beine schützen, werden sie mutiger und zielen auf die unbedeckten Körperteile. Die Europäer zünden ihnen daraufhin die Häuser an. Die mit Palmblättern bedeckten Holzhütten lodern im Nu. Der Anblick der Flammen steigert Wut und Verteidigungswillen der Inselbewohner. Sie stürmen durchs seichte Uferwasser. Nach einem Handgemenge gelingt es ihnen schließlich, den weißen Rädelsführer zu verwunden und dann zu töten. Weitere sieben Europäer bezahlen den Überfall mit ihrem Leben. Die Todesopfer auf seiten der Männer von Mactan gehen in die Dutzende. Genaue Angaben fehlen.

In Panik flüchten die überlebenden Europäer auf ihre Schiffe zurück.

Der Tatbestand von Hausfriedensbruch, Brandstiftung und Totschlag ist auszumachen.

Auch ein Kriminalfall also, was da am 27. April 1521 geschah. Doch in der eben skizzierten Form ist das Ereignis nicht überliefert worden, jedenfalls nicht in den Geschichtsbüchern des Abendlandes. Darin wird das von den Europäern ausgelöste Gemetzel auf Mactan nicht einmal andeutungsweise unter juristischen Aspekten geschildert, sondern ist mit der Gloriole eines welthistorischen Datums versehen. Unter dem 27. April 1521 sind nur ein Name und ein Ereignis registriert: »Fernão de Magelhães, auch Magellan genannt, fiel im Kampf gegen die Eingeborenen.« So steht's im Großen Brockhaus und anderen einschlägigen Werken, Hinweis aus westlicher Sicht auf das Ende einer Weltreise, auf das Ende eines Mannes, der in spanischen Diensten die erste Umsegelung des Erdballes befehligt hatte: Der Held des Abendlandes, niedergemacht von primitiven Wilden.

So verkürzt kann man den Tod auf Mactan sehen, so einseitig hat es der Westen stets gesehen. Aber es gibt auch eine andere Sicht des Falles, die Sicht der Betroffenen oder genauer: der Erben der Betroffenen in den Phillippinen. In den Geschichtsbüchern des modernen Südostasiens ist neben Magellan ein zweiter Name zu lesen: Lapulapu, der Fürst, unter dessen Führung sich die Männer Mactans gegen den Überfall gewehrt hatten. Einige phillippinische Autoren gehen so weit, in eben diesem Lapulapu ihren ersten Nationalhelden zu feiern, der den Europäern die Stirn geboten hat.

Der Fall Magellan ist ein aufschlußreiches Beispiel dafür, wie unterschiedlich dasselbe Ergebnis interpretiert werden kann, je nachdem, auf welcher Seite man steht. Beide Namen repräsentieren Welten. An Büchern, die sich aus westlicher Sicht mit Magellan und seiner Tat beschäftigten, mangelt es nicht. Aber ziemlich alle sind von Fehlschlüssen und Mißverständnissen gegenüber der außereuropäischen Welt durchdrungen. Auf dem Auge, mit dem sie Lapulapu, den Angegriffenen, den Bedrängten, den Unterdrückten, hätten sehen können, waren die meisten Autoren blind.

Fast überall in den für die Europäer neuen, unbekannten Erdteilen wurden sie von den Einheimischen mit offenen Armen empfangen; und fast überall endete diese freundliche Neugier der Menschen, die nie zuvor Weiße gesehen hatten, mit Tod und Tränen – verursacht von eben diesen Weißen. Europäer haben sich nur ausnahmsweise als aufgeschlossene, verständnisvolle Gäste aufgeführt. Sie traten zumeist als erobernde Eindringlinge auf, die sich kaum die Mühe machten, herauszufinden, in welche Welt sie da vorgestoßen waren, sondern stets sofort darangingen, diese Welt nach ihren Werten, Wünschen und Profiterwartungen umzukrempeln.

Magellan *kontra* Lapulapu: Die provozierende Anmaßung läßt sich von den frühen Entdeckern bis zu gegenwärtigen Touristen verfolgen. Lapulapu, der Mann der anderen Seite, wurde und wird nicht ernst genommen und als Mensch akzeptiert. Magellan ist das Maß aller Dinge. In der wichtigsten Magellan-Biographie der deutschsprachigen Literatur, dem Buch von Stefan Zweig, läßt sich diese fatale Einseitigkeit besonders deutlich ablesen. Mir erging es dabei wie den meisten Lesern des anspruchsvollen Werkes. Als Junge verschlang ich seine Geschichte Magellans und war um einen Helden reicher geworden. Erst später wuchsen meine Zweifel.

Als ich selbst in jene Region reisen konnte, die Magellans Ziel und Verderben wurde – die Inselwelt Südostasiens –, erkannte ich, wie parteilich und völlig auf Europa bezogen Stefan Zweig seinen Magellan gesehen hatte und wie unfähig und unwillig der österreichische Autor gewesen war, der von Magellan »entdeckten« Welt und ihren Menschen gerecht zu werden. Stefan Zweig spiegelt das Europa seiner Zeit wider. Das Buch ist 1938 erschienen. Seither haben sich die Verhältnisse weltweit radikal verändert. Längst kann sich Europa nicht mehr der über Jahrhunderte mit allen Mitteln erkämpften Rolle erfreuen, das Zentrum der Meere und Kontinente zu sein. Lapulapu hat sich durchgesetzt und ist zur weltpolitischen Größe erwachsen, ob es den Weißen nun paßt oder nicht. Es ist an der Zeit, den Anfängen der Auseinandersetzung vom 27. April 1521 bis zu den Folgen in der Gegenwart auch aus seinem Blickwinkel nachzuspüren.

Lapulapu *kontra* Magellan: An den historischen Schauplätzen in Südostasien – in Malaysia, auf den Philippinen, in Brunei und Indonesien – bin ich der Geschichte nachgegangen, um die Gegenwart zu entdecken. Dabei kommen die Nachfahren Lapulapus zu Wort. Moderne Geschichtsbücher ihrer Länder und die Ansichten zeitgenössischer Autoren Südostasiens haben mich bei der Aufzeichnung ebenso geleitet wie die Stimmen der kleinen Leute auf Straßen und Feldern, in Häfen und Slums.

Diesen zahlreichen asiatischen Gesprächspartnern bin ich zu Dank verpflichtet. Ebenso sage ich denen Dank, die mir bei der Auffindung literarischer Quellen geholfen haben, namentlich Josef Baumgartner S.V.D. von der San

Carlos Universität in Cebu City, Frau Professor Dr. Irene Hilgers-Hesse vom Malaiologischen Apparat der Universität zu Köln und Martin Bode vom Goethe-Institut in Singapur.

Das Gestern ohne den Bezug zum Heute zu sehen, halte ich für sinnlos und für Zeitverschwendung. Wenn dieses Buch beim europäischen Leser beiträgt, neben Magellan auch Lapulapu zur Kenntnis zu nehmen, dann wäre eine Absicht des Autors erreicht. Doch in der kleinen und von einem Netz gegenseitiger Abhängigkeit überzogenen Welt von heute geht es um sehr viel mehr: um die Einsicht, daß Magellan und Lapulapu nur eine einzige Chance haben, das Morgen zu erleben, nämlich als gleichberechtigte Partner solidarisch zusammenzuarbeiten und voneinander zu lernen.

Magellan *und* Lapulapu.

1982 ist dieser Versuch, die gemeinsamen Linien europäisch-südostasiatischer Geschichte in die Gegenwart fortzuführen, erstmals unter dem Titel »Tod auf Mactan – Spurensuche im Fall Magellan gegen Lapulapu« erschienen. Gern greife ich nun im zeitlichen Abstand die Gelegenheit auf, die jüngsten Ereignisse in das historische Gesamtbild einzufügen. Die Taschenbuchausgabe ist völlig überarbeitet, gestrafft und aktualisiert worden. Vor allem in den Philippinen bahnen sich politische Veränderungen an, deren Folgen noch gar nicht zu übersehen, deren Zusammenhänge jedoch in großer geschichtlicher Entwicklung zu bewerten sind. Magellans Erbe als Bürde der Fremdbestimmung wirkt weiter.

R.S.

INDISCHER OZEAN

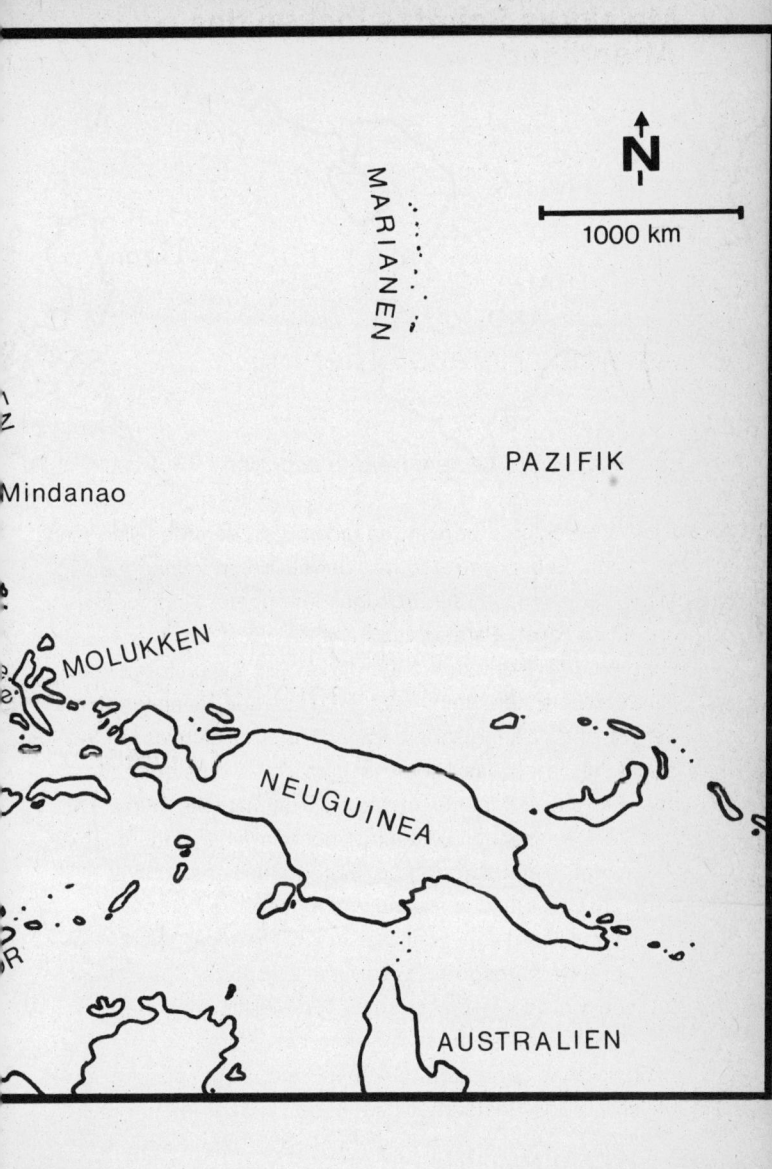

Malakkas Schätze locken das Abendland

Asien als Herausforderung

Wenn ein Hippie einem Helden schreibt

Meine Geschichte beginnt an einem Ort, den Magellan nie in seinem Leben betreten hat, der auch von keinem seiner Männer, die mit ihm die Erdkugel umrundeten, je angesteuert worden war: Parangtritis heißt das Dorf, wo die javanische Fruchtbarkeit zu Wanderdünen von Saharaformat versandet. Zwischen dem saftigen Grün der Reisfelder und der Gischt des Indischen Ozeans breitet sich da an der Südküste Javas das Niemandsland eines Wüstenstreifens aus. Ein paar Kilometer nichts als kümmerliche Dürre. Die heitere Gelassenheit, die über den Sawahs, den Reisfeldern, liegt, bleibt zurück. Die Welt Indonesiens scheint hier in einem Urzustand aus Sand und Meer zu verharren.

Pilger reisen von weit her nach Parangtritis, um am Strand der Meeresgöttin Loro Kidul zu opfern. Früchte und Blumen werden in die stürmischen Wellen geworfen. Ein paar Holzhütten säumen den sandigen Weg zum Ufer. Die Bretterwände sind von Orkanen und Regengüssen gebleicht: billige Raststätten der Pilger; bis zur letzten Matte überfüllt, wenn an Festtagen die Massen anreisen; im schläfrigen Abseits gelegen, wenn sich dazwischen nur vereinzelt eine Familie zur Wallfahrt veranlaßt sieht. Die Menschen folgen religiösen Riten, deren Wurzeln weit in die Zeiten reichen, bevor in Südostasien der Islam und, mancherorts zumindest, auch das Christentum aufblühten und sich mit den verwelkenden Ranken des hinduistisch-buddhistischen Erbes vereinten. Parangtritis ist ein Ort der Pilgerfahrten geblieben, ohne sich auf eine der Religionen festzulegen. Heiliger Ort für jedermann. Asiens Eigenheiten. Asiens Rätsel.

Ich dachte darüber nach, als ich von meinem Quartier aus, von meiner bescheidenen Bleibe am Rande des Dorfes, auf die wellenbewegte Weite des Ozeans blickte. Ungezählte Male hat er die Menschen in tödliche Gefahr gebracht. Legion ist die Zahl der Opfer. Aber immer wieder nahmen die Menschen seine Herausforderung an. Seit diese südostasiatische Welt an den Küsten des Indischen Ozeans ins Bewußtsein der Europäer gedrungen war, strahlte sie eine magische Anziehungskraft aus, von der ein Magellan gepackt war, von der auch die gegenwärtigen Reisenden erfaßt sind, die schnell und bequem dorthin fliegen können, wo die europäischen Menschen des Mittelalters ihre Träume von Pracht und Reichtum angesiedelt hatten.

Ich schaute mich um. Parangtritis ist für seine Bewohner das geblieben, was diese vermeintlich von Schätzen überquellende Welt der verlockenden Fabeln bis auf wenige Ausnahmen immer schon war: arm an materiellen Gütern. Was zu holen gewesen war und zu holen ist in unseren Tagen, hat stets nur wenigen Profit gebracht – den Einheimischen zuletzt.

Parangtritis ist kein Ort des modernen Massentourismus

geworden. Nur einige Abtrünnige tummeln sich an diesem Strand, 30 Kilometer südlich von Yogyakarta: Individualreisende, wie sie im touristischen Branchenjargon heißen, Hippies, Freaks, Aussteiger oder auch nur solche, die ihren Reisegruppen für ein paar Tage durchgebrannt sind. Die einen mögen sich am Sonnenuntergang berauschen, die anderen an den Mushrooms, die dem Fremden in Parangtritis von Kindern und alten Frauen angeboten werden: Halluzinationen weckende Pilze, als Suppe oder Omelett zubereitet.

Ich spannte in Parangtritis für einige Tage aus. Ich war am Ende einer der Reisen durch Südostasien angekommen, die mich wieder einmal auf die Spuren Magellans gebracht hatte. Zufällig hatte die Suche vor Jahren begonnen; später setzte ich sie bewußt fort und war schließlich besessen von dem Gedanken, die Stätten dieser frühen europäisch-asiatischen Begegnung zu besuchen. In welche Welt waren die Weißen zu Beginn des 16. Jahrhunderts eingedrungen? Was haben sie angerichtet? Was ist heute aus dieser Welt geworden? Diese Fragen gingen mir durch den Kopf.

Ich malte mir an jenem Abend eine Geschichte aus. Welche Spannung würde sich wohl ergeben, einen von den jungen Leuten, die heute in Scharen durch Asien ziehen, mit Magellan zu konfrontieren? Ein fiktives Zusammentreffen auf einer der östlichen Inseln Indonesiens beispielsweise. Hier der jugendliche Kulturflüchtling, der den Zwängen und Flüchen der Atomstaaten davonläuft, gepeinigt vom Würgegriff des Fortschritts und übersättigt vom Wohlstand; der junge Mann des späten 20. Jahrhunderts, der enttäuscht vom Mißerfolg des Machbaren sein Heil im Osten sucht; einer, der dort nicht das vermeintliche Glück des Christentums verbreiten will, sondern im Gegenteil für

Indonesien: in Parangtritis

sich Trost und Befreiung aus asiatischen Religionen erwartet.

Und ihm gegenüber der willensstarke Mann, der unerschütterlich von der Überzeugung getrieben wird, daß das Machbare auch getan werden muß, der für den Preis unbeschreiblicher eigener Qualen und denen seiner Helfer die Erde umrundet; der Abendländer des 16. Jahrhunderts mit seinem festen katholischen Glauben, der am Beginn der dem modernen Aussteiger so zusetzenden Zeit steht, die wir Neuzeit nennen.

Hippie und Held. Eine reizvolle Story. Ich spann den Faden über die Epochen weiter. Aber dann mußte ich an Francisco Serrao denken. Mir wurde klar, daß die Geschichte gar nicht so neu ist. Das Zusammenwirken zweier gegensätzlicher Typen, die beide mit unterschiedlichen Gründen gen Osten ziehen und diesem Osten verfallen, braucht nicht erst angesichts der sinkenden Sonne von Parangtritis erfunden zu werden. Diese Spannung ist bereits Teil der Magellanschen Biographie.

Von den Molukken bis zum Mond

Wer weiß, ob die erste Umrundung des Erdballes unter dem Kommando Ferdinand Magellans überhaupt stattgefunden hätte, wenn nicht ein paar Briefe über die Meere geschickt worden wären. Keine Frage: Diese erste Weltumsegelung kann in ihrer epochalen Bedeutung mit den ersten Schritten verglichen werden, die die Menschen auf den Mond setzten. Bei beiden Ereignissen mündeten so ziemlich alle menschlichen Eigenschaften in die eine Tat: von der Phantasie angefangen bis zu Abenteuerlust und unverhülltem Streben nach Macht. Doch was löste all diese Energien aus?

Für Magellan spielten Briefe eine entscheidende Rolle, ein paar Briefe nämlich, die ein Mann geschrieben hatte, der zu den Ahnvätern der Hippies gehört: ein Portugiese, der sein Lebensglück auf einer kleinen Insel gefunden hatte, die in den östlichen Meeren des heutigen Indonesiens liegt; ein Mann, der den europäischen Ränken und Revolutionen ade gesagt hatte und dem Freund im fernen Portugal über sein Eiland berichtete, als habe er das Paradies gefunden. Francisco Serrao hieß dieser Fahnenflüchtige des Abendlandes. Ferdinand Magellan war Adressat seiner Briefe.

Natürlich muß die Zeit reif sein für die jeweilige Tat, die zum Datum in Geschichtsbüchern wird. Die technischen Voraussetzungen gehören gleichermaßen dazu wie die politischen Rivalitäten im globalen Maßstab. Das hochseetüchtige Schiff, das auch gegen den Wind segeln kann, mußte also erst einmal erfunden sein, ehe sich die europäischen Entdecker auf die Reise ins ferne Unbekannte wagen konnten. Die portugiesisch-spanische Konkurrenz, politischer wie wirtschaftlicher Art, hatte sich zuspitzen müssen, ehe es Königen und Kaufleuten als lohnend erschien, solche maritimen Vorstöße materiell auszurüsten. Der Islam hatte zur gefahrvollen Bedrängnis werden und muslimische Händler hatten den Europäern den Profit streitig machen müssen, ehe sich das Abendland der Enge seiner Grenzen bewußt wurde. Und um den Vergleich ins sechste Jahrzehnt des 20. Jahrhunderts fortzuführen: Technische Möglichkeiten und der kapitalistisch-kommunistische Machtkampf zwischen West und Ost mußten spannungsvoll zusammentreffen, um jenen spektakulären ersten Mondflug der Amerikaner prestigeträchtig geschehen zu lassen.

Die Weltumsegelung hat den Menschen zum ersten Mal die wahren Dimensionen ihres Erdballes erschlossen. Beim bemannten Mondflug haben sie ihren Planeten zum ersten Mal verlassen, die Erde mit eigenen Augen als Kugel geschaut und ihre Schritte auf einen anderen Himmelskörper gesetzt. Historische Leistungen von ungeheurer Tragweite. Und doch muß längst vor der materiellen, organisatorischen Verwirklichung solcher Unternehmen etwas geschehen, was sich weder mit Kompaß, noch mit Computer berechnen läßt: etwas Unfaßbares, das der Menschen Denken, Fühlen und Wünsche prägt. Es ist der Zwang zur schöpferischen Vervollkommnung: die Gratwanderung zwischen faustischem Wahn und klarem Intellekt, angetrieben von einem Funken Kreativität, der eine Idee auflodern läßt, die zur fixen Idee wird. Letztlich entzieht sich dieser Akt der Erklärung. Was sich in den Köpfen eines Kollektives tut, von Massenmedien und kommerzieller Werbung verstärkt, was dann pluralistisch getragene Entscheidungsprozesse unserer Zeit vorbereitet, für die der Mondflug nur ein spektakuläres Beispiel bietet, das mag vor über vier Jahrhunderten im Kopf eines Einzelnen vorgegangen sein – auch er ist natürlich Kind seiner Zeit, Spiegel seiner Umwelt, Empfänger von Botschaften, die von kirchlicher Kanzel kommen, ein Mensch, der Einflüsse in Entscheidungen umsetzt – womit wir wieder bei der Korrespondenz zwischen Serrao und Magellan sind.

Da gibt es mittlerweile Regale voller Bücher zur Geschichte der ersten Weltumsegelung, aber dieser folgenreiche Briefverkehr aus den Molukken ins mehr als 15 000 Kilometer entfernte Portugal ist darin allenfalls einer Erwähnung wert. Vom wissenschaftlichen Standpunkt aus gesehen, mag das gerechtfertigt sein. Denn die Briefe Serraos lassen sich registrieren, kommentieren, zitieren; aber es läßt sich eben nur spekulieren und fabulieren darüber, was sie im Denken des Magellan bewirkt haben. Es muß der Phantasie überlassen bleiben, was diese fruchtbare Beziehung zwischen dem frühen Hippie und dem späteren Helden an Kräften freisetzte.

An jenem lauen Abend in Parangtritis hatte meine Vorstellungskraft keine Mühe, Zeiten und Räume zu durcheilen. Ich dachte an die Stadt zurück, die ich kurz zuvor besucht hatte: Malakka, die Stadt, in der Serrao und Magellan zum letzen Mal in ihrem Leben zusammen waren. Malakka war zum Wendepunkt für sie beide geworden: geistig wie geographisch. Es ist ein faszinierender Ort, an dem sich Weltgeschichte lokalisieren läßt.

Brücke über die Jahrhunderte

Im dahintreibenden Wasser glänzt die Vergangenheit. Der Spiegel des Malakkaflusses läßt die schäbigen Hausfassaden an seinen Ufern in ein freundliches Aquarell zerfließen. Die Konturen wohlhabenderer Tage verwischen sich. Symbole neuzeitlicher Lebensart werfen im Wasser keine Schatten: dünne Drahtfinger der Fernsehantennen auf den dürftigen Behausungen. Die verschachtelten Hütten, Schuppen, Balkone, Klohäuschen, teils mit verrostetem Wellblech gedeckt, teils mit knallroten Ziegeln, die alt und verbraucht sind und die modernisierende Hand vermissen lassen, verlieren sich in jenem Fluß, der Blut und Schweiß und Tränen historischer Ereignisse fortschwemmte – hinaus aufs Meer, von dem sie alle gekommen waren, die Malakkas Werden bestimmten: Asiaten und Europäer.

Die Brücke, die solche Spiegelungen sichtbar werden läßt, bildete einen der strategisch wichtigen Punkte, um die Malakkas wechselnde Herrscher gekämpft hatten: die ehedem einzige Verbindung zwischen den Stadtteilen. Noch heute schweift von ihrer Wölbung aus der Blick hinaus in das Gewirr der engen Gassen auf der rechten Flußseite im Norden, wo Handel seit Jahrhunderten den Alltag bestimmt. Und auf dem linken Ufer im Süden leuchtet das Karminrot des Stadthauses herüber, das als Zeichen kolonialer Fremdherrschaft die Zeiten trutzig überdauert hat.

Der hölzerne Überweg früherer Generationen, von Feuer und Kanonenkugeln lädiert, wurde von einer stabileren

Konstruktion aus Eisen und Beton abgelöst. Der heutige Betrachter muß sich dicht ans Geländer drücken. Den Ochsenkarren und dreirädrigen Fahrradrikschas hatte die Brükke ausgereicht; den Lastwagen, Motorrädern und Autos unserer Tage ist sie nur ein enger Flaschenhals. Hupende, auspuffstinkende Blechschlangen auf beiden Seiten stören die geschichtlichen Gedanken.

Einst war Malakka die größte und reichste Stadt Südostasiens, kosmopolitisch schon zu Zeiten, da Mitteleuropa noch in provinzieller Enge verharrte. Heute zum Staate Malaysia gehörend, ist die Stadt wirtschaftlich wenig bedeutend und ins Kielwasser der Geschichte geraten. Sie teilt den Namen mit einer der befahrensten Wasserstraßen der Welt, deren Schiffsverkehr an ihrem legendären Hafen vorbeiströmt. Nach Singapur beispielsweise. Einige verwitterte Frachtkähne haben sich unter die Brücke verkrochen; andere ruhen sich entlang der Flußufer aus, die zum Meer hin durch Hafenmauern befestigt sind. Die hölzernen Masten einiger Segelschiffe recken sich ins Bild. Aus dem Hafen trägt der Wind die Ahnung von Ferne herüber zur Brücke. Um sie herum hat Malakka seine Jahresringe gelegt.

Nahe der Brücke haben die Jungen der kleinen Garküchen ihre Tische und Stühle in den Schatten alter Bäume gerückt. Hafenarbeiter und Ladenmädchen, Beamte der umliegenden Kontore, Rikschafahrer, Polizisten, Tagelöhner und Tagediebe machen Rast. Chinesisches Chop Suey wird ebenso angeboten wie malaiischer Nasi Goreng und indischer Curry. Die einstige Drehscheibe asiatischen Handels ist sich in ihren Küchen treu geblieben. Nur das unvermeidliche Coca-Cola bietet auch hier den mit Kohlensäure durchsetzten Pseudo-Fortschritt.

Der junge Magellan war bei den ersten Europäern, die hier mit den Blitzen ihrer Schiffskanonen ein neues Zeitalter angekündigt hatten. Unter christlichem Kreuzeszeichen waren die Portugiesen zu Beginn des 16. Jahrhunderts bis nach Malakka gesegelt und hatten sich einen Dreck um Menschlichkeit geschert, wenn es dem gewinnbringenden Handel diente. Von Magellan berichten die heroisierten Schilderungen späterer westlicher Autoren, wie mannhaft er um eben diese Brücke focht und wie listenreich dazu: Den Kriegselefanten des Sultans von Malakka habe er mit seiner Lanze so zugesetzt, daß die Phalanx der lebendigen Panzer zur Raserei getrieben worden sei. Erst fiel die Brükke, dann ist Malakka als Brückenkopf zu den Schätzen des Orients in die Hände der Portugiesen gefallen.

Eine schöne Geschichte. Ob Magellans Eingreifen bereits bei dieser Schlacht, bei diesem Schlachten, so entscheidend war – wer weiß es wirklich? Daß aber mit dem ersten gewaltsamen Auftreten der Europäer auch dieser Teil der Erde nachhaltig erschüttert wurde und unter deren Jahrhunderte während Vorherrschaft geriet, die in die Gegenwart wirkt – wer will es bezweifeln?

»Die Leute aus dem Westen kamen im 15. und 16. Jahrhundert in eine für sie völlig unvertraute und exotische Welt. Sie fanden eine Region, die eine starke und in sich geschlossene eigene Kultur hatte. Sie unterbrachen ein altes, komplexes und wohlgewachsenes System internationalen Handels, der Südostasien mit der übrigen Welt verband« (Tate).

Wir werden Magellan für einige Seiten aus den Augen verlieren, weil wir uns in diesem südöstlichen Asien und seiner Geschichte umschauen wollen, um besser verstehen zu können, in welche Welt Magellan und seine Mannen eindrangen, was sie alles in Gang setzten und wem sie den Garaus machten. Dazu müssen wir historisch weit ausholen und beginnen in Malakka.

Südostasien vor den Europäern

Religion, Geschäft und Politik

Eine Dreifaltigkeit, die auch in anderen Weltgegenden und zu anderen Zeiten erfolgreich zu Buche schlug, hat Malakkas Aufstieg ermöglicht: Religion, Geschäft und Politik.

Der Gründer Parameswara entstammte noch ganz und gar der hinduistisch-buddhistischen Tradition, die jahrhundertelang den südostasiatischen Archipel beeinflußt hatte und heute in den einstige Größe ausstrahlenden Bauwerken wie Borobudur und Prambanan auf Java sichtbar geblieben ist. Mit der ehelichen Verbindung zu einer javanischen Prinzessin hatte Parameswara dieses geistige Erbe belebt. Doch zu dieser Zeit, also Ende des 14. Jahrhunderts, waren längst Glaubensbrüder jener Religion nach Südostasien gekommen, die Gesicht und Geschichte dieser Weltecke bis in die Gegenwart hinein prägen sollte: des Islam.

Handelsleute und Prediger waren es, die die Religion mitbrachten. Die asiatischen Chroniken erwähnen den arabischen Scholar Mudum, der Mitte des 14. Jahrhunderts nach Malakka gereist war, um den Islam zu verbreiten. Zuvor war die neue Lehre mit chinesischen Händlern und Fahrensleuten aus Gujarat zur Nordspitze Sumatras und an die malaiischen Küsten gebracht worden. Bereits zwei frühe Reisende, deren Bücher und Erzählungen in Europa das Weltbild des Mittelalters bewegten, bekundeten islamischen Einfluß im Norden Sumatras: der Venezianer Marco Polo und der Araber Ibn Battuta aus Tanger. Das war im 13. und 14. Jahrhundert.

Die Art der Vermittlung bestimmte ihr Ansehen: Nicht mit

Feuer und Schwert traten die Moslems auf, wie sie das im Mittelmeer-Raum getan hatten und zu jener Zeit dort taten, sondern als Männer, die Geschäfte machen wollten und als Zugabe von ihrem Gott und den Lehren seines Propheten kündeten. Wichtig war auch die Tatsache, daß unter den Boten der Religion nur wenige Araber, Perser oder Türken vertreten waren. Der Islam kam über Indien und China, wo er bereits eine asiatische Anpassung durchlaufen hatte. Dies ermöglichte in Südostasien das Fortbestehen der hinduistischen Elemente, die noch heute festzustellen sind. Der Islam wurde keineswegs militant und in seiner strengen arabischen Form weitergegeben, was zum Verständnis des heutigen Islam in dieser Region unerläßlich ist. Außerdem waren die islamischen Glaubensverkünder keine fremden Eindringlinge, sondern Handelspartner seit Generationen, gewissermaßen alte Bekannte.

Diese gewaltlose Verbreitung sicherte dem Islam die offenen Ohren der Fürsten und Regierenden. Einheiraten der Überbringer in die lokale Bevölkerung trugen zur Popularisierung bei. Anders als bei den Missionaren des Christentums kamen da nicht Abgesandte eines bestimmten fernen Staates, dessen Interessen durch Kirche und Krone vereint waren und der zur Durchsetzung dieser Interessen koloniale Ansprüche stellte, sondern einzelne Reisende in Glauben und Geschäft. Obendrein bedeutete der Islam nicht fremdbestimmte Forderung nach Abgaben und Gütern wie das Christentum, sondern praktischen Fortschritt bei der Vermittlung von Technologie und Erkenntnissen; und was bei der Entwicklung Malakkas von gesellschaftlicher Bedeutung war: Der Islam brachte ein neues Verhältnis von Mensch zu Mensch mit.

Er richtete sich zwar nicht gegen die zu jener Zeit übliche Sklaverei, aber er lockerte das Kastendenken der hinduistischen Tradition auf. Das hatte mit Revolution nichts zu tun und warf die hierarchisch aufgebaute Gesellschaft nicht über den Haufen, aber es machte sie durchlässiger, was so praktische Dinge wie das Handeln und Geldverdienen erleichterte. Bezeichnenderweise behielt auch der Staat Malakka in seiner politischen Etikette die hinduistischen Formen und Gebräuche bei. Überlieferungen haben sich in der malaiisch-indonesischen Gesellschaft bis heute erhalten und sind beispielsweise bei Titeln noch immer jedermann geläufig. Im Geschäftsgebaren aber, wo das hinduistische Zeremoniell hemmend war, setzten sich die islamischen Formen durch.

Der Islam war Malakkas Staatsreligion geworden. Weil sich dessen Einflußgebiet innerhalb weniger Jahre auf die südliche Hälfte der malaiischen Halbinsel und auf die gegenüberliegenden Regionen auf Sumatra ausdehnte, bildete sich Malakka zu einer Zwischenstation heraus für das Vordringen des Islam in ganz Südostasien einschließlich Brunei, der Philippinen und der Molukken.

Es gab da eine Wechselwirkung: Weil der Islam auf fruchtbaren Boden fiel, weil die lokalen Fürsten die neue Religion als gesellschaftliches Modell annahmen, wurde die Region für islamische Händler noch attraktiver – und weil dadurch der Reichtum der Oberschicht zunahm, wuchsen Bedeutung und Größe Malakkas. Sein Ruf drang von Ostasien bis ins westliche Europa. Als 1498 Indien von den Schiffen des Portugiesen Vasco da Gama erreicht wurde, kamen die Europäer überall auf ihrer Route um Südafrika bis Calicut mit islamischen Händlern zusammen. Das Gebiet, in dem diese das Sagen hatten und die aus Europa dahersegelnde Konkurrenz zum Teufel wünschten, reichte damals längst von Aden nach Alexandria, von Malindi bis Malakka und in die Molukken. Unter Sultan Mansur Shah, dem Nachfolger Muzaffar Shahs und dem fünften oder sechsten Nachfahren des Parameswara, hatte Malakka seine volle Blüte entfaltet. Das war von 1459 bis 1477. Malakka war der wohlhabendste Staat Südostasiens geworden.

Das Goldene Jahrhundert

Alles, was Handelswert hatte, wechselte in Malakka Boot und Besitzer: Gewürze aus den Molukken, Sandelholz von Timor, Zucker von den Inseln, die später einmal die Philippinen geheißen werden, Seide, Porzellan, Moschus aus China, Gold und Kampfer aus Brunei, Reis und Fleisch aus Java, Pfeffer, Gold und Elfenbein von Sumatra, Zinn von Malaya, Opium, Stoffe, Färbemittel von Bengalen und Indien. Malakka produzierte kaum etwas selbst, es profitierte vom Umschlag der Waren.

Mitte des 15. Jahrhunderts lebten viertausend ausländische Handelsleute in der Stadt. Jede Gruppe hatte ihr eigenes Viertel. Die größte Vereinigung stellten die Händler von Gujarat aus dem nordwestlichen Indien, wo der Hafen Cambay eine ähnliche, wenngleich sehr viel weniger umfangreiche Rolle spielte wie Malakka. Drei weitere Gruppen prägten das Bild Malakkas: 1. die Javaner, Sumatraner und die Händler aus den Molukken, 2. die Kaufleute aus Bengalen und Nordsumatra, 3. die Händler aus China und Indochina. Jede der vier Gruppen hatte einen eigenen Hafenkapitän, Shahbandar genannt. Er war Mittler und Schiedsrichter zwischen den Interessen der ausländischen Geschäftsleute und den Machtansprüchen der Hausherren von Malakka.

Die Chronisten berichten von 84 verschiedenen Sprachen, in denen sich die Menschen der Stadt verständigten.

Schon damals bildete sich das Malaiische als Lingua Franca heraus, als Verkehrssprache, die vierhundert Jahre später im Kampf gegen die europäischen Kolonialherren zur Nationalsprache Indonesiens und Malayas erklärt wurde und heute vor allem in Indonesien als verbale Brücke zwischen mehreren hundert regionalen Sprachen dient.

Von den drei die Kontinente überspannenden Handelswegen am Ende des europäischen Mittelalters hatten zwei ihren Ausgangspunkt in Malakka. Die erste dieser Verbindungen war die berühmte Seidenstraße. Sie führte über Nordchina durch Zentralasien und ging am Kaspischen und Schwarzen Meer entlang bis Konstantinopel zum Mittelmeer. Die beiden anderen Routen nutzten hauptsächlich Meere und Monsune; nämlich von Malakka ausgehend durch den Indischen Ozean und entlang der Malabarküste am westlichen Indien mit den Umschlagplätzen Calicut, Goa und Cambay vorbei und dann entweder durch den Persischen Golf oder das Rote Meer zum Mittelmeer mit den Umschlaghäfen Kairo und Alexandria. Nach dem Machtwechsel in Konstantinopel im Jahre 1453, als diese bis dahin christliche Hochburg in die Hände der türkisch-osmanischen Moslems fiel, waren Venedig und Genua die beiden europäischen Endpunkte der weiten Reise, die in Malakka ihren Anfang genommen hatte.

Ein Attribut, das in späteren Epochen zumeist westliche Metropolen für sich beanspruchten, traf auf Malakka in seiner Blüte längst zu: Weltstadt zu sein, Mittelpunkt eines Kontinente überziehenden Netzes von Handel und geistigem Austausch. Das Geschäft wurde von Menschen betrieben, die sich nicht nur etwas über Profite und Pfefferqualitäten zu erzählen hatten. Dieser Teil der Malakkaschen Nachrichten- und Gerüchtebörse taucht zwar in den Chroniken kaum auf, aber es bedarf keiner allzugroßen Phantasie, um sich vorzustellen, was da an Informationen und Impressionen von Mund zu Mund ging. In diesem kulturellen Austausch war der Islam ein wichtiger, aber nicht der einzige Aspekt. Daß die Welt klein geworden sei, ist dank Düsenflugzeugen und Massenmedien im 20. Jahrhundert eine banale Feststellung; aber gemessen an den Möglichkeiten im 15. Jahrhundert war bereits das damalige Malakka der richtige Ort für einen solchen Ausspruch.

Einen Grund des wirtschaftlichen Erfolges bildeten selbstverständlich die natürlichen Voraussetzungen Malakkas. Aber ähnliche geographische Bedingungen hatten in dieser Region entlang der malaiischen Küste auch andere Orte zu bieten. Was Malakka ein – später so gepriesenes – Goldenes Jahrhundert bescherte, war die Verläßlichkeit seiner Verhältnisse. Kauf- und Seeleute wußten nicht nur, woran sie mit den Winden und Strömungen um Malakka herum waren, sondern auch, welche kommerziellen und administrativen Regeln dort herrschten: Auf Malakka war Verlaß. Im Lauf der Jahre waren genaue Handelsvorschriften verfügt worden. Es gab einheitliche Maße und Gewichte. Laderichtlinien und Hafenanweisungen lagen als Gesetz vor. Gold, Silber und Zinn wurden als Währung akzeptiert. Handelslizenzen galt es zu erwerben. Steuern waren nicht Ausdruck wechselnder Willkür, sondern exakt festgelegt. Ebenso die Strafen für die Verletzung solcher Leitlinien. All das machte den Handel in Malakka kalkulierbar – einschließlich der Bestechungsgelder.

Rund um den Hafen und entlang den Ufern des Malakka-Flusses bot die Stadt den von See anreisenden Fremden ein Bild aus Wohlhabenheit und Solidität. Handelshäuser und Lagerhallen waren als erstes zu sehen, aus Holz und Stein errichtet, stabil und dauerhaft. Dort traf sich Asien. Die Reisezeiten waren von den Monsunwinden abhängig, deshalb hatten viele Unternehmen ihre ständigen Vertreter in Malakka stationiert. Zwischen den Saisonen orderten sie, wählten aus, trugen zusammen, damit dann in den Wochen der Lande- und Lademöglichkeiten der Umschlag schnell vonstatten gehen konnte.

Große Steinhäuser mit Luxusgütern aus allen Himmelsrichtungen versehen, blühende Gärten, prächtige Moscheen und Paläste, befestigte Flußufer und Hafenanlagen, dazwischen die Brücke, alles überragt von einem Hügel – so bot sich Malakka den ankommenden Seefahrern. Aus der Niederlassung des Prinzen Parameswara hatte sich ein Staat entwickelt, der auf zwei Säulen ruhte: der Protektion Chinas zum einen, dem Islam als Staatsreligion zum anderen. Doch Malakka, die goldene Frucht, begann im Innern zu faulen.

»Den Wert von Malakka kann man gar nicht abschätzen«, schrieb der portugiesische Chronist Tomé Pires ziemlich bald nach der portugiesischen Eroberung der Stadt, die – in seinen Worten – für den Handel geschaffen und geeignet war wie keine andere auf der Welt. Im Abendland war der Name Malakka schon zu Zeiten bekannt, da kein Europäer genau wußte, wo die sagenhaft reiche Stadt eigentlich zu finden sei.

Neue Horizonte

Europa am Wendepunkt

Zu den spannendsten Fragen der Neuzeit gehören diese: Wie kam es, daß Europa die Welt eroberte und nicht diese große, weite Welt das kleine Europa? Wie kam es, daß europäische Schiffe sich im 15. und 16. Jahrhundert immer weiter in die bis dahin unbekannten und mit schauerlichen Geschichten umwobenen Meere wagten? Wie kam es, daß die europäischen Kanonen in immer heimatferneren Regionen ihre todbringenden Schlünde gegen fremde Menschen und deren Häuser richteten? Wie kam es, daß die Europäer die Welt unter sich aufteilten, noch ehe sie deren wirkliche Ausmaße kannten? Wie kam es, daß die Europäer mit dieser Politik der Kontinente übergreifenden Anmaßung bis in die jüngste Vergangenheit hinein so erfolgreich sein konnten? Wie kam es, daß Magellan den Lapulapu auf der Insel Mactan angriff und nicht ein Lapulapu einen Magellan auf dem Boden Spaniens oder Portugals niedermachte?

Versuchen wir einige Antworten. Ein legendärer Priesterkönig namens Johannes und Marco Polo kommen darin ebenso vor wie Heinrich der Seefahrer, geschäftsgierige Kaufleute, frühe Kapitalisten, phantasiebegabte Kartographen, machtbewußte Monarchen, gerissene Kapitäne, sehr weltliche Päpste, kriegerische Sultane und ganze Heerscharen christlicher und muslimischer Glaubenseiferer. Sie alle bevölkern das Szenarium, über dem sich der Vorhang der neuen Weltzeit erheben sollte.

Die europäischen Geschichtsbücher nehmen für diesen Akt auf der Weltenbühne traditionellerweise das Jahr 1492 als zeitliche Markierung: Kolumbus entdeckte im Auftrag und zum Nutzen der Alten Welt eine Neue Welt. Moderne Geschichtsbücher Südostasiens nennen – wenn denn eine Jahreszahl als Wendepunkt erforderlich ist – ein sehr viel früheres Datum, nämlich 632: In diesem Jahr starb Mohammed der Prophet, der Begründer des Islam. Mit seiner neuen Religion, besser: der von ihm ausgelösten weltbewegenden Kraft aus Glaube und Politik, erwuchs dem christianisierten Abendland ein völlig neuartiger Gegner.

Nach Mohammeds Tod überfielen arabische Völker, deren Machtwille durch das einigende Band des Islam gestärkt wurde, Syrien, Palästina, Persien, Ägypten und den weiteren Norden Afrikas. Unaufhaltsam war die Ausbreitung des Islam während der folgenden Jahrhunderte. Die iberische Halbinsel bis zu den Pyrenäen geriet unter den Halbmond. Handelsstützpunkte, die ehedem fest in europäischer Hand waren, wechselten Fahne und Inhaber. Mit dem Fall Konstantinopels im Jahre 1453 hatte sich die islamisch-türkische Vormacht im östlichen Mittelmeer ein Zentrum erobert, das Handelsmetropole und politische Drehscheibe in einem war.

Die christlichen Herrscher und ihre Kaufleute gerieten mehr und mehr in die Defensive. Was sich da im Süden und Westen Europas ereignete, drängte das Abendland in die Rolle, die dasselbe Abendland in späteren Jahrhunderten weiten Teilen der außereuropäischen Welt zuteilte: bevormundet und unterdrückt zu sein. Aber der Vergleich stimmt nicht ganz. Die islamische Durchdringung Spaniens und Portugals bedeutete weniger koloniale Ausbeutung, die iberische Schätze in andere Erdteile verfrachtete, sondern eher eine kulturelle Bereicherung, von der beide Länder nachhaltig profitierten. Doch es ist ein unauflösbarer Zusammenhang: Ohne die gewaltvolle Ausbreitung des Islam vom siebten Jahrhundert an ist die gewaltvolle Eroberung der Meere und Kontinente unter dem Zeichen des christlichen Kreuzes seit dem 15. Jahrhundert kaum zu verstehen. Das ist die Klammer von 632 und 1492: Dem Aufstieg des Islam im südlichen Europa folgte der Ausbruch des Abendlandes aus seinen kontinentalen Grenzen. Dabei steht 1492 nicht nur für die Entdeckung Amerikas, sondern auch für die christliche Zurückeroberung des bis dahin von Moslems besetzten Granada in Spanien.

Es ging auf beiden Seiten um Glauben und Geschäft. Das reiche und mächtige Venedig konnte sich trotz der türkisch-islamischen Bedrängnis seine Position als Hauptumschlagplatz im Handel zwischen Ost und West, zwischen Nord und Süd erhalten. Aber mit dem islamischen Monopol der Handelswege, die vom östlichen Mittelmeer bis ins ferne Asien den Europäern unerreichbar blieben, verteuerten sich die Waren mehr und mehr, was für die Herren Venedigs von Vorteil war, doch bei den europäischen Kunden, wie den Königen in Portugal und Spanien, die Überlegungen nährte, auf welchen Wegen denn billiger an die begehrten Güter aus dem Orient zu gelangen sei.

Die Gewürze und die anderen Kostbarkeiten wurden mit Gold aufgewogen. Dieser Abfluß von Devisen – die negative Außenhandelsbilanz, wie wir das heute nennen – und die Aufwendungen für die Kriege und Kreuzzüge gegen die Moslems hatten die europäischen Staatskassen geleert. Obendrein hatten die Kreuzzüge zwar nicht die sogenannte Befreiung der christlichen Stätten im Heiligen Land gebracht, aber den Teilnehmern zu niederweckenden Einblikken in Wohlstand und Pracht der arabischen Staaten verholfen. Die abendländische Phantasie entzündete sich. Der Boden für den Wunsch war bereitet, nicht nur an die Schätze des Orients zu gelangen, sondern die Schatzkammern solcher Reichtümer zu sprengen, die noch weiter im Osten zu finden sein müßten.

Marco Polo, der venezianische Reisende mit der scharfen Beobachtungsgabe, hatte von seinen 24 Wanderjahren in Asien weiteren Stoff mitgebracht, der die Träume von Generationen beflügelte. *»Die Beschreibung der Welt«* heißt die epochemachende Schilderung, die Marco Polo 1298 einem gewissen Rustichello während einer einjährigen Gefängnishaft in Genua gab. *»Was ich geschrieben habe, ist nicht die Hälfte von dem, was ich gesehen habe«,* so soll Marco Polo noch kurz vor seinem Tod allen Zweiflern vorgeschwärmt haben: eine Herausforderung an das Abendland, sich selbst diese andere Hälfte der östlichen Reichtümer anzusehen. Der Weg dorthin wurde gründlich und systematisch geebnet, der einzig mögliche nach den gegebenen Machtverhältnissen: der Seeweg.

Der Mann, der als Wegbereiter zu den neuen Ufern gilt, verkörpert bereits einen modernen, neuzeitlichen Typ des Menschen: Heinrich der Seefahrer, der selbst gar nicht zur See fuhr. Der portugiesische Prinz nahm 1415 im Alter von 21 Jahren am Überfall auf die Mauren in Nordafrika, in Ceuta, teil und ließ sich später in Sagres an der Südspitze Portugals nieder. Das geographische Ende der Alten Welt wurde zum Sprungbrett in die Neuen Welten. Auf dem Felsen von Sagres sammelte Heinrich alle nautischen, kartographischen und geographischen Erkenntnisse seiner Zeit. Die von ihm eingerichtete Seefahrerschule bildete die Kapitäne aus, die ins Unbekannte vorstoßen sollten. Die im Mosaikverfahren zusammengetragenen Details stärkten Mut und Wissen derer, die als Entdecker aufbrachen. Heinrich nahm an keiner der Fahrten entlang der afrikanischen Westküste selbst teil, aber sein Wille trieb die von ihm beauftragten Seeleute an. Religiösen Fanatismus, politisches Groß-

Sagres: Wappen Heinrichs des Seefahrers am Tor der ehemaligen Seefahrerschule

machtdenken und handfeste geschäftliche Interessen setzte der Prinz in eine Aufbruchstimmung um, die die Horizonte verschob. Die Hemmungsschwelle, die das Abendland
bis dahin in seinen Grenzen gehalten hatte, wurde von hier
aus überschritten.

Weite, Aufbruch, die Herausforderung einer unerforsch-
ten Welt – das alles ist noch heute auf dem Felsen von Sagres spürbar; und eine Ahnung steigt beim Reisenden auf
von der Besessenheit dieses Heinrich, der fast ein Leben
lang auf dem unwirtlichen letzten Stück Europas wirkte.

»Einerseits noch dem mittelalterlichen Europa verhaftet,
andererseits bereits ein Mann der Renaissance, halb
Kreuzritter, halb klassischer Gelehrter, scheint diese für
das anbrechende Zeitalter der Entdeckungen zentrale Gestalt mit den ihr innewohnenden Widersprüchen nie ins reine gekommen zu sein. Obwohl Heinrich es an seiner Schu-

le in Sagres mit weltlichen Männern zu tun hatte, lebte er in strenger Askese. Er war ein tief religiöser Mann, der von dem Zeitpunkt an, da er sich der Sache der Entdeckungen angenommen hatte, bis zu seinem Tod im Alter von 66 Jahren unter seinem fürstlichen Gewand ein härenes Hemd trug. Vielleicht sollte diese Selbstkasteiung ihn an die Mission seines Lebens gemahnen – an seinen Kampf gegen die Moslems« (Humple). Dafür suchte die Christenheit einen Verbündeten, um den seit Jahrhunderten die Legenden wucherten: Priester Johannes, einen christlichen König, dessen Reich im Osten vermutet wurde. Ihn zu finden und mit ihm gemeinsam die verhaßten Moslems zu bekämpfen, war ein weiterer Motor für die Suche nach neuen, Reichtum verheißenden Horizonten. In einem angeblichen Brief des Priesterkönigs, der 1165 in der christlichen Welt auftauchte und in Abschriften zirkulierte, hatte Priester Johannes sein Land als eines geschildert, wo *»Milch und Honig fließen«*. Die portugiesischen Entdecker, die immer weiter südlich drangen, 1487/88 unter der Leitung von Bartoloméu Dias ums Kap der Guten Hoffnung segelten und zehn Jahre später unter Vasco da Gama schließlich bis nach Indien gelangten, waren auch mit dem Auftrag versehen, Kontakt mit dem Priesterkönig zu suchen, Vasco da Gama hatte sogar Briefe für ihn im Gepäck.

»Die Geschichte vom Priesterkönig überlebte so viele Jahre, weil die Christen darin eine beträchtliche moralische Rückendeckung in ihrem Kampf gegen die Moslems hatten«, stellt die malaiische Historikerin Tan Ding Eing mit spöttischem Unterton fest. Daß ein so hilfreicher Mann letztlich im Land der frommen Legende blieb, tat den abendländischen Eroberungen, die den Entdeckungen folgten, keinen Abbruch. Für den Start in die Welt hatte Priester Johannes eine die Europäer aktivierende Rolle ge-

spielt, später kamen sie ohne ihn aus, um die Schätze des Orients zu plündern.

Pfeffer und andere Rohstoffe

Eine Handvoll Gewürze mag uns heutzutage ein harmloser Anblick sein: Pfefferkörner, Gewürznelken, Muskatnüsse, Zimtstangen. Na und? Welch begehrliches Funkeln dies in den Augen eines Europäers des 14. Jahrhunderts weckte, können wir uns heute kaum mehr vorstellen. Wie auch! In jeder Frittenbude stehen Pfefferstreuer; die Regale der Lebensmittelabteilungen in den Kaufhäusern quellen über von Spezereien, erschwinglich für jedermann; die Kochbücher füllen Bibliotheken, die immer noch raffiniertere Tips für neue Gewürzmischungen geben. Sich auszumalen, daß eine solche Handvoll heute alltäglicher Zutaten einst der Sprengstoff war, der wesentlich dazu beigetragen hat, daß Europa aus seinem finsteren Mittelalter in die Neuzeit katapultiert wurde, dies bedarf einiger Phantasie und Fakten. »Heute spricht man von Rohstoffen, früher sagte man: Gewürze.« Der Satz von Friedrich Sieburg ist einige Jahrzehnte alt. Um den Vergleich spektakulärer auszudehnen, läßt sich anstatt allgemein Rohstoff präziser auch Rohöl sagen. Beides – das Öl und das Gewürz – kommt in größeren Mengen nur in außereuropäischen Regionen vor. Beides ist zu seiner Zeit der Wirtschaftsfaktor Nummer eins. Beides verteuert sich vom Ursprungsland bis zum Verbraucher um horrende Summen. Beides ist Gegenstand weltumspannender Spekulation, die die Kassen derer füllt, deren Namen von den einstigen Fuggern bis zu den heutigen Mineralöl-Konzernen jedes Kind kennt. Beides läßt sich in der

jeweiligen Epoche durch kein heimisches Erzeugnis wirklich ersetzen. Beides wird hauptsächlich dort gefunden, wo die Moslems das Sagen haben. Beides ist mit dem Fluch beladen, der die Menschen zu dem Wahnsinn bringt, um Öl und Gewürze Kriege zu führen und die ganze Welt auf den Kopf zu stellen.

Übertrieben? Nun, was der Kampf ums Öl noch bescheren wird, muß die Zukunft zeigen; was der Kampf um Gewürze in Bewegung gebracht hat, ist die Geschichte, deren Erbe und Opfer wir alle sind. Strapazieren wir den Vergleich noch etwas: So wie Erdöl zum Inbegriff westlichen Wohlstandes geworden ist, nämlich Wärme, Bewegung und Ernährung für jedermann wie nie zuvor, so enthielten die exotischen Gewürze den verführerischen Geschmack des besseren, erfüllteren Lebens. Dafür gibt es ein paar sehr praktische Erklärungen.

Der mittelalterliche Mensch lebte in einer eng begrenzten Welt, die weder Reizmittel wie Kaffee, Kakao oder Nikotin kannte, noch in der Lage war, zur Konservierung und Zubereitung von Fleisch und übrigen Speisen anderes als Salz und Kräuter von den eigenen Fluren beizugeben. So ließ es sich leben, natürlich. Genauso wie die Menschen jahrtausendelang ohne Erdöl auskamen. Aber wie das so ist: Das Wissen um den Stoff, der das fade Dasein aufmuntern könnte, nährt die Unzufriedenheit, die schließlich zum Besitz dieses Stoffes führt. Schon die römischen Legionäre hatten nicht nur dieses Wissen aus den östlichen Provinzen des Reiches in die europäischen Küchen mitgebracht, sondern auch Proben von Pfeffer und sonstigem Gewächs, das Zunge und Gaumen entflammte. Die Früchte, Pulver und Essenzen bargen geheimnisvolle Kräfte, die dem leiblichen Wohl dienten. Gewürze waren Grundsubstanz für Heilmit-

Gewürze: Nelken (links) und Muskat (rechts) in der Hand eines Jungen von den Molukken

tel, linderten Schmerzen, regten Verdauung und Kreislauf an. Soweit die kulinarisch-medizinischen Aspekte.

Doch Spezereien, Spices, Epices waren mehr. Aus dem Osten kam das Licht, kamen wissenschaftliche Erkenntnisse, kam die anregende Ahnung, daß es zwischen Himmel und Erde Vielfältigeres gebe, als die mittelalterliche Beschränkung erscheinen ließ; aus dem Osten kam in Gestalt der würzigen Körner, Blätter, Samen, Hölzer und Rinden das Feuer des Aufbegehrens. In der deutschen Sprache hat sich das Wort Drogerie für den Laden erhalten, der einst auch dieses gebändigte Feuer verkaufte; und im Italienischen heißen Gewürze noch immer »droghe«. Es ist nicht übertrieben, in den Gewürzen Rauschmittel unserer Ahnen zu sehen. Jedes Pfefferkorn entzündete die Illusion von einem farbigeren, heiteren Leben. All die freiwerdenden Düfte aus Zimt, Kampfer, Nelken und Muskat regten die Gemüter an und erweiterten die geistigen Horizonte.

Die innere Bereitschaft, ja, das Verlangen dazu lagen in der Luft des 13. und 14. Jahrhunderts. Mit den beweglichen Metallettern des Johann Gutenberg war der Verbreitung von Gedanken eine neue Dimension eröffnet worden. Martin Luther forderte die allmächtige Autorität von Kirche und Kaiser heraus. Nikolaus Kopernikus verstieß die Erde aus dem Zentrum des mittelalterlichen Weltbildes. Paracelsus schuf die Grundlagen der modernen Medizin. Diese Zeitgenossen Ferdinand Magellans sind personifizierte Repräsentanten für die Umwälzung der Epoche, die Kräfte und Ideen freisetzten, die jahrhundertelang geschlummert haben. Der Biß aufs Pfefferkorn ließ Mangel bewußt werden und machte das Abendland süchtig. Noch mehr davon forderten die Fürstenhäuser, und immer begehrenswerter erschien auch den kleinen Leuten das teure Zeug. Eine Handvoll barg einen Schatz. Der Duft des Morgenlandes, wie ihn die Gewürze sinnlich erleben ließen, vermischte sich mit den Erzählungen heimkehrender Reisender, Söldner und Kreuzfahrer zu einem Märchen orientalischen Überflusses: ein farbiges Kontrastbild zum heimischen Grau. Reichtum und Osten wurden darin deckungsgleich; und was dem Normalverbraucher vielfältigen Plauderstoff abgab, steigerte sich in den Palästen der Päpste und auch der Politiker zu folgenschweren Kraftakten.

Die Teilung der Welt

Ein Mensch im späten 20. Jahrhundert hat Mühe, den Wert der Gewürze zu begreifen, den er für Menschen vor fünfhundert Jahren hatte. Sich heute in das Denken jener Zeit hineinzutasten, ist indes noch schwieriger: ins Denken einer Epoche, die die Welt machtpolitisch unter konkurrierenden Königen aufteilte wie einen Apfel, den das Messer schneidet. Der Vergleich stimmt freilich nur halb. Als der imaginäre Schnitt getan wurde, war den hohen Herren in Europa, die die Teilung der Welt vollzogen, gar nicht bewußt, wie groß der Erdapfel tatsächlich war, welche Menschen in den noch unbekannten Regionen lebten; und niemand in Rom, Lissabon oder Valladolid verschwendete einen Gedanken daran, was wohl die fernen Wesen von solcher Weltenteilung halten mochten.

Tordesillas, der Name eines kleinen Städtchens nördlich von Madrid, steht als Schlüsselwort für den Zeitgeist an der Schwelle des 15. Jahrhunderts. Der Vertrag von Tordesillas, am 7. Juni 1494 zwischen Portugal und Spanien unterzeichnet, legte die Teilung des runden Gebildes Erde fest, dessen Konturen noch der Nebel der Unkenntnis verbarg, den zu durchfahren, um die Welt zu beherrschen, aber bereits politische Absicht war.

Für die Abgrenzung der Interessengebiete war es aus europäischer Sicht höchste Zeit geworden. Solange die Portugiesen die einzigen Abendländer waren, die auf maritime Entdeckungsreisen gingen, war die Welt, vom südwesteuropäischen Standpunkt aus betrachtet, noch in Ordnung. Auf päpstliche Worte war Verlaß. Papst Calixt III. hatte den Portugiesen das Monopol für alle geographischen Regionen zugesprochen. Das war mit einer Bulle von 1456 geschehen, 14 Jahre vor dem Tod Heinrich des Seefahrers. Der Prinz auf seinem Felsen in Sagres bekleidete zugleich das Amt des Großmeisters im Christusritter-Orden und hatte mit dem Ordensvermögen und der Autorität dieser Funktion seine Entdeckungsfahrten vorangetrieben. Auf den Segeln seiner Schiffe prangte das Kreuz der Christusritter. Das päpstliche Edikt sicherte ihm, dem Orden und künftigen Großmeistern die geistlich-kirchliche Leitung aller entdeckten und noch zu entdeckenden Regionen bis nach Indien zu – wo immer das liegen mochte. Da die Stoßrichtung zu jener Zeit nur nach Süden entlang der afrikanischen Westküste führte und Spanien im Wettsegeln um den Globus noch nicht als ernsthafter Konkurrent angetreten war, bot die Bulle des Papstes Calixt III. keinen Anlaß für diplomatische Interventionen.

Mit der sensationellen Reise eines gewissen Christoph Kolumbus hatte sich die Lage schlagartig verändert. Er stieß im Auftrag der spanischen Krone die Tür zu einer neuen Welt auf, die nun von Spanien, dem imperialen Geist der Zeit folgend, sofort als Besitz beansprucht wurde. Der in jenen Jahren amtierende Papst Alexander VI. reagierte auf Drängen der Spanier außerordentlich schnell. Schon drei Wochen nach der Heimkehr des gefeierten Kolumbus – am

3. Mai 1493 – bestätigte der Papst in seiner Bulle »Inter caetare divinae« den spanischen Anspruch auf die gerade entdeckten Regionen jenseits des Atlantik mit Mann und Maus. Schon einen Tag später aber sah sich das katholische Oberhaupt in Rom zu einer korrigierenden Ergänzung veranlaßt. Die Portugiesen hatten protestiert; sie sahen den Lohn ihrer zielstrebigen Entdeckungsfahrten gefährdet. Eile und Einigung waren geboten, denn nun dehnte sich die spanisch-portugiesische Rivalität auf ein weltweites Format aus.

Die Ereignisse jagten sich wie die Segelschiffe der verfeindeten Regierungen. Schon hatten die Portugiesen die Südspitze Afrikas erreicht. 1488 war Bartolomëu Dias an das Kap der Stürme (Cabo Tomentose) gekommen. Der Weg stand offen, auf dem Vasco da Gama das sagenhafte Indien erreichen sollte – um eben dieses Kap herum, das dann 1498 Kap der Guten Hoffnung geheißen wurde. Und in der Zwischenzeit setzten die Spanier ihre Hoffnung auf die Neue Welt im Westen, von der bald nur noch Kolumbus altersstarrig annahm, sie sei das gesuchte Indien.

Die imperiale Grenzziehung, wie sie schließlich in Tordesillas erfolgte, sollte im Streit zwischen den iberischen Mächten vermitteln. Die Welt war zum Ende des 15. Jahrhunderts etwas überschaubarer geworden, wenn man in den Konferenzsälen von Valladolid, Lissabon oder Rom sich die Landkarten vor Augen führte und daraus politische Schlüsse zog und Ansprüche folgerte. Dies war der Hintergrund, vor dem sich die christlichen Rivalen Spanien und Portugal an den Papst wandten, um von ihm die Klarheit zu erhalten, die auch dem Oberhaupt der Christenheit versagt war: die Entscheidung über die Grenzen der Macht.

Mit seiner revidierten Fassung vom 4. Mai 1493, die nun

auch Portugals Interessen berücksichtigte, teilte Papst Alexander VI. die außereuropäische Welt in zwei Domänen: in eine spanische und eine portugiesische. Der Vertrag von Tordesillas ein Jahr danach besiegelte den Coup, der das Schicksal von Völkern und Kontinenten nachhaltig beeinflussen sollte. Demnach: entlang dem 40. Breitengrad westlicher Länge verläuft eine Linie, also in Nord-Süd-Richtung, 370 Meilen westlich der Kapverdischen Inseln. Was davon östlich an Ländern, Inseln und Meeren entdeckt wurde und entdeckt werden wird, bleibt Portugal vorbehalten; was westlich dieser Linie liegt, gehört den Spaniern.

Da die Kugelgestalt der Erde zu jener Zeit bei denen, die in Tordesillas so gründlich zuschnitten, als Tatsache betrachtet wurde – Martin Behaims Globus war bereits 1492 konstruiert worden –, galt die Markierung nicht nur im Westen als Nord-Süd-Linie. Die Abgrenzung spanisch-portugiesischer Interessen wurde auf der Rückseite der Erdkugel weitergezogen. Dabei gerieten allerdings Machtgelüste und Wissensstand vollends in Kollision. In welche der beiden Einflußsphären denn nun die Molukken, die legendären Gewürzinseln gehören sollten, war noch nicht zu beantworten.

Eine höchst diplomatische Entscheidung, die da in Tordesillas gefällt wurde. Am verwahrlosten Herrschaftshaus, wo die Parteien einst ihre Unterschriften auf das Vertragspapier setzten, kündet heute eine weiße Marmortafel davon:»*An diesem Ort unterschrieben am 7. Juni 1494 Diplomaten – Kastilier und Portugiesen –, unterstützt von Kartographen beider Länder, ein Abkommen, das auf päpstlicher Erlaubnis basierend, die Welt in zwei Zonen teilt, die Ziel der Entdeckung und Evangelisation sein sollten. Aus diesem Abkommen entstanden die Länder, die heute die hi-*

Papst Alexander VI. (1492 – 1503). Ausschnitt aus einem Gemälde von Pinturicchio spanisch-lusitanische Gemeinschaft in Amerika, Asien und Afrika bilden.«

Der Vertrag entsprach der Rechtsauffassung Europas vor einem halben Jahrtausend. Aus dem Blickwinkel späterer Generationen, vor allem aus der Perspektive der Menschen in den mit einem Federstrich geteilten Weltregionen, erscheint das Abkommen von Tordesillas in einem ganz anderen Licht. Der Vertrag bildete den Mustervertrag, nach dem fortan von Europa aus in das Weltgeschehen eingegriffen wurde. Es gibt keine vergleichbare Erdteilung in den Überlieferungen außereuropäischer Völker, kein ähnliches Papier, aus dem erkennbar wäre, daß auch anderswo das Fell des Bären, den man noch nicht einmal erlegt hatte und dessen Kräfte und Leibesumfang unbekannt waren, so kühn und eigennützig zerschnitten wurde. Europa nahm für sich das alleinige Recht heraus, über ferne Menschen und Mächte zu verfügen wie über Schachfiguren. Daß die Menschen in den aufgeteilten Regionen ebenfalls Rechte, daß sie eigene Interessen haben, ja, daß sie überhaupt Menschen sind, wurde völig übergangen. Es waren keine Christen. Das reichte für ihre Degradierung zu Objekten völig aus.

Zur Geisteshaltung, die hinter einem solchen Anspruch stehen mag, fallen dem Beobachter im 20. Jahrhundert Begriffe ein wie: Anmaßung, Überheblichkeit, Ignoranz. Kein Zweifel schien die Gewißheit zu trüben, das Recht, das göttliche Recht, zu besitzen, nicht nur auf einer Weltkarte einen Strich zu ziehen, sondern danach mit allen verfügbaren Mitteln zu handeln: nämlich mit Kompaß und Kanonen. In den einschlägigen Urkunden jener Jahre steht immer ein Wortpaar in selbstverständlicher Eintracht zusammen: entdecken und erobern.

Die Verträge, die Kolumbus und später Magellan mit den

Tordesillas: das Haus der Vertragsunterzeichnung von 1494

jeweiligen spanischen Königen abschlossen, sind deutlich
von diesem Geist geprägt. In den *»Kapitulationen von Santa
Fé«*, die Kolumbus im April 1492 mit den Katholischen Königen, mit Ferdinand und Isabella, aushandelte, heißt es in
den Bedingungen: Kolumbus werde zum Admiral ernannt
*»auf allen Inseln und über allem Festland, das durch seine
direkte oder indirekte Mitwirkung in diesen ozeanischen
Meeren entdeckt und erobert werde«*. Mehr noch: Dieses

49

Amt werde ihm auf Lebenszeit gegeben und auf seine Erben übertragen. Und noch mehr: Kolumbus werde zum Vizekönig und Generalgouverneur der Länder und Inseln ernannt, die er »entdecke und erobere«.

Ähnlich steht es in dem Vertrag, den Magellan am 22. März 1518 in Valladolid mit dem jungen Karl I. vereinbarte: »... beauftrage ich Euch, im Gebiet, das unter Unserer Oberhoheit steht« – so der Vertragstext, der damit die Erdteilung von Tordesillas als Markierung erwähnt –, »im Ozean Inseln, Festland, Spezereien und andere Dinge zu suchen, durch die Uns Vorteil gebracht und Unserem Land genützt wird.« An anderer Stelle dieser Übereinkunft wird bestimmt: »Für die Dienste, die Ihr Uns leistet, für die Vergrößerung der königlichen Macht, für Mühe und Gefahren, die Ihr auf Euch nehmt, bekommt Ihr zum Lohn den zwanzigsten Teil der Einkünfte und Gewinne aus allen Ländern und Inseln, die Ihr entdecken werdet, und außerdem den Titel Statthalter dieser Länder und Inseln, für Euch und Eure Söhne und Erben für immerwährende Zeiten.« Das klingt märchenhaft. Zu Rang und Namen sollten die Profite kommen: »Um Euch noch eine andere Belohnung zu geben, ist es ferner Unser Wille, daß Ihr von den Inseln, die Ihr entdecken werdet, nachdem für Uns sechs von ihnen ausgewählt wurden, von den Verbleibenden zwei auswählen könnt, von deren Einkommen und Gewinn Ihr den fünften Teil haben sollt, nach Abzug der Kosten.«

Weder Kolumbus und Magellan, noch deren Nachfahren waren in der Lage, die so verlockend beschriebenen Früchte ihrer Unternehmungen selbst zu ernten. Doch für beider Vorstöße in die neuen Welten bildeten solche Verträge die Basis. Die Großzügigkeit der Könige kannte dabei keine Grenzen – dies im wahrsten Sinne des Wortes. Ahnungen, Spekulationen und phantasievolle Weltkarten bestimmten das Erdbild jener Epoche. Es steckte voller Unsicherheiten; nur in einem hatten die Herrscher Südeuropas, ob Könige, Päpste oder Kaiser, einen festen Standpunkt; in ihrem selbstverordneten Recht, in unbekannte Meere aufzubrechen und dortigen Reichtum und dortige Reiche als ihnen gehörig zu betrachten. Von vornherein; ohne Wenn und Aber.

Bis zu jenen Jahren dehnten sich die europäischen Mächte nur in der ihnen einigermaßen vertrauten Welt aus, mit Kriegen wie mit Diplomatie, mit Überfällen wie mit königlichen Eheringen. Das Mittelmeer wurde als eine Art Binnensee betrachtet. Die Reihenfolge »entdecken und erobern« und der Begriff »Ozean« kennzeichnen eine neue Kategorie im Denken der abendländischen Menschen: die Selbsteinschätzung, die weitgehend den Verlauf der folgenden Weltgeschichte mitbestimmte, sich anderen Völkern überlegen zu dünken und daraus ein Recht abzuleiten. Diese Bewertung des eigenen Standortes wurde zum Motor christlicher Missionierung und zur Scheuklappe, mit der Europa das unendliche Leid ignorierte, das die brutalsten Vertreter des Abendlandes über den Erdball verbreiteten wie die Pest. Am Anfang steht Tordesillas. Name und Vertrag sind zum Symbol geworden.

Revolution zur See

Lassen wir an dieser Stelle zum besseren Verständnis der technischen Voraussetzungen imperialer Politik den Schiffsexperten zu Wort kommen: *»Der technische Durchbruch, der Europäer in die Lage versetzte, Ozeane zu überqueren und Handelsposten an den Küsten ferner Kon-*

tinente zu errichten, kam mit der Entwicklung des kanonen-bestückten Segelschiffs, einer Erfindung, der in der Weltgeschichte die gleiche Bedeutung zukommt wie der des Rades.

Das hochseefähige Schiff war das Ergebnis der Vereinigung des kräftigeren Schiffs der nördlichen Gewässer und des längeren Handelsschiffs des Mittelmeers. Etwa seit 1400 wurde die geklinkerte Kogge mit Steuerruder (eine Erfindung des Nordens) und Rahsegel im Süden beliebt, da sie eine geringere Besatzung erforderte. Als Karweelbau (d. h. mit aneinanderstoßenden Planken) und mit lateinischer Takelage wurde sie die Karavelle oder vergrößert die Karracke, zwei- oder dreimastige Schiffe mit Rahsegeln an Haupt- und Fockmast. Mit solchen Karavellen von weniger als 300 Tonnen führten die meisten der frühen Entdecker ihre Reisen durch. Dagegen wurden im portugiesischen Fernosthandel riesige Karracken verwendet. So war die 1592 von den Engländern eroberte ›Madre de Dios‹ 1 600 Tonnen groß.

Im Gegensatz zu solchen Kauffahrern behielten die Kriegsschiffe die hohen vorderen und hinteren Aufbauten (die mittelalterlichen Kastelle) bei. Zunächst nannte man sie ›Großschiffe‹ oder ›nefs‹, später dann Galeonen. Dennoch gab es kein Schiff eines spezifischen Galeonen-Typs. Das Wort leitet sich von den venezianischen ›galeones‹ ab, gebaut um 1530, ein längeres, schmaleres Fahrzeug als die Karracke, mit niedrigem Schnabel, ein Mittelding zwischen dem Rammsporn der Galeere und dem Vorkastell des hochgebauten Schiffs. Kanonen waren in Europa seit Beginn des 14. Jahrhunderts bekannt, zu dessen Ende sie auf genuesischen, venezianischen und englischen Schiffen mitgeführt wurden. Es waren indessen gefährliche Waffen, und wenn echte Geschütze – nicht nur leichte Handwaffen

– mitgeführt wurden, waren sie so schwer, daß sie die Verbände eines Schiffs lockerten. Um 1500 wurden die zusammengesetzten schmiedeeisernen Kanonen von bronzenen oder gußeisernen Vorderladern ersetzt. Ein Schiffszimmerer aus Brest soll den Gedanken gehabt haben, die Schiffswände mit Stückpforten zu durchbrechen, so daß die Geschütze weiter unten im Rumpf mitgeführt werden konnten.

Die schwerfälligen ›Großschiffe‹ jener Zeit trugen eine enorme Zahl von Kanonen, genauso die Karracken, die sich in piratenverseuchte Seegebiete wagten. Die ›Great Harry‹ von 1514 (das erste echte Kriegsschiff) hatte 186, die portugiesische ›Sao João‹ 366 meist kleine Kanonen. Auf späteren, beweglicheren Galeonen wurde die Geschützzahl auf etwa 30 verringert. Sie waren jedoch wirksamer, da sie nicht einzeln, sondern als Breitseite abgefeuert wurden. Dadurch, daß das Schiff so manövrierte, daß alle Kanonen zum Tragen kamen, wurde es selbst ein Teil der Artillerie.« Soweit der Engländer Christopher Lloyd im »Atlas zur Seefahrtsgeschichte«.

Die Portugiesen kommen

Mit Kolumbus und Vasco da Gama waren am Ende des 15. Jahrhunderts die Richtungen der spanisch-portugiesischen Vorstöße markiert. Vorerst kamen sich die christlichen Rivalen nicht ins Gehege.

Nach der Entdeckung der Neuen Welt im Westen zog das Gold wie ein Magnet die Abenteurer, Glücksritter und Missionare an, die aus den spanischen Häfen aufbrachen. Bereits zu Lebzeiten des Kolumbus begann das Wettrennen über den Großen Teich. Pfründe erhofften sich die einen, Seelen die anderen. Enttäuscht wurden die meisten von ihnen, aber Verderben brachten sie allesamt den einheimsichen Menschen, den vermeintlichen Wilden. Unter dem Ansturm der Europäer gingen die alten Kulturen zugrunde. Die Zahl der Opfer ist Legion. Ein Kontinent wurde aus den Angeln seiner gewachsenen Kultur gehoben: mit spanischen Kanonen und dem Anspruch, die einzig wahre, einzig gültige Religion zu verbreiten: das Christentum.

Nach der Eroberung des neuen Weges zum Osten folgten den portugiesischen See-Pionieren im Abstand weniger Jahre die Kriegsschiffe ums Kap der Guten Hoffnung und schossen sich im Indischen Ozean die Bahn frei. Die Entfernungen und der Widerstand der Einheimischen im Osten waren beträchtlich größer als für die Spanier im Westen. Diese Unterschiede bestimmten den Verlauf des europäischen Zwei-Fronten-Krieges zur Erlangung der Weltherrschaft. In der Neuen Welt fand die Unterwerfung auf dem Lande statt; europäische Anmaßung ließ sich hoch zu Roß demonstrieren; bei Überfällen, Plünderungen, beim Abschlachten wehrloser Menschen hatten die Spanier und ihre Mitstreiter sicheren Boden unter den Füßen. Ungehindert und anfangs freundlich begrüßt von dem Einheimischen, konnten die Europäer ihre Schiffe verlassen und von den Küsten aus landeinwärts vordringen.

Anders im Osten. Im Gegensatz zum West-Atlantik war der Indische Ozean ein befahrenes Meer, gesäumt mit Handelshäfen von der afrikanischen Ostküste über den indischen Subkontinent bis in die Inselwelt Malayas. Und überall dominierten Menschen jener Religion, mit der die Portugiesen bereits auf heimischem Boden und im Mittelmeer so unliebsame Bekanntschaft gemacht hatten: die Anhänger des Islam. Ob in Mozambique, Mombasa, Malindi, auf der Insel Lamu, in Ormuz, in den Malabar-Häfen oder im fernen

Malakka – allerorten wehte bereits die Fahne mit dem Halbmond, hochgehalten von Kaufleuten aus arabischen Ländern und übernommen von den einheimischen Händlern und Fürsten, die sich der neuen Glaubensbewegung angeschlossen hatten. Nirgends wurde den Portugiesen dort die Rolle zugebilligt, weiße Götter voll übernatürlicher Kräfte zu sein, wie das in Amerika den ersten Europäern widerfuhr. Als die Segel ihrer Schiffe auftauchten, wußten die Menschen entlang der Küsten des Indischen Ozeans, was das zu bedeuten hatte: Da kamen Konkurrenten im harten Geschäft und nicht irgendwelche Fabelwesen.

Die Geschenke, die Vasco da Gama bei der ersten Begegnung auf indischem Boden dem Sultan übergab, um gut Wetter zu machen, sollen bei dem asiatischen Fürsten bloß ein geringschätziges Lächeln hervorgerufen haben. Hier hatten die Portugiesen nur eines, mit dem sie wirklich imponieren konnten: ihre Kanonen. Deren eherne Münder sprachen denn auch unmißverständlich aus, was die Neuankömmlinge im Zeichen des christlichen Kreuzes wollten: nicht bloß teilnehmen am Jahrhunderte währenden Handel, nicht tauschen, feilschen, zahlen wie die anderen, sondern Handelsherren sein, einzig und allein die Wasserwege beherrschen, deren Ausmaße nach der Reichweite der portugiesischen Kanonenkugeln bemessen wurden. Das vielgepriesene Jahrhundert der Entdeckungen war nicht die Kontaktsuche zu den fremden Menschen; es war der Raub deren Güter und die Inbesitznahme deren Lebensgrundlage.

Was in der Neuen Welt von Anfang an zur Durchdringung und Kolonisierung des Kontinents führte, bedeutete in Afrika und Asien erst einmal die Eroberung der Handelszentren entlang der Küsten. Es war der Angriff vom Wasser aus. Die Strategie war einfach. Dem scheinbar friedlichen Erkunden, den Bitten, sich als Händler niederlassen zu dürfen, folgten die räuberischen Überfälle, folgte der Versuch, die Rivalitäten der asiatischen Fürsten untereinander auszunutzen und sich wechselnde Verbündete zu schaffen, solange es den portugiesischen Interessen diente.

Bereits der erste portugiesische Vizekönig – von König Manuel I. 1505 in diesen Rang erhoben, als sich des Monarchen Macht in Indien noch auf die schwankenden Bretter seiner Schiffe beschränkte –, der erste Vizekönig Francisco d'Almeida festigte mit seinen Kanonen den portugiesischen Ruf, verderbenbringende Teufel zu sein. Dieses Image verbreitete sich schneller als die Portugiesen segeln konnten.

Francisco d'Almeida reiste mit klarem Auftrag. Mit den mehr als 30 Schiffen, mit denen er von Portugal nach Indien aufgebrochen war, sollte er die Kette der islamisierten Handelshäfen an sich reißen, um den Indischen Ozean zu einem portugiesisch beherrschten Ozean zu machen. Der Widerstand forderte Menschenleben und Schiffe. Flottenverbände aus Ägypten, Gujarat und Calicut formierten sich zur gemeinsamen Abwehr. Das war 1508. Die islamische Allianz hielt den Portugiesen nicht stand. Der Seekrieg um Diu, den nördlichsten Hafen an der indischen Westküste, entschied ein Jahr später die neue Machtverteilung. Offensichtlich waren die Schiffe der Portugiesen wendiger, waren ihre Kanonen schlagkräftiger als die ihrer Feinde. Mit der Einnahme von Goa 1510 unter dem Nachfolger d'Almeidas im Amt des Vizekönigs, nämlich Affonso d'Albuquerque, war die Vorherrschaft der Portugiesen im Indischen Ozean unanfechtbar geworden.

Allerdings: Mit der Besetzung der Handelsstützpunkte entlang der Malabarküste hatten die Portugiesen erst die Hälfte des Plünderungszuges geschafft: die Kontrolle der Handelsrouten zu Wasser. Schon schlug das im fernen Venedig bei einem rückläufigen Angebot exotischer Waren

Briefmarken erinnern in Europa und Asien an die Vergangenheit:
Heinrich der Seefahrer, Vasco da Gama, (D-) Elcano; daneben die
Schiffe, die in Ost und West die Meere befuhren

spürbar zu Buch, weil mit den Monsunwinden segelnde portugiesische Schiffe die begehrte Fracht direkt nach Lissabon brachten. Aber bis auf Pfeffer und edle Güter aus Indien boten sich auch in den Malabarhäfen nur die Schätze an, die noch weiter aus dem Osten geholt werden mußten. Zu den Gewürzinseln und zu dem Tor dorthin, das Malakka hieß, waren die Portugiesen immer noch nicht vorgedrungen.

Die Kanonen der Weißen

Malakka kapituliert

Die Gier nach Gewürzen, Macht und Reichtum, der Drang, Besitzer einer unerschöpflichen Schatzkammer sein zu wollen – all dies ließ sich für die Portugiesen, die mit dem neuen, dem beginnenden 16. Jahrhundert den Indischen Ozean unter die Kiele ihrer Segelschiffe und dessen Handelshäfen ins Visier ihrer Kanonen genommen hatten, mit einem einzigen Namen zusammenfassen: Malakka.

Noch weiter nach Osten, dann nach Süden. Die Richtung wurde zur Idee, unaufhaltsam, krankhaft; angestachelt von den Profitforderungen und der Machtverteilung im alten Europa; aufgepeitscht von dem Verlangen jedes einzelnen, der da bei mörderischen Seekämpfen und Städteplünderungen seine Haut zu Markte trug, um von den Schätzen eben dieser Märkte selbst einen fetten Batzen in die eigene Tasche stecken zu können.

Einer der ersten Europäer, die die märchenhaften Werte Malakkas zu Gesicht bekommen hatten, war ein Italiener: Ludovico Varthema. Der Vagabund und Abenteurer, der nach eigenem Bekunden das Hochgefühl des Augenzeugen dem Nachempfinden einer Lektüre vorzog, hatte sich zu dieser Zeit bereits als Einzelgänger in den malaiischen Gewässern herumgetrieben, war auf den Dschunken und Praus mitgefahren und erlebte streckenweise die südliche Welt in den Fußstapfen seines berühmten Landsmannes Marco Polo. Zu dessen Zeiten war bereits der Norden Sumatras berichtenswert erschienen, aber Malakka noch keine Zeile wert gewesen. Anders für Varthema. Seine Erzählungen trugen bei den Portugiesen entlang der Malabarküste bei, den Drang nach Südost zu verstärken und den Aufbruch zu beschleunigen.

1505 wurde der erste Versuch gestartet. Vizekönig d'Almeida schickte seinen Sohn Laurencio los, die Route nach Malakka zu erforschen. Das Unternehmen scheiterte; immerhin wurde der Kundschafter der erste Europäer, der den Fuß auf die Insel Ceylon/Sri Lanka setzte. Ein Jahr später schlug ein zweiter Vorstoß wiederum fehl. Erst 1509 sollte das Unternehmen glücken. Aus Portugal war Diego Lopes de Sequeira mit vier Schiffen nach Cochin gekommen. Im August segelte die um ein weiteres Schiff verstärkte Flotte weiter. Im September war der kleine Verband ohne Schwierigkeiten endlich zu jenem Ort der europäischen Träume vorgedrungen und ankerte vor dem Hafen von Malakka. Friedliche Kontaktaufnahme, so lautete der Befehl; erst einmal die wahre Stärke der Herren am anderen Ende der weltweiten Handelskette herausfinden, ehe weitere Schritte angepeilt werden konnten. Aber den Schiffen der Portugiesen war auch hier ihr Ruf vorausgeeilt. Was sich während der folgenden Tage ereignete, ist anders nicht zu erklären.

Sultan Mahmud empfing die Männer freundlich. Deren Ansinnen auf Teilnahme am Handel wurde wohlwollend aufgenommen. Der malaiische Fürst mochte es als diplomatisch empfunden haben, sich mit den unberechenbaren Fremden, die Franken genannt wurden, zu arrangieren. Doch die Händler in Malakka, denen es weniger um Politik, sondern mehr um ihre Geschäfte ging, sahen die Sache anders. Wehret den Anfängen, hieß die Parole. Die Kaufleute aus Gujarat wußten ja bereits aus eigener Erfahrung, wie das vermeintlich friedliche Handeln mit den Portugiesen endete. Den javanischen Händlern mußten die Männer vom Nordwesten Indiens das nicht lange erklären. Was im Indischen Ozean nicht zu schaffen gewesen war, sollte wenigstens in der Malakka-Straße gelingen: die Portugiesen fernzuhalten. Die Handelsriege der Asiaten fand im Premier am Sultanshof, in Bendahara Tun Mutahir, einen Verbündeten. Der einflußreiche Politiker tamilischer, also indischer, Abstammung war selbst im Geschäft so engagiert und für die Abgaben und Bestechungsgelder der Händler empfänglich genug, daß er auf den Fortbestand dieser Quellen seines Reichtums bedacht sein mußte. Eine List sollte die ungebetenen Gäste ein für allemal vertreiben.

Dem scheinbaren Entgegenkommen der Händler Malakkas, den bereitgestellten Mengen an Gewürzen, dem vorgetäuschten Versprechen, noch mehr solche Güter zu liefern, war das Mißtrauen der Portugiesen nicht gewachsen. Sie bewegten sich arglos an Land, schacherten um Schiffsladungen und vergnügten sich mit den käuflichen Mädchen Malayas. Das war die Atmosphäre geminderter Wachsamkeit, die die Söldner aus der Armee des Sultans unter der Führung Tun Mutahirs nutzten. Von kleinen Ruderbooten aus, von Einbäumen und Praus überfielen sie die auf Reede liegenden Schiffe. In den Straßen Malakkas wurden die Landgänger der Portugiesen niedergemacht. Der blutige Trick hatte indes nur halben Erfolg. Sequeira gelang die Flucht. Freilich: Einige Dutzend seiner Männer wurden umgebracht oder gefangengenommen, zwei Schiffe blieben brennend zurück.

Als Sequeira im Januar 1510 wieder in Cochin an der Malabarküste landete, konnten er und seine Leute zwar die Erzählungen vom Reichtum Malakkas bestätigen, mußten aber ebenso die blutige Niederlage eingestehen, die sie von den Schätzen ferngehalten hatte. In der Zwischenzeit war d'Albuquerque neuer portugiesischer Vizekönig geworden, hatte den Konkurrenten d'Almeida trickreich aus-

Auch Portugals Banknoten und Münzen erinnern an die Zeit der Entdeckungsfahrten

geschaltet und sann auf Rache. Der Überfall auf Goa und die folgende Plünderung der Stadt, das Morden und Gemetzel, an dem der portugiesische Sieg sich weidete, mußte das Selbstbewußtsein des d'Albuquerque beträchtlich gestärkt haben. Bereits einige Monate später, im April 1511, segelten unter seinem Kommando 18 Schiffe mit tausend Männern von Goa nach Malakka. Im Juli erreichte die Armada ihr Ziel.

Malakka war innenpolitisch zerrissen. Korruption als Schmiermittel des Handels, die Schwäche des Sultans und die sich bekämpfenden Berater hatten die goldene Frucht Malakka in ihrem Innern bereits wie Maden zersetzt. Die Hoffnung, den Portugiesen zwei Jahre zuvor einen Denkzettel verpaßt zu haben, der deren Wiederkehr auf lange Zeit hinausschieben würde, hatte sich beim Anblick der Segel da draußen vor den Hafenmauern als gefährliche Illusion entpuppt. Dennoch gab Malakka nicht klein bei.

D'Albuquerques Forderung auf die Herausgabe der noch lebenden portugiesischen Gefangenen stieß auf den Widerstand des Sultans, der der harten Linie seines Sohnes Ahmad und den Beschwörungen der javanischen Händler-Lobby folgte. Sie betrachteten die Gefangenen als Geiseln, um deren Preis womöglich eine Attacke abzuwenden sei. Aber d'Albuquerque verlangte außerdem eine Entschädigung für die Verluste, die den portugiesischen Schiffen bei ihrem ersten Besuch in Malakka zugefügt worden waren. Die Herren der Stadt stellten sich stur. Den weiteren Wunsch, hier eine Faktorei erbauen zu dürfen, ignorierten sie.

Da sprachen die Portugiesen in der Sprache weiter, bei der sie keinen Dolmetscher brauchten. Ihre Kanonenkugeln zertrümmerten einige Schiffe der Gujarat-Händler und setzten Häuser am Hafen in Brand. Der Ton wurde dort verstanden. Die Gefangenen durften das Gefängnis verlassen und sich ihren Kameraden anschließen. Doch dieses Zeichen guten Willens war der kleine Finger, zu dem d'Albuquerque die ganze Hand, den ganzen Körper wollte: Malakka. Das bedeutete Krieg.

»Die Portugiesen feuerten ihre Schiffskanonen ab, so daß die Kugeln wie Regen über Malakka niederprasselten«, heißt es in der Sejarah Melayu. Der portugiesische Vizekönig verfügte nicht nur über erprobte Waffen, sondern bereits über detaillierte Kenntnisse vom Innern Malakkas. Einem der Gefangenen war es in den Jahren davor gelungen, eine Stadtbeschreibung herauszuschmuggeln und einem der Schiffe nach Goa mitzugeben, was darauf hindeutet, daß es auch unter den asiatischen Händlern einige gab, die es mit keiner Seite verderben wollten. Trotz dieser Überlegenheit an Gewaltmitteln und Wissen gelang die Einnahme Malakkas keineswegs im Handstreich. Mehrere Attacken

hielten die Portugiesen und die bedrängten Menschen in Malakka über Wochen in Atem.

Der Sieg der Portugiesen wurde letztlich nur aus der Mischung ihrer Stärke und der inneren Schwäche Malakkas möglich. Denn die Hauptlast der Kämpfe wurde auf der Seite Malakkas den Söldnern überlassen, vornehmlich Männern aus Java. Ihre bezahlte Kampfmoral war der portugiesischen Gier nach Reichtum, von der jeder einzelne aus den Reihen d'Albuquerques erfaßt sein mußte, weit unterlegen. Als sich dieses Mißverhältnis mehr und mehr abzeichnete, änderten auch die Händler ihre Meinung. Wenn denn der Sultan offenbar nicht mehr die politische und militärische Macht zu haben schien, ihre Handelsinteressen zu schützen, dann wollten sie sich auch mit veränderten Verhältnissen arrangieren.

Am 24. August 1511 kapitulierte Malakka. Der Sultan floh mit seiner Familie ins Hinterland und ließ nicht sehr viel an greifbaren Schätzen zurück – dafür aber eine geheimnisvolle Frage, die manchen phantasiebegabten Bewohner Malakkas noch heute beschäftigt: wo wohl der sagenhafte Goldschatz verborgen sein könnte, den die Oberen Malakkas in all den Jahren ungestörten Schacherns und Stapelns zusammengebracht haben mußten. Niemals tauchte der Schatz wieder auf, der am Ende des Goldenen Jahrhunderts von Malakka in dessen Mauern gelagert haben soll.

Kampfgetümmel

So stellte sich der Fall Malakkas in den Augen der Europäer dar: *»Gleich nachdem Affonso d'Albuquerque, Generalka-*

pitän und Gouverneur von Indien, mit seiner Flotte Malakka erreicht hatte, verbrachte er die ersten Tage damit, Friedensbotschaften zu versenden, um mit allen Mitteln den Krieg zu verhindern. Trotzdem: die Leichtfertigkeit der Malaien, die unbekümmerten, eitlen und arroganten Ratschläge der Javaner, des Königs Dünkel und Halsstarrigkeit, seine tyrannische, hochmütige und luxuriöse Lebensart (unser Gott hatte verfügt, daß er zahlen sollte für den großen Verrat, den er an unseren Leuten begangen hatte) – all dies zusammen ließ den König unseren Wunsch nach Frieden zurückweisen. Er und seine Leute versuchten, die Angelegenheit nur mit ihren Botschaften hinauszuzögern und ihre eigene Position zu stärken, so gut es ging, so daß es ihnen wohl erscheinen mußte, daß niemand auf der Welt mächtig genug sein würde, sie zu zerstören.«

So friedlich und freundlich hat Tomé Pires in seinem Geschichtswerk »Suma Oriental« das Auftreten seiner Landsleute geschildert. Schuld am Krieg waren demnach die Männer Malakkas – Schuld hatten die Überfallenen, nicht die, die den Überfall in Szene setzten. Eine sehr praktische Sicht der Dinge. Haltet den Dieb! – ruft der Dieb. Tomé Pires hat einige Jahre nach dem Fall Malakkas in der Stadt gelebt, konnte sich also auf Augenzeugen berufen: portugiesische Augenzeugen, die Partei waren wie er selbst.

In den Augen der Asiaten sahen die Ereignisse verständlicherweise etwas anders aus. In der Sejarah Melayu heißt es zu der Phase, die Tomé Pires beschreibt: »Mit seiner Flotte segelte Affonso d'Albuquerque nach Malakka. Als sie die Stadt erreichten, herrschte große Aufregung, und dem Sultan wurde mitgeteilt: ›Die Franken sind gekommen, um uns anzugreifen ... ‹ Daraufhin zog der Sultan seine Truppen zusammen und befahl ihnen, die Ausrüstung gefechtsbereit zu halten. Die Franken verwickelten die Menschen von Malakka in einen Kampf, und sie feuerten ihre Kanonen mit solcher Wucht und Ausdauer, daß die Kugeln wie Regen niederprasselten. Der Lärm ihrer Kanonen war wie der Lärm von Donnerschlägen, und das Aufleuchten ihrer Gewehre war wie Blitze eines Gewitters, und das Geräusch ihrer Pulverzündung war wie das Prasseln von Erdnüssen in der Bratpfanne. Der Beschuß war so überwältigend, daß die Männer von Malakka ihren Platz am Ufer nicht länger behaupten konnten. Daraufhin segelten die Franken mit ihren Booten bis zur Brücke von Malakka.«

So sah die portugiesische Friedensliebe aus, wenn man auf der anderen Seite ihrer Kanonen lebte. Politik der Stärke war schon immer die überwältigendste Art von Diplomatie.

Magellans Feuertaufe

Welche Rolle Magellan in diesen Jahren gespielt hat, läßt sich in den Einzelheiten nicht feststellen. Dichterische Phantasie und großzügiger Umgang mit der Geographie kennzeichnen die heroisierenden Darstellungen, die ihm in dieser Phase seines Lebens gewidmet sind. Biographische Lücken werden mit spannenden Stories ausgefüllt; Calicut an der indischen Westküste und Kalkutta an der nordindischen Ostküste werden immer wieder verwechselt, und Malakka wird fälschlich mit dem heutigen Singapur identifiziert (auch bei Stefan Zweig).

Dies mag Nebensache sein. Fest steht, daß der junge Magellan an den ersten, folgenschweren Vorstößen der Portugiesen ins Meer der islamischen Händler teilgenommen hat. Sieben Jahre seines Lebens diente er unter den beiden Vizekönigen in Indien, Francisco d'Almeida und Affonso d'Albuquerque. Diese Jahre haben dem Denken und Tun des Magellan einen unauslöschlichen Stempel aufgedrückt.

Magellan war etwa 25 Jahre alt, als er am 25. März 1505 auf einem der Schiffe gen Osten seine Heimat Portugal verließ. Die Armada folgte dem sieben Jahre zuvor von Vasco da Gama erkundeten Seeweg nach Indien. Was damals noch unter dem Leitmotiv der Entdeckung gestanden hatte, sollte nun dem anderen Teil der Absicht gewidmet sein: der Eroberung. Für den adligen Landmann aus dem Norden Portugals begannen die eigentlichen Lehrjahre, zu denen die Jahre am Hof des Königs Manuel nur ein Vorspiel gewesen waren. Aus der relativen Geborgenheit höfischen Lebens zwischen Intrigen, Etikette und Langeweile wurde der junge Magellan herausgeschleudert in eine Männerwelt, deren Härte gegen sich und jedermann im westlichen Wohlstandsleben des späten 20. Jahrhunderts nicht mehr vorstellbar ist.

Das Gebot christlicher Nächstenliebe und die Bereitschaft, mit größter Brutalität Beute zu machen, schlossen einander keineswegs aus. Die nützliche Einstellung, in den Moslems, den Mauren, keine ebenbürtigen Menschen zu sehen, sondern die geborenen Feinde des Abendlandes, die es auszurotten galt, war allein deshalb lohnend, weil sich in deren Händen Reichtümer und die Kontrolle begehrter Handelswege befanden. So unterstützte diese Einstellung bei den Unternehmungen den Kampf jener Jahrzehnte.

Bereits an der afrikanischen Ostküste war Magellan als einer vom Fußvolk, einer ohne Rang und Namen, an den Überfällen auf die muslimischen Siedlungen und Handelszentren beteiligt gewesen. Wer bis dahin gekommen war, hatte keine Wahl mehr. Kämpfen oder sterben. Die Portugiesen trafen auf Gegner, die auf der Höhe der Zeit waren, nicht irgendwelche primitiven Stämme, sondern waffentechnisch gut gerüstete Küstenbewohner, die über ein Handelsnetz verfügten, von dessen Ausmaßen die Europäer noch keine konkrete Vorstellung hatten. Diese Verbindungen über Meere hinweg stärkten das Selbstbewußtsein der islamischen Händler und Politiker. Um sie aus den Sätteln zu heben, waren die Portugiesen aufgebrochen.

Magellan war einer von Tausenden, die das schaffen sollten. Schwäche, Mitleid oder Zögern in einem Kampf von Mann zu Mann führte zum Tod. Auge um Auge. Zahn um Zahn. Wer bei den Überfällen, Plünderungen, Handgemengen, wer beim Entern gegnerischer Schiffe mit heilen Gliedern davonkam, wer nicht bei Sturm über Bord gespült wurde oder mit dem ganzen Schiff unterging, wer beim Bau der Festungen unter tropischer Glut nicht schlappmachte, der lebte ständig in Gefahr, an einer der heimtückischen Krankheiten der fernen Regionen zugrunde zu gehen. Wie stark mußte der Drang nach dem Osten sein, der all diese Qualen ertragen ließ. Magellan durchlief diese Schule wie viele seiner Generation; er hat die Schule mit dem besten Ergebnis verlassen, das sie zu vergeben hatte: Magellan überlebte.

An der Besetzung von Diu war er ebenso beteiligt wie an der Attacke auf Goa. Er mußte Verletzungen erleiden, war außer Gefecht gesetzt und machte weiter, sobald es die Befehle erforderten. Die romanhaften Biographien stellen bereits den jungen Magellan in den Mittelpunkt heldenhafter Darstellung, um seine Tat atmosphärisch vorzubereiten. Dichterische Freiheit. Man kann auch bescheidener deuten: Wer in diesem verklärenden Sinn kein Held war, ging damals vor die Hunde, Heldentum der Haudegen war der Normalfall.

Beide Male fuhr Magellan auch nach Malakka mit. 1509 unter Sequeira, 1511 unter d'Albuquerque. Die Biographen sehen in ihm den Retter, der beim ersten Malakka-Abenteuer den Alarm auslöste, der den Überraschungseffekt der Söldner unter Bendahara Tun Mutahir nur bedingt erfolgreich werden ließ und die rasche Flucht der Portugiesen ermöglichte. Und voll des Heldenlobes sind einige Autoren, wenn sie Magellans Auftreten bei der Malakka-Attacke zwei Jahre danach beschreiben. Daß er sich in den Jahren seiner afrikanisch-indischen Lehre in den Offiziersrang empordiente, scheint eine solche Wertung zu bestätigen; seine Rolle ist aber völlig überzeichnet, wenn sie ihn bei den Schlachten als entscheidenden Hauptdarsteller zeigt. Nicht das, was Magellan während dieser Jahre bis 1512 tut, ist das, was in die Geschichte eingehen wird, sondern das, was in ihm reift, was er lernt, was ihm den Stoff zur Idee seines Lebens gibt. In diesem Zusammenhang gewinnt Malakka für ihn eine schicksalhafte Bedeutung. Magellan hatte seine Feuertaufe empfangen.

Serrao läßt sich auf den Molukken nieder

Der Fall Malakkas war der Beginn europäischer Bevormundung, die in allen Bereichen Südostasiens wirken sollte: von der Ausplünderung weiter Landstriche bis zur Grenzbestimmung der gegenwärtigen Staaten. Innerhalb weniger Monate richtete sich d'Albuquerque als neuer Herr der Stadt ein, arrangierte sich mit den Händlern, die anpassungsfähig ihr Fähnlein nach dem portugiesischen Wind richteten, und veranlaßte den Bau eines hölzernen Forts, dem später eines aus Stein folgen sollte, das 130 Jahre lang der Portugiesen Schalten und Walten militärisch sicherte. Mit dem Sieg in Malakka hatten sie sich das Tor aufgesprengt, das in die Molukken führte: zu den Gewürzinseln, wo der Reichtum aus 1001 Nacht seine Quelle hatte – so jedenfalls geisterte es durch die europäischen Gemüter. Endlich Klarheit darüber zu erhalten, endlich diese Quellen selbst anzuzapfen, war das Gebot der Stunde.

Bereits im Dezember 1511 wurden wieder die Segel gesetzt. Drei Schiffe schickte d'Albuquerque auf Erkundungsreise. Antonio d'Abreu wurde zum Admiral dieser Suchtruppe ernannt. Einer der Kapitäne hieß mit Sicherheit Francisco Serrao, der Freund Magellans; und auf dem dritten Schiff, so beschreiben es einige Biographen, soll Magellan selbst das Kommando geführt haben. Historisch belegt ist es nicht. Derartige Spekulationen gehen auf den spanischen Historiker Argensola zurück, dessen Aufzeichnungen auch die Vermutung erlauben, Magellan sei von Malakka aus bereits in die Inselgruppe vorgestoßen, die er von der anderen Seite des Erdballes zehn Jahre später erreichen sollte: die Inseln, die später die Philippinen genannt wurden.

Es bleibt eine Streitfrage der Gelehrten, ob Magellan bei diesem weiteren Vorstoß in den Osten selbst dabei war oder nicht. Die Wahrscheinlichkeit ist gering. Dagegen spricht sein alles andere als freundliches Verhältnis zu d'Albuquerque, der wohl nur ihm genehme Offiziere mit solch einer Aufgabe betraut haben wird. Dagegen spricht die Tatsache, daß ein Lissaboner Empfangsbeleg für einen Sold, ausgestellt im Juni 1512, auf den Namen Magellan lautet. Wenn es sich wirklich dabei um ihn handelt (was auch bezweifelt werden kann), dann konnte er nicht an der Molukken-Expedition teilgenommen haben und mußte bereits ein halbes Jahr später in Lissabon gewesen sein.

Ob Magellan mit eigenen Augen die Gewürzinseln geschaut hat oder nicht, bleibt ungeklärt im Dunkel der Geschichte. Der Mitstreiter Serrao jedoch hat die Wunder erblickt, mehr noch: Er ist zu den Inseln übergelaufen wie ein Soldat, der im Krieg die Seite wechselt.

Wer war Serrao? Die Historiker sind sich nicht einig darüber, ob es ein Verwandter Magellans war, ein Vetter oder nur ein Freund. Magellans Biographen berichten gern und ausführlich, wie ihr Held beim ersten Besuch in Malakka während des Überfalls der javanischen Söldner und der malaiischen Bootsführer dem Freund Serrao das Leben rettete. Mag sein. Daß beide Männer in engem Verhältnis verbunden waren, bezeugt der spätere Briefwechsel.

Francisco Serraos Story ist spannend genug und wäre ein Thema für sich. Der Mann kommandierte eines der drei Schiffe, die Malakka verließen, um weiter in den Osten vorzudringen: an Sumatra entlang, durch die Javasee, an der Südküste Sulawesis vorbei in die Bandasee. Wieder ein Vorstoß in für Europäer unbekannte Gewässer. Doch wie 13 Jahre zuvor Vasco da Gama auf dem Weg nach Indien, so hatten auch die Kapitäne unter Admiral d'Abreu einheimische Piloten an Bord. Die Insel Gunung Api (Feuerberg) kam ins Blickfeld, dann Buru, schließlich Ambon. Nirgends liegen die Inseln so weit auseinander, daß nicht ständig irgendeine zu sehen wäre. Der Empfang auf Ambon soll freundlich gewesen sein. Binnen weniger Tage ließen sich die Schiffsbäuche mit den begehrten Gewürzen füllen. Serraos Karavelle mußte allerdings aufgegeben werden, sie hielt den Stürmen nicht mehr stand. Eine Dschunke wurde als Ersatz genommen. Die volle Ladung und das Wetter ließen die Rückkehr angeraten scheinen. Weitere Entdeckungen in Richtung Norden, zu den Inseln Ternate und Tidore, wurden verschoben.

Doch für Serrao sollte alles anders kommen. Während eines Sturmes verlor er die beiden anderen Schiffe aus den Augen; das seine strandete auf den Riffen der Schildpatt-Inseln, 140 Meilen westlich von Banda. Ein ziemlich ungastlicher Ort, nicht nur wegen seiner wenig einladenden natürlichen Gegebenheiten, sondern auch, weil diese Inseln verborgene Stützpunkte für Piraten waren. Doch Glück im Unglück. Es gelang Serrao und seinen Gesellen, den Spieß umzudrehen. Die Piraten, die das Wrack gesichtet hatten, sich der einen Insel näherten und die Europäer ausplündern wollten, wurden von den Schiffbrüchigen überfallen. Gemeinsam ging die Reise weiter. Piraten und Portugiesen landeten wieder in Ambon.

Möglicherweise war Serrao auf den Geschmack der Freiheit gekommen. Er hörte vom Streit zwischen den beiden Herrschern der Inseln Ternate und Tidore im Norden der Molukken. Die Wende seines Lebens. Er segelte los, ließ Kommando Kommando sein, vergaß seine soldatische Pflicht gegenüber dem König Portugals und bot seinen militärischen Rat dem Herrscher von Ternate an. Offenbar war der fremde Mann aus dem fernen Portugal willkommen. Serrao ließ sich nieder auf dem runden Eiland mit dem stumpfen Vulkankegel im Mittelpunkt, heiratete eine der Frauen der Insel und wurde Vater; als zu späterer Zeit portugiesische Schiffe vor Ternate ihre Segel einholten, da hat Serrao wohl eine Art Vermittlerrolle gespielt, er war Dolmetscher und half den Landsleuten bei der Beschaffung der Gewürze. Aber heimgekehrt ist er nicht mehr. Ternate war seine zweite Heimat geworden. Dies den Freunden in Europa mitzuteilen, wurde er nicht müde. *»Ich habe hier eine*

neue Welt gefunden, reicher und größer als die Vasco da Gamas«, so ließ er sich vernehmen.

Magellan, zu jener Zeit, nach den sieben Jahren in Afrika und Asien, längst wieder in Portugal, gehörte zu den Empfängern dieser schwärmerischen Botschaften. Magellan war in Malakka an den Rand der Welt gestoßen, deren unerforschte Dimensionen zur Herausforderung seines Lebens werden sollten. Zauber der Palmenstrände, Geheimnis der Tropen, die Verlockung eines gleichförmigen Daseins in fortwährendem Sommer – es muß erlaubt sein, zu den knallharten Aspekten der Zeit, zu den wirtschaftlichen Forderungen und den imperialen Ansätzen einer beginnenden europäischen Weltpolitik auch diese gefühlvollen Anwandlungen zu erwähnen. Erst beide zusammen – Gefühl und Geist – machen verständlich, warum die Briefe des Serrao eine solch folgenschwere Wirkung auf Magellan haben konnten. Bei der Lektüre dieser Botschaften, wieder in Europa, nach den Abenteuern im Osten ein gestrandeter Mann, muß beides zusammengetroffen sein: Sehnsucht und der Sinn für praktische Taten, eine Mischung, die aus Magellan das machte, was er wurde.

Dieser Serrao auf der anderen Seite der Erde lebte und verkörperte einen Traum, den Magellan ein Leben lang unterdrücken mußte, den seine Epoche nicht duldete: ein Leben in Ungebundenheit, ein Dasein in Eigenverantwortung, eine Außenseiterrolle, die nur dem eigenen Glück diente. Serrao, der diese Rolle spielte und darüber berichtete, war seiner Zeit weit voraus. Ein Mann, der uns vertraut und modern erscheint: der Aussteiger, der den Kram hinwirft, der seiner Karriere ade sagt und sich genau dort niederläßt, wo des Spießers Phantasie Purzelbäume schlägt.

Die Europäer mischen mit

Mit Gewalt in eine Schatzkammer einzubrechen, ist eine Sache; diesen Tresor dauerhaft zu halten und Nutzen daraus zu ziehen, ist ein ganz anderes Werk. Die Portugiesen hatten Malakka geknackt wie einen Safe, aber an dessen Reichtümer waren sie damit nicht automatisch gelangt. Der Bau einer militärischen Befestigung war zuerst die wichtigste Unternehmung. Denn die 130 Jahre, während der sich die Portugiesen in Malakka halten konnten, festgekrallt an Malayas Küste und ständig die Kanonen in Bereitschaft, rochen verdammt nach Schwarzpulver und hallten wider vom Donner der Geschütze einer unaufhörlichen Kette von Kriegen und Scharmützeln. Die Portugiesen waren als Besatzungsmacht höchst unwillkommen – und das bekamen sie ständig zu spüren. Die Nachbarn und die Natur waren ihnen gleichermaßen feindlich gesinnt.

Ein eher sachliches Verhältnis, geprägt von gegenseitigem Respekt und dem Interesse an gemeinsamen Handelsvorteilen, konnten die Eroberer langfristig nur mit einer einzigen Gruppe unter den Malakka-Händlern aufbauen; einer Gruppe von Asiaten, die, anpassungsfähig, auch in den folgenden Jahrhunderten mit den wechselnden Nachfolgern der Portugiesen gut im Geschäft blieb, und zwar bis in die Gegenwart hinein: die Chinesen.

Anders dagegen die Geschäftsleute malaiischer Abstammung. Mit dem Namen Utimudi Raja verbindet sich der lokale Widerstand, der den Portugiesen abermals klarmachte, daß nicht nur ihr Kommen in Südostasien blutige Feindschaften provozierte, sondern auch ihr Bleiben ein Machtkampf werden mußte. Utimudi Raja war der Führer der javanischen Bevölkerungsgruppe in Malakka. Er verweigerte den Portugiesen die Zusammenarbeit. Sie reagierten hart, wohl hoffend, andere Opponenten einzuschüchtern. Utimu-di Raja und seine Familie wurden hingerichtet. Doch die Rechnung ging nicht auf. Die Javaner revoltierten mit Waffengewalt, und was noch folgenschwerer war: Viele von ihnen kehrten Malakka den Rücken und ließen sich an anderen Hafenplätzen entlang der Straße von Malakka nieder. Da die Javaner aber den Reishandel kontrollierten, hatte dies Nahrungsmittel-Nöte in Malakka zur Folge.

Die Abwanderung der einfluß- und verbindungsreichen Kaufleute, vor allem aus muslimischen Kreisen, bewirkte den Anfang vom Niedergang Malakkas. Noch war der Begriff Boykott nicht geprägt (ihn zu initiieren, blieb dem englischen Adeligen Charles Cunnungham Boycott vorbehalten, der sich im 19. Jahrhundert den Zorn irischer Pächter zugezogen hatte und geächtet wurde), aber den historischen Sachverhalt nach der Eroberung Malakkas durch die Portugiesen trifft das Wort Boykott genau. Handelsplätze, die bereits eine Rolle gespielt hatten und in den Schatten des aufblühenden Malakkas geraten waren, und auch bis dahin unbedeutende Küstenstädte stiegen in ihrer Bedeutung auf; sie wurden neue Anlauf- und Umschlagorte im südostasiatischen Seehandel. Aceh im Norden Sumatras, Bantam und Demak auf Java und Brunei/Borneo seien beispielhaft genannt.

Zwar konnten die Portugiesen, gestützt auf ihre Waffen, von durchlaufenden Schiffen eine Art Zoll erpressen, aber Malakkas Ruhm als sichere Drehscheibe war dahin. Wer es von den asiatischen Handelsleuten schaffen konnte, segelte an diesem Hafen vorbei. Der letzte Malakka-Sultan Mahmud legte nach einigen Jahren der Wanderschaft den Grundstein für einen neuen Staat auf der malaiischen Halbinsel, nämlich Johore, der das Erbe Malakkas antreten sollte und ebenso in die Rivalitätskämpfe um die südostasiatischen Handelspfründe eintrat wie der zweite unmittelbare Nutznießer vom Niedergang Malakkas, die islamische Hochburg Aceh.

Die Kriege zwischen diesen drei Machtzentren prägten das 16. Jahrhundert der Region. Malakka unter portugiesischer Flagge und die malaiischen Staaten Johore und Aceh lagen sich wechselseitig in den Haaren; mal waren die Asiaten gegen die Europäer verbündet; mal schlug sich Malakka auf die Seite Johores zum gemeinsamen Angriff gegen Aceh; mal griff jeder jeden an. So waren es nicht nur die allzeit geladenen Kanonen der Portugiesen, die ihnen die Präsenz in Malakka sicherten, sondern mehr noch die Querelen und die Uneinigkeit der Asiaten untereinander, die eine starke Front gegen die Eindringlinge aus Europa verhinderten. Doch wer von den Portugiesen und ihren Söldnern bei den zahlreichen kriegerischen Auseinandersetzungen überlebte, hatte noch einen ganz anderen Kampf zu bestehen: den gegen eine für Europäer mörderische Natur.

»Die Todesrate unter den Portugiesen war im Osten sehr hoch«, stellt I. A. Macgregor in seinen historischen Forschungen fest. *»Diese Rate war möglicherweise in Malakka besonders hoch. Die Stadt hatte den Ruf, gesundheitsgefährdend zu sein. 1525 haben dort wahrscheinlich nur 38 verheiratete portugiesische Siedler gelebt. Diese Zahl stieg, wenn auch nur langsam. 1552, als Malakka den Status einer (portugiesischen) Stadt erhielt, wurden die verheirateten Siedler auch Bürger mit dem Recht, einen Stadtrat zu wählen. Aber selbst danach, um 1626, waren nur 114 verheiratete Siedler in Malakka; 62 von ihnen lebten außerhalb der Stadtbefestigung, entweder in Hilir oder in kleinen Siedlungen oberhalb des Malakka-Flusses. Diese Situation bot nicht allzu gute Möglichkeiten, viele Soldaten auf die Beine zu stellen; und während der Belagerung von 1629*

werden nur 120 Siedler erwähnt, die bereit und willens zum Militärdienst waren. Trotzdem, die wenigen Siedler versorgten die Stadt in ausreichender Weise, besonders in der zweiten Hälfte des 16. Jahrhunderts.«

Was die Portugiesen mit der Einnahme Malakkas weltgeschichtlich einleiteten, gewinnt eine zusätzliche Dimension, wenn man bedenkt, welch geringe Anzahl von Männern daran beteiligt war.

Macgregor weist darauf hin, daß wohl nie mehr als 600 Portugiesen zur selben Zeit in Malakka waren, abgesandt von einem Land, das zu jener Epoche nur eineinhalb Millionen Einwohner zählte und weltweit in Entdeckungen und Eroberungen seine außenpolitischen Kräfte einsetzte. In Brasilien, Marokko, Westafrika, Ostafrika und von der indischen Westküste bis schließlich in Macao an der chinesischen Südküste lagen die Kampfplätze, auf denen die Portugiesen mit eiserner Faust die bestehenden Ordnungen durcheinander brachten.

Entfernungen und die Abhängigkeit von Wind und Wetter ließen die Kommunikation zu einem der großen Probleme werden. Malakka als Außenposten des langen portugiesischen Armes war sich weitgehend selbst überlassen. Das asiatische Zentrum Goa, wo der portugiesische Vizekönig seinen Sitz hatte, lag in einer Distanz von einigen Segel-Wochen entfernt. »Ein Kapitän in Malakka, also der Statthalter der portugiesischen Macht, der im Mai eines Jahres aus Goa einen Befehl erhielt, antwortete darauf üblicherweise nicht vor November oder Dezember, wenn die Winde günstig für die Rückreise nach Indien waren« (Macgregor). Solche Zeitenläufe erwiesen sich als nachteilig, wenn zur Verteidigung Malakkas militärische Hilfe aus Goa erforderlich wurde; aber die räumliche und zeitliche Distanz schuf zugleich den Freiraum für selbstherrliches Schalten.

Die Gefahr, entweder im Kampf gegen die asiatischen Völker zu fallen, denen sich die Portugiesen gewaltsam als Nachbarn aufgedrängt hatten, oder einer Tropenkrankheit zu erliegen, löste bei fast allen Europäern eine kombinierte Tätigkeit aus: raufen und raffen; so schnell reich werden wie irgend möglich und dies mit Brutalität. Von angeblicher moralischer Überlegenheit des Abendlandes keine Spur: *»Die kirchliche Autorität schaffte es nicht, allzustrenge Disziplin aufrechtzuerhalten«*, stellt Tan Ding Eing fest. *»Die meisten der Portugiesen führten ein unmoralisches Leben, und viele hielten sich sogar Harems.«*

Einer der berühmtesten europäischen Missionare, der heilige Franz Xavier aus Spanien, hielt sich in Malakka mit seiner Kritik nicht zurück: Seine geistlichen Brüder regte er an, die Portugiesen in ihren offiziellen Ämtern zu fragen, *»ob sie denn ihre Steuern zahlen, ob sie ihr Monopol mißbrauchen, ob sie sich selbst das dem König zustehende Geld aneignen . . .«*. Mit welchem Recht die europäischen Herren in die Schicksale fremder Völker eingriffen, ob dies denn wirklich göttlicher Ratschluß sein könne, steht freilich nicht auf der Frageliste des heiligen Mannes; es gehörte kaum zum Gedankengerüst des Abendlandes jener Zeit, das sich ja gerade erst anschickte, die Welt nach seinen Vorteilen zu ordnen.

Was Südostasien betrifft, so wurde das Jahr 1511 – die Eroberung Malakkas durch die Portugiesen und die Zerstörung des gleichnamigen malaiischen Staates – zum Wendepunkt der Geschichte. Wenn auch die Portugiesen noch nicht zu den eigentlichen Gewinnern aus den Reichtümern der Region gehörten und ihre Macht über die befestigten Militärbastionen kaum ausdehnen konnten, so schlugen sie doch gewaltsam die Mauern nieder, so daß Europa fortan in

Südostasien Zugang hatte und bis in die Gegenwart hinein zu seinem Nutzen einwirkt.

Kennzeichnend für die asiatische Uneinigkeit und die Unfähigkeit, diesen portugiesischen Anfängen zu wehren, war die Tatsache, daß nicht malaiische, islamische oder sonstige lokale Kräfte es schafften, die Portugiesen zu vertreiben, sondern europäische Machtkämpfe, auf asiatischem Terrain ausgetragen, das Ende Portugals in Malakka besiegelten. Es mag dem malaiischen oder indonesischen Selbstwertgefühl wehtun, aber es ist so: Was kein Sultan mit seinen Kriegern erreichte, gelang den Holländern. Sie schrieben als erste mit blutigen Lettern ins Geschichtsbuch, daß die europäischen Machtkämpfe, zum Leidwesen überseeischer Völker, weit entfernt vom Ursprung der Konflikte ausgetragen werden und unbeteiligte Menschen zu Opfern werden lassen.

Nachdem Philipp II. im Jahre 1580 Spanien und Portugal unter seiner Krone vereinigt hatte, führte das nicht nur zu Unruhe unter den portugiesischen Adligen, es machte auch eine der nördlichen Provinzen Spaniens aufsässig, nämlich Holland. Holländische Händler hatten über Jahrhunderte lang die Seeverbindungen zwischen dem südlichen und dem nördlichen Europa aufrechterhalten. Mit der neuen Machtverteilung am südwestlichen Teil des Kontinents flammte ein Interessenkonflikt auf, der zum Krieg zwischen Spanien und den Niederlanden, deren nördliche Region Holland hieß, führte. Erst der Westfälische Frieden brachte den Niederlanden 1648 die politische Selbständigkeit und völkerrechtliche Anerkennung der seit 1581 bestehenden Unabhängigkeit. Aber schon vorher sahen sich die Kaufleute nach neuen Profitquellen um. Die portugiesische Entdecker-, Sturm- und Drangzeit galt bereits als ein Stück der Vergangenheit, der Seeweg ums Kap der Guten Hoffnung war längst nicht mehr das Monopol der Portugiesen, als sich die Holländer als kommende Seemacht nicht mehr an europäische Küsten gebunden fühlten. In Asien erschien auch ihnen Malakka als besonders verlockend.

Zu Beginn des 17. Jahrhunderts machten die Holländer den Portugiesen schwer zu schaffen. Vor der Bucht von Malakka kreuzten immer wieder die Schiffe der Holländer; und 1633 begann eine Seeblockade, die sich über Jahre hinzog, bis schließlich der Handel völlig erstarb. Und 1639 geschah das, was Südostasiens Geschick über die folgenden Jahrhunderte prägen sollte: Ein einheimischer Fürst ließ sich auf einen Pakt mit Europäern gegen Europäer ein, bei dem letztlich Asiaten das Nachsehen hatten. Nach diesem Strickmuster wurde und wird noch in zahlreichen anderen Beispielen gehandelt.

Sultan Abdul Jalil Shah II. von Johore verbündete sich mit den Holländern, übernahm bei der Blockade Malakkas die Besetzung der Landwege und die Unterbrechung der Lebensmittellieferungen für die bedrängte Stadt, während die Holländer den Ring von der Seeseite aus schlossen. Fünf Monate und zwölf Tage hielten die Portugiesen aus. Dann kapitulierten sie wegen Krankheit und Hunger. Nach 130 Jahren räumten die ersten europäischen Eroberer Asiens das Feld. Aber wenn der Sultan von Johore gehofft hatte, seinen Machtraum wieder erweitern zu können, so erwies sich dies als Jahrhundert-Irrtum.

Mit den Holländern zog eine Macht in Asien ein, die nicht mehr nur auf Stützpunkte baute wie die Portugiesen, sondern mit der Kolonisierung begann, also mit der Durchdringung der landesweiten Herrschaftsstrukturen und dem Aufbau von Verwaltungen, Schulen und Kirchen nach holländischem Vorbild. Mit Gründung der Ostindischen Kompanie, der Vereenigde Oostindische Compagnie – abgekürzt VOC –, drückte 1602 Holland Südostasien einen Stempel auf, der tiefe Wunden hinterließ. Es wird nötig sein, darauf an anderer Stelle noch einmal zurückzukommen.

Daß die Holländer schließlich in Malakka 1795 den Briten weichen mußten und eine abermalige Machtverteilung in Südostasien stattfand, hatte wiederum nicht seine Ursachen in lokalen Schwierigkeiten oder gar in der vorhandenen Opposition asiatischer Kräfte, sondern in der französischen Besetzung der Niederlande. Die Verhältnisse im fernen Europa hatten sich wieder einmal geändert. Erst 1824 einigten sich Briten und Holländer und schlossen einen Vertrag, dessen Arroganz an den berüchtigten Vertrag von Tordesillas erinnert: Wieder waren es zwei europäische Staaten, die Territorien unter sich aufteilten, ohne deren Bewohner oder Beherrscher in diese Entscheidung überhaupt mit einzubeziehen. Einziger wesentlicher Unterschied zur Abgrenzung à la Tordesillas: Der Kuchen war bereits bekannt, den es zu verteilen galt. Die Rosinen konnten lokalisiert werden. Briten und Holländer zogen im Vollbesitz imperialer Macht die asiatischen Grenzen, die bis in die Gegenwart hinein bestehen: Holland begann über die Inseln des späteren Indonesiens zu herrschen; England nahm die Gebiete für sich in Anspruch, aus denen sich der Stadtstaat Singapur und die Föderation Malaysias entwikkelten, der sich Malakka mit seinem Hinterland als einer der 13 Teilstaaten anschloß. Mit 1658 Quadratkilometer ist Malakka heute doppelt so groß wie die Hansestadt Hamburg, aber nur von 400 000 Menschen bewohnt, von denen knapp 100 000 in der Stadt Malakka leben.

Bleiben wir in der Gegenwart und schauen wir uns noch etwas um in dieser Stadt.

Malaysia heute

Kontrastbilder

Vom St.-Pauls-Hügel läßt sich Malakka am eindrucksvollsten überblicken. Weit schweift das Auge über die so oft belagerte Stadt. Hier oben begannen die ersten europäischen Eroberer 1512 mit dem Bau jener Kirche, deren Ruinen als Trümmer portugiesischer Weltherrschaft stehengeblieben sind. Verwitterte Grabsteine künden vom Preis, den die einzelnen Menschen dafür zu zahlen hatten. Viele Männer starben jung. Am Fuß des Hügels bietet das Stadtmuseum eine Vielzahl von Stichen und Stücken der kolonialen Bevormundung, die das kleine rote Haus mit seinen Mauern bezeugt: ein mehr als dreihundert Jahre altes Gebäude aus holländischer Zeit. Eine einheimische Schulklasse durchstreifte gerade die Räume während meines Besuches. Die Jungen und Mädchen absolvierten eine Pflichtübung. Malakka feierte eine von Staats wegen angeordnete Historische Woche.

Dazu waren die Schüler nicht nur zum Schauen aufgerufen, sondern auch zu eigenem Schaffen bei einem Malwettbewerb. Den imperialen Schlachtengemälden hatten die Jugendlichen ihre Darstellungen in Pastell und Öl gegenübergehängt. Dem europäischen Pinselstrich, der den Portugiesen, Holländern und Briten heroische Züge verlieh, wurde ein spätes Kontrastbild zuteil. Unbeholfen in der Technik, zuweilen naiv im Ausdruck, aber unverkennbar in der Absicht: Die Helden hatten die Hautfarbe gewechselt. Malaiische Krieger und Könige warfen sich in edler Pose wilden Eindringlingen entgegen, deren Karavellen auf bewegter See kreuzten. Knallbunt das alles unter tropischem Dekor.

Die jungen Leute des heutigen Malaysias bannten Motive auf Leinwand und Papier, die europäische Maler in ihrer Absicht, abendländische Überlegenheit zu bebildern, niemals zur Kenntnis genommen hatten: Sultan Mansur Shah hält Hof – eine Wasserfarben-Orgie orientalischen Luxus'; Prinzessin Hang Liu landet mit ihren schönen Jungfrauen an den Gestaden Malakkas – es entfaltet sich chinesische Pracht. Asiatische Hochkulturen vor dem Einfall der weißen Barbaren, so das Motto vieler Bilder.

In den Festreden jener Historischen Woche wurde diese Perspektive immer wieder angesprochen: »Es ist endlich an der Zeit für uns Malaysier, die Geschichte aus malaiischem Blickwinkel zu erkennen und zu interpretieren«, so sagte Malakkas Chief-Minister. »Viele unserer Geschichtsbücher sind noch immer durch die Brille des Westens gesehen.«

Keine Frage: mit neuem asiatischem Selbstbewußtsein verschieben sich die Gewichte der Bewertung. Einige Historiker haben mit ihrer Vergangenheitsbewältigung schon begonnen: »Die Autorin vermeidet den Fehler, die eigene Geschichte als ein Anhängsel der europäischen Politik zu betrachten«, heißt es beispielsweise im Klappentext des »Porträt von Malaysia und Singapur« der Historikerin Tan Ding Eing, die ich schon mehrmals zitiert habe: »Sie verfolgt Herkunft und Entwicklung der Malakka-Sultanate, der malaiischen Staaten und deren Verhältnisse und Verwicklungen untereinander mit Aceh, Siam und China. Vor diesem Hintergrund wird der europäische Einfluß untersucht.«

Das ist genau der Ansatz, an den sich auch europäische Historiker und künftige Biographen eines Magellan gewöhnen müssen, um den asiatischen Verhältnissen gerecht zu werden.

Natürlich ist der Schweiß echt, den die Männer heute im Hafen von Malakka vergießen. Mit fallenden Segeln fahren die Praus der Buginesen ein, die sturmerprobten Segelschiffe des seekundigen Volkes von der indonesischen Insel Sulawesi. Im Gefolge des Parameswara waren schon Buginesen dabei. Rundholz bringen sie in unseren Tagen. Bis zur Mittagszeit werden die Stämme entladen. Erst wenn die Sonne im Zenit steht und den lähmenden Mantel tropischer Glut ausbreitet, ruht der Betrieb. Dann machen auch die Männer vom Baggerschiff Pause, die den Schlamm, den die Flut ins Hafenbecken schwemmt, wieder aufs Meer hinausbefördern. Ein Tiefseehafen ist Malakka nie geworden. Den Praus reichen die Dimensionen. Die wenigen modernen Frachter, die Malakka anlaufen, müssen auf Reede bleiben. Flache Leichter, drei, fünf hintereinander, von einem Schleppkahn gezogen, schaffen die Fracht an Land: Säcke mit Mais und Reis und Zucker. Ein mühsames Geschäft.

Kein Zweifel, der Schweiß der Männer ist echt und gegenwärtig; und weder das Wort Nostalgie noch Romantik gehören zum Sprachschatz der Tagelöhner im Hafen. Von historischen Anspielungen wird da niemand satt. Und doch gibt es nur wenige Städte, in denen sich dem Besucher die Geschichte so aufdrängt und wie eine Folie über die Gegenwart legt wie in Malakka. Am Ende der Mole, zum offenen Wasser der Straße von Malakka hin, steht ein kleines Leuchtfeuer, ein weißer Schuppen mit knallrotem Türmchen und rostigen Gasflaschen vor blauem Himmel. Am Horizont zieht ein Segelschiff vorbei, eines von der Sorte, die schwer mit den Schätzen des Orients beladen waren. Damals in jener goldenen Epoche Malakkas.

Daran mag denken, wer im Hafen heute als Fremder

schaut und nicht als Schauermann seinen Reis verdienen muß. Nicht die Silhouette moderner Kräne bestimmt die Szene, sondern solide Handarbeit muskelstarker Männer. Die einstigen Luxuswaren orientalischer Pracht sind Gütern des täglichen Lebens, profanen Industrieprodukten wie Büchsenmilch und Biskuits gewichen. Verändert haben sich Qualität und Preise, geblieben aber ist die Dominanz jener Volksgruppe, die sich anpassungsfähig unter wechselnden Fahnen behauptet hat: die Gruppe der Chinesen, ob ihres pragmatischen Geschäftssinnes für das Gedeihen der Wirtschaft geschätzt, ob ihres daraus resultierenden Wohlstandes und ihrer clanbestimmten Isolierung von den Inhabern politischer Macht, den Malaien, beargwöhnt und in Krisenzeiten gern zu Sündenböcken gestempelt.

Dazu bietet in Malakka eine Straße wie die Jalan Tun Tan Cheng Lock atmosphärisch und architektonisch Anschauungsmaterial. Da weht ein Hauch von Vornehmheit, Reichtum und Geschichte. Zur Straße hin haben die schwarzen und dunkelbraunen Holztore, einige prächtig geschnitzt und mit goldenen chinesischen Namenszügen verziert, etwas Abweisendes. Diese zweigeschossigen schmalen Hausfronten verraten nichts von den eigentlichen Ausmaßen dahinter: Zuerst kommt der Besucher in den Altarraum der Familie. Er erblickt bemalte Lampions, rote Ampeln, Gold und Buddhastatuen und riecht den Duft von Räucherstäbchen; dann folgt die Weite des Hauses mit mehreren Trakten voll schwerer Holzmöbel und dunkler Schränke, eine kleine Welt jeweils für sich: geprägt vom Gleichmaß und Glauben ihrer Bewohner, denen Hektik und Aufregung fremd sind.

Im Tempel Cheng Hoon haben sie sich das älteste Zeugnis ihrer Religiosität auf der malaiischen Halbinsel gesetzt, mittendrin in den engen Gassen chinesischer Geschäfte, die mit offener Ladenfront, mit Säulen voll chinesischer Schriftzeichen das verkaufen, was heute mit Lastwagen aus dem Landesinnern oder über die Wasserstraße von Malakka gekommen ist.

Im Hafen sind es noch immer die Chinesen, die die eingetroffenen Säcke zählen, die Ladeleute zu Tempo antreiben, die Löhne bezahlen. Ein Dutzend chinesischer Geschäftsleute hat heutzutage den Handel Malakkas in Händen. Auch an der Chinesen Art zu rechnen hat sich von alters her nichts geändert. Mit flinken Fingern werden die Holzkugeln auf dem Abacus, dem Rechenbrett, hin- und hergeschoben, was die kompliziertesten Rechenkünste erlaubt. Wie als Schmuck liegt auf manchem Schreibtisch neben dem Abacus ein moderner Taschenrechner, made in Japan, ein Stück der neuen Zeit. Aber nur zur Gegenprobe für die Abacus-Ergebnisse, sagte mir ein chinesischer Reishändler, eigentlich brauche er das elektronische Ding gar nicht.

Europäischer Einfluß manifestiert sich vordergründig sichtbar nur noch in den Namen einiger Banken, deren britische Mutterhäuser unverkennbar sind. Portugiesisches und Holländisches läßt sich in Ruinen und Straßennamen ahnen. Neben dem Cheng-Hoon-Tempel heißt eine Gasse einfach »Portugis«. Etwas außerhalb erinnert ein Viertel an die portugiesische Niederlassung, und der Name des Eroberers ist zum Straßenschild geschrumpft; Albuquerque. Überrest portugiesischer Machtentfaltung ist die Porta Santiago, einst Tor zur Festung Famosa, die 1807 von den Briten zerstört wurde. Nur einige Felsquader und das kanonenbestückte Segelschiff im Wappen über dem Tor, ozeanisches Vehikel globaler Anmaßung, überdauerten Sprengstoff, Stürme und Epochen. Das Symbol christlich-europäischer Stärke blieb haften wie ein Brandzeichen. Dauerhaft auch das sprachliche Erbe. Noch heute sind die beiden nationalen Sprachen in Indonesien und Malaysia gespickt mit portugiesischen Lehnwörtern; ob Tisch oder Butter, Festung oder Fahne, es wird mit Ausdrücken der einstigen Bedränger benannt.

Das alte Stadthaus, Christ-Kirche und Uhrenturm in leuchtendem Karminrot demonstrieren irdene Deftigkeit, deren handfeste Bauweise für Eleganz nichts übrig hatte. Der Platz davor läßt Geborgenheit spüren, wie sie von Europäern angelegt war: ein Stück Zuhause im fernen Asien. Heute haben neben dem Brunnen die öffentlichen Schreiber ihre Tische und Maschinen aufgestellt; ihren Klienten bieten sie unter freiem Himmel gegen Gebühr das rechte Wort bei privatem Brief oder aktenkundigem Papierkrieg. Das ist wieder ganz und gar Gegenwart wie die Gesichter ringsum.

In den Gesichtern Malakkas lebt die Geschichte fort. Gelbe, braune, fast schwarze Gesichter, ein paar weiße auch. Asien, Arabien und Europa trafen sich an diesem Ort. Bei manchen Mädchen spiegelt sich die über Jahrhunderte währende Begegnung wider und wird zum erotischen Reiz. Schlanke Gestalten in langen Gewändern, wehenden Haaren und Augen voll ozeanischer Weite. Bei einigen Haarschöpfen, die auf den ersten Blick asiatisch schwarz glänzen, ist bei genauerem Hinsehen ein brauner Schimmer erkennbar, der europäischen Ursprungs sein könnte: west-östliche Anmut als spätes Erbe kriegerischen Trachtens. Daneben die verschlossenen Gesichter der Sikhs und der Tamilen vom indischen Subkontinent; und auch bäuerliche malaiische Gestalten sind zu sehen, von der Regierung in der hundert Kilometer entfernten Hauptstadt Kuala Lumpur »Bumiputra« genannt, die Söhne des Bodens.

Keine andere Stadt in dieser Ecke der Welt war von drei

Malakka: Wappen an der Porta Santiago

europäischen Großmächten besetzt wie Malakka; und wer
nach Symbolen ihrer Hinterlassenschaft sucht, wird fündig:
Das Stadthaus steht für die Verwaltung, die Kirchen demonstrieren Christentum, die Reste der Famosa-Festung
sind Zeugnisse militärischer Macht. Vergangenheit? In allen
drei Bereichen wirkt das Erbe der Europäer fort.

Malakka kehrte in die Alltäglichkeit eines mittelmäßigen
Kleinhafens zurück. Der Glanz des Namens bleibt in Geschichtsbüchern erhalten, und er hat in der nach der Stadt
benannten Wasserstraße weltpolitischen Rang bekommen.

Durch diese Meerenge zwischen Sumatra und der malaiischen Halbinsel windet sich eine der Lebenslinien der japanischen Wirtschaft; davon hängen Singapurs Wohlstand
und Südostasiens Verbindung zur Weltwirtschaft ab. Tank-
und Frachtschiffe passieren die Straße bereits in so beäng-
stigender Zahl, daß drohende Umweltschäden die Anrainer
zu Abwehrmaßnahmen zwingen. Eile ist geboten. Am
Strand von Malakka kann man heute zwar träumen, von der
Geschichte beispielsweise, aber schon lange nicht mehr
baden. Angeschwemmter Teer und moderne Abfälle aus
Plastik und Weißblech künden nachhaltiger von der neuen
Zeit als die Szenen im Hafen, wo der Schweiß der Arbeiter
so echt ist, wie es der ihrer Kollegen vor 470 Jahren war –
damals, als die Portugiesen mit dem Donnerschlag ihrer
Kanonen auf den Plan traten und ein junger Mann seine
Feuertaufe erhielt, die ihn zu einer weltgeschichtlichen Tat
befähigen sollte.

Wie sich die Europäer weltweit unbeliebt machten

Rundherum

Aufbruch ins Unbekannte

Magellan war 32 Jahre alt, als er 1512 aus Asien nach Portugal zurückkehrte. Sieben Jahre seines Lebens hatte er in der Fremde gekämpft und gelitten und einige Male dieses Leben riskiert. Die Jahre hatten ihn geformt und abgehärtet. Was die damalige Welt an Abenteuer, an Herausforderung von Mut und Mannestugenden, an kriegerischer Bewährung zu bieten hatte, war Magellan zuteil geworden. Die seemännische Stufenleiter der Ränge war er bis zum Kapitän hinaufgestiegen. Er hatte sich als Führer hervorgetan. Nicht materiellen Reichtum, dessentwegen die Männer seiner Generation nach Osten aufgebrochen waren, brachte er in die Heimat mit, sondern den Schatz von Erfahrung im Umgang mit Menschen und Mächten, die Kenntnis von Schiffen und Meeren.

Noch einmal trägt Magellan im Dienst des portugiesischen Königs seine Haut zu Markte. Magellan nimmt an einem Kriegszug in Marokko teil, wo (wieder einmal) das christliche Abendland die Mauren auszurotten versuchte (wieder einmal vergeblich). Den Seemann ereilt auf dem Land doppeltes Mißgeschick. Ein Lanzenstich im Nahkampf zerreißt ihm die Sehne am linken Fuß, was ihn zeitlebens lahmen läßt; und ein dubioses Komplott aus den eigenen Reihen schwärzt ihn unlauterer Geschäfte an. Der Vorwurf, Beutegut zu eigenem Nutzen verschachert zu haben, veranlaßt ihn zur unerlaubten Entfernung von seiner Truppe, um sich am Hof in Lissabon zu rechtfertigen. Das gelingt nur halb, belastet obendrein sein gespanntes Verhältnis zu König Manuel und mag ein Grund gewesen sein, warum Magellan in Portugal nie mehr heimisch wurde, nie mehr akzeptiert und anerkannt bei denen, die das Sagen hatten.

Zwei Jahre nach dem Zwischenfall in Marokko macht er einen letzten Versuch, auf portugiesischem Boden seine gekränkte Ehre zu rehabilitieren und seinem Leben eine neue Aufgabe zu verschaffen. Magellan bittet König Manuel um die Erhöhung seines Salärs und die Übertragung eines Schiffskommandos für eine Reise in die Molukken. Beides lehnt der Monarch ab. Die Frage Magellans, ob er denn nach dieser Brüskierung seine Dienste einem anderen Herrn anbieten dürfe, beantwortet der König eindeutig mit Ja. Magellans Biographen haben diese Szene allesamt zum Schlüsselerlebnis gestaltet. Nach Malakka der zweite Wendepunkt eines Lebens, das nun in eine Sackgasse geraten war.

Magellan hatte ausbrechen können aus Europas Enge, hatte neue Welten schauen dürfen, die er möglicherweise nicht verstand, die ihm aber doch in des Wortes wahrer Bedeutung den Blick geweitet hatten. Er begriff die Erde von nun an in größeren Dimensionen. Wann die Idee in ihm Gestalt annahm, den Erdball in westlicher Richtung zu umrunden und das zu vollenden, was Kolumbus vergeblich versucht hatte, läßt sich historisch nicht feststellen. Aber dem

Mann nachzufühlen, daß er nach sieben Jahren Dienst an Afrikas Ostküste, in Indien und Südostasien die Heimat als beschränkt und langweilig empfinden mußte, fällt auch 470 Jahre danach nicht schwer. Die Erinnerung an tropische Gestade, die ihm ja nicht nur Leiden gebracht hatten, sondern auch Erfüllung und Bestätigung, auf dieser Welt zu etwas nütze zu sein, diese Erinnerung entwickelt in der Heimat, wo Magellan sich nun als Fremder sieht, ein bohrendes Eigenleben. Die Gedanken der Rückschau erhalten neue, verführerische Farben mit jeder Zeile, die aus dem fernen Ternate vom Freund Serrao eintrifft. Die Idee, dorthin zu gelangen auf neuen Seewegen, die noch kein Mensch zuvor gewagt hatte, gewinnt Konturen durch die Begegnung mit Gleichgesinnten wie dem portugiesischen Kartographen und Astrologen Ruy Faleiro.

Magellan kehrt 1517 dem Heimatland den Rücken, wandert nach Spanien aus und gewinnt durch Protektion schließlich die offenen Ohren eines jungen Königs, der ihm nicht nur beim Vortrag seines geheimnisvollen Planes zuhört, sondern diesen Plan alsbald unterstützt: König Karl I., gerade 18jährig geworden und aus dem flandrischen Gent nach Valladolid gekommen, wird zum Förderer der Magellanschen Entdeckerträume; es ist jener habsburgische Monarch, der als Kaiser Karl V. in die Geschichte eingehen sollte. In seinem weltenumspannenden Reich ging die Sonne nicht mehr unter. Männer wie Magellan hatten das zuwege gebracht.

Für Portugal hatte die Suche nach einer neuen Seeroute in die Pfründe der Molukken zu jener Zeit keinen Reiz mehr. Das Monopol um Afrika herum schien unantastbar zu sein, die Malabarküste und Malakka wähnten die Herren in Lissabon als ureigenen Besitz. Die Investitionen, die in die bisherigen Entdeckungsfahrten gesteckt worden waren,

Kaiser Karl V. (1500 – 1558). Stich nach einem Gemälde von Tizian

trugen mit jedem nun in den Tejo einfahrenden Schiff aus dem Osten profitablen Zins. Warum also neue Risiken, wie sie das Projekt des Magellan befürchten ließen? In Portugal war dafür niemand zu gewinnen.

Anders sah das in Spanien aus. Die Erträge aus der Neuen Welt konnten sich noch nicht mit denen der Portugiesen aus den indischen Regionen messen. Die Gewürze waren den Spaniern auf direktem Weg nicht zugänglich. Das wirtschaftliche Interesse an einer eigenen Route, die das Einflußgebiet der Portugiesen nicht berühren würde, war also in Spanien durchaus vorhanden. Dank seiner guten Beziehungen hatte Magellan ziemlich bald die dafür richtigen Männer getroffen.

Es ist hier nicht Platz, die höfischen Intrigen und Schwierigkeiten zu verfolgen, die Magellan trotz allerhöchster Rückendeckung aus spanischen und auch aus portugiesischen Kreisen bei der Vorbereitung der großen Reise behinderten. Das Unternehmen nahm Formen an, die einflußreiche Männer von Kirche und Hof in Spanien beunruhigten, weil da ein Portugiese aktiv werden durfte, dem sie nicht trauten; und unruhig wurden auch einige Herren am Hof des Königs Manuel, weil sie ahnten, daß da im benachbarten Spanien einer der Ihren eine Expedition starten würde, die die Interessen Portugals gefährden konnte. Trotz aller Rückschläge, aller geheimdienstlichen Vorstöße und Sabotage an den fünf von Magellan geforderten Schiffen: Der Mann setzte sich durch.

Am 10. August 1519 glitten die Karavellen von Sevilla den Guadalquivir flußabwärts nach Sanlucar an der Atlantikküste, wo die Flotte am 20. September schließlich ins offene Meer segelte. Die Widerstände, längst bevor die Anker gelichtet werden konnten, wurden zur Generalprobe der Magellanschen Energie, die eines der kühnsten Abenteuer der

Menschheitsgeschichte vorantrieb. 265 Mann brachen unter seinem Kommando auf. Spanier, Portugiesen, aber auch Franzosen, Engländer, Italiener, ein Deutscher unter ihnen: ein Stück personifiziertes Europa. Nur einer jämmerlichen Handvoll halbtoter Männer sollte es bestimmt sein, nach erfolgter Weltumsegelung in die Heimat zurückzukehren. Auf einem einzigen Schiff, ohne ihren Generalkapitän!

Die große Reise durch die Meere der Leiden

Wir wollen hier nicht den alten Streit neu beleben, ob Männer die Geschichte machen oder historische Umstände sich bloß in einzelnen herausragenden Gestalten zu Taten und Entscheidungen formen. Ein müßiger Streit, wie mir scheint. Es ist die Wechselwirkung von individueller Qualität und jeweiliger geschichtlicher Großwetterlage, die den Lauf der Zeiten bestimmt. Ohne das enge Geflecht aus politischen, wirtschaftlichen und missionarischen Interessen des über seine eigentlichen Grenzen hinausgreifenden Europas wäre das Magellansche Unternehmen nie zustandegekommen, hätte also weder den Segen der Kirche, noch das Geld von kommerziell denkenden Kaufleuten, noch den offiziellen Stempel des Königs erhalten. Ohne einen Mann vom Schlag Magellans aber wäre der Plan zu jener Zeit weder ins Stadium der Vorbereitung geraten, noch verwirklicht worden.

Was da an menschlicher Leistung auf diese eine Tat konzentriert wurde, läßt sich heute nur noch schwer in Gedanken nachvollziehen. Nichts an Opfer, Not und Verzweiflung wurde den Männern Magellans erspart. Auch wenn wir voraussetzen, daß es rauhe Gesellen gewesen sein müssen, die sich mehr oder weniger freiwillig diesem Abenteuer ausgeliefert hatten; und wenn wir obendrein festhalten, daß das Zeitalter jedem einzelnen größere Leidensfähigkeit abverlangte, als wir uns das im wohlstandsverwöhnten 20. Jahrhundert Mitteleuropas vorstellen können, so bleibt doch das, was die Männer während der dreijährigen Reise mitmachten, auch gemessen am 16. Jahrhundert, ein Leidensweg, der die Grenzen menschlicher Belastbarkeit überschritt.

Verglichen mit den späteren Etappen mußte die Atlantik-Überquerung noch wie ein Spaziergang erscheinen; und die zwei Wochen an den Gestaden des später Rio de Janeiro genannten Ortes an der brasilianischen Küste boten alle Freuden eines lustvollen Sonntagsausfluges. Was zweieinhalb Jahrzehnte zuvor sensationell gewesen war und einen Kolumbus unsterblich gemacht hatte, galt in der kleiner und überschaubarer gewordenen Welt schon als nichts Besonderes mehr. Das ist der Unterschied von Kunstwerk und Kopie. Aber was sich nach Rio ereignete, führt in die Abgründe menschlicher Existenz. Daß die mitreisenden spanischen Kapitäne und Edelleute der Magellanschen Führung mißtrauten und Komplottbereitschaft greifbar in der Luft lag, war dem portugiesischen Generalkapitän bereits auf der Überfahrt nach Amerika klar geworden. Je länger sich nun die Fahrt südwärts der ostamerikanischen Küste ausdehnte, ohne daß die angepeilte Durchfahrt zum Meer der Molukken gefunden wurde, desto erbitterter wuchs die Abneigung der spanischen Adligen. Und je südlicher die Schiffe ihren Bug in unbekannte Küstengewässer schoben, desto härter wurden das Klima und desto unergiebiger die Möglichkeit neuer Nahrungsmittel-Aufnahme.

Immer wieder schickt Magellan die Schiffe in breite Buchten, die die Hoffnung nähren, Öffnungen zur anderen

Seite des Kontinents zu sein, und die sich doch immer wieder als nichts anderes erweisen als Mündungen immens breiter Flüsse. Rio de la Plata heißt der größte. So vergehen Monate. In Kälte, Stürmen und der Trostlosigkeit einer unwirtlichen Natur vergrößern sich die Bilder von Rio in den Köpfen der Seeleute allmählich zu Wahnvorstellungen vom Paradies. Keine Durchfahrt, keine Spur dieses »El Paso«, der den Weg zum Reichtum hätte freigeben können. Die Mannschaften werden unruhig. Die Feinde Magellans sehen sich mehr und mehr in ihrem Vorurteil bestätigt, einem Narren, einem Phantasten aufgesessen zu sein, der sie allesamt ins Verderben zwingt. Immer weiter, so befiehlt er. Den Wunsch, wieder Kurs nach Norden zu nehmen, um dem eisigen Winter der Südhalbkugel zu entfliehen, weist er ab. Nicht in tropischer Wärme wird die lange Rast eingelegt, sondern dort, wo das südliche Amerika besonders abweisend ist: Port San Julian wird die Bucht genannt, wo die Europäer ihr Winterlager aufschlagen. Es kommt zur Meuterei. Magellan bleibt unnachgiebig, läßt Aufständische hinrichten, verurteilt Meuterer zu Zwangsarbeit. Schreckliche Monate für alle unter dem düsteren Himmel Patagoniens.

Die »Santiago« strandet in einer Bucht, die wieder nicht die Durchfahrt bedeutet. Das Schiff muß aufgegeben werden; zwei Männer schlagen sich bei einem mörderischen Marsch zum Hauptlager durch, alarmieren die Kameraden und ermöglichen so die Rettung der Schiffbrüchigen. Dann im südlichen Frühjahr 1520 erneuter Aufbruch der Flotte. Weiter nach Süden. Wie es Magellan erreicht, diese Mannschaften immer noch voranzutreiben, wie es seinem unbeugsamen Willen gelingt, alle Kräfte für das Unternehmen »El Paso« zu kanalisieren, Kräfte, die doch längst schon gegen ihn selbst gerichtet sind, bleibt das Geheimnis dieses Mannes. Umkehr wäre angesichts der katastrophalen Lage und der schwindenden Vorräte eine Entscheidung der Vernunft. Aber dieser Magellan muß ein Stadium erreicht haben, in dem es andere Kriterien als Vernunft gibt: alles oder nichts, Durchfahrt oder Tod.

Am 21. Oktober kann Magellan triumphieren. Strömung und Wasserqualität deuten darauf hin, daß die nun gefundene Bucht keine Flußmündung ist. »Kap der Jungfrauen« wird der Eingang jener Wasserstraße getauft, die als Magellan-Straße in der Geographie bis auf den heutigen Tag fortbesteht. Die Flotte der vier Schiffe fährt am 25. Oktober 1520 in diese Straße ein. Sieg! Doch kein ungetrübter Erfolg für den Mann, der ein Lebensziel erreicht hat: Die »San Antonio« desertiert, nimmt Kurs in Richtung Spanien; an Bord nicht nur die feindlich gesinnten Kapitäne, die dem Ruf Magellans schaden werden, um sich selbst reinzuwaschen; an Bord auch der größte Teil der lebenswichtigen Essensvorräte. Gerade dieser Verlust führt zur Steigerung aller Qualen auf den verbliebenen drei Schiffen, wo doch eine Zunahme der Not kaum mehr denkbar erschienen war.

Noch hätte der kommende Höllenweg vermieden werden können. Die Mannschaften drängen, ebenfalls nach Hause zu segeln. »El Paso« sei entdeckt, einer neuen Expeditionsflotte, einer besser ausgerüsteten, solle es vorbehalten bleiben, die Durchfahrt zu passieren. Magellan sagt nein.

Mit einem Meisterstück an nautischer Kunst leitet Magellan seine restliche Flotte durch die klippenreiche Straße an der amerikanischen Südspitze. Instinkt, Erfahrung und Glück müssen fehlende Seekarten ersetzen. Als die Schiffsleiber, die von den bisherigen Stürmen schon ramponiert genug sind, am 28. November in das offene Meer jenseits der gerade entdeckten Passage tauchen, scheint das Ende der Leiden nahe zu sein. Doch sie fangen erst an.

Der größte aller Ozeane, dem die Magellansche Namensgebung seiner freundlichen Winde wegen die Attribute »still« und »friedlich« verliehen hat, fordert die grauenvollsten Opfer der ersten Weltumsegelung.

Wo Ratten zur Delikatesse werden

Lesen wir an dieser Stelle bei dem Mann nach, dem wir Einzelheiten der Reise verdanken. Antonio Pigafetta. Der italienische Edelmann, ein früher Vertreter jener Gattung, die heute Globetrotter genannt wird, hatte sich Magellan angeschlossen. Pigafetta reiste um des Reisens willen, so scheint es. Einige Historiker nehmen an, der Italiener sei als Spion der venezianischen Kaufmannsgilde mitgeschickt worden, die weltweit ihre Finger im Geschäft hielt und vom Ergebnis dieser spektakulären Reise aus erster Hand informiert sein wollte. Beweise für diese Vermutung gibt es nicht. Nur das Tagebuch Pigafettas blieb in einigen Abschriften erhalten. Wir werden den Chronisten noch einige Male als Kronzeugen im Fall Magellan/Lapulapu heranziehen müssen.

Doch vorerst lesen wir, was Pigafetta über die Fahrt im Stillen Ozean berichtet: »*Am Mittwoch, dem 28. November 1520, nahmen wir von der Meerenge Abschied und kamen in ein Meer, in dem wir drei Monate und zwanzig Tage segelten, ohne die geringste frische Nahrung zu genießen. Der Zwieback, den wir aßen, war kein Zwieback mehr, sondern nur noch Staub, der mit Würmern und dem Unrat von Mäusen vermischt war und unerträglich stank. Auch das Wasser, das wir zu trinken gezwungen waren, war faulig und übelriechend. Um nicht Hungers zu sterben, aßen wir* das Leder, mit dem die große Rahe zum Schutz der Taue umwunden war. Diese Lederstücke, beständig dem Wasser, der Sonne und den Winden ausgesetzt, waren so hart, daß wir sie vier bis fünf Tage lang in Meerwasser tauchen mußten, um sie weicher zu machen. Dann brieten wir sie auf Kohlen und würgten sie, von Ekel geschüttelt, durch die Kehle. Oft blieb uns auch nichts anderes übrig, als Sägespäne zu essen, und selbst Mäuse, so sehr sie der Mensch verabscheut, waren eine so ausgesuchte Speise geworden, daß für eine bis zu einem halben Dukaten bezahlt wurde. Während dieser schrecklichen Tage starben vier von uns, und Magellan ließ jedesmal, wenn einer den letzten Seufzer getan hatte, den Leichnam rasch den Wellen überantworten. Wahrscheinlich befürchtete er, der eine oder andere könnte zum Menschenfresser werden. Ich sah einen, der mit von Gier erfüllten Augen auf einen soeben verstorbenen Spanier starrte und dabei den Unterkiefer mahlend hin und her bewegte, und ich gab mich keinem Zweifel hin, daß dieser Seemann überlegte, welches Stück er aus dem Toten schneiden könnte, um es roh hinunterzuschlingen.

Das war aber noch nicht alles. Ein noch größeres Unglück sollte uns treffen: eine Krankheit, durch die unseren Leuten das Zahnfleisch im Ober- und Unterkiefer derart anschwoll, daß es die Zähne bedeckte und der Erkrankte außerstande war, Nahrung zu sich zu nehmen (Skorbut). Neunzehn Mann starben an diesem Übel, dem auch der patagonische Riese erlag. Desweiteren raffte diese heimtückische Krankheit einen Eingeborenen aus Verzin (Brasilien) dahin, den wir bei uns hatten. Viele verspürten so heftige Schmerzen in den Armen, in den Beinen und in anderen Teilen des Körpers, daß sie sich nicht aufrechthalten und keine Arbeit verrichten konnten. Ich selbst kann Gott nicht

genug danken, daß ich während der ganzen Fahrt von keiner einzigen Krankheit befallen wurde und diese peinigende Zeit lebend überstand.

Einer entdeckte im Schiffsraum der ›Trinidad‹ Ratten. Niemand wußte, wie sie dorthin gekommen waren und wie lange sie schon dort hausten. Nun begann eine wilde Jagd auf diese schrecklichen Tiere, und jeder, dem es gelang, eines von ihnen zu erledigen, konnt seinem Bauch diese abscheuliche Nahrung zuführen. Die meisten hatten nicht die Geduld, die Tiere auf einem Kohlenfeuer zu braten, sie schlangen sie roh hinunter und übergaben sich gleich hinterher. Die Ratten waren mager, da sie selbst keine Nahrung finden konnten, dennoch beneideten die auf den anderen Schiffen die Glücklichen auf der ›Trinidad‹.

Zwei Bootsmänner gerieten wegen einer erlegten Ratte in Streit, und der eine von ihnen erschlug den anderen mit der Axt, mit der er die Ratte getötet hatte. Magellan ließ den Übeltäter auf unser Schiff bringen und verurteilte ihn zum Tode. Der Bootsmann sollte geviertteilt werden, aber niemand besaß die Kraft, das Urteil zu vollstrecken. So wurde er erdrosselt und der Leichnam ins Meer geworfen.«

So war das im Ozean, der sich so still und so friedlich darbot und nicht enden wollte und so bar jeder menschlichen Seele zu sein schien. Doch schließlich trafen die Männer Magellans auch im Pacific auf ihresgleichen, ohne die Gleichheit akzeptieren zu wollen.

Die offenen Arme

Neunzehnmal beschreibt Antonio Pigafetta die Begegnung mit Bewohnern außereuropäischer Regionen. Neunzehnmal beschreibt er Mißverständnisse, Listen, Betrug, Gewalt. In den meisten Fällen war es das erste Zusammentreffen der Einheimischen mit weißen, bärtigen Männern aus jener europäischen Welt, von der sie kaum oder keine Ahnung hatten.

Stellen wir uns vor, es wäre möglich gewesen, diejenigen Menschen, die die Begegnung mit den Europäern überlebt hatten, danach um ihre Meinung über die seltsamen Fremden zu befragen. Wie hätten wohl die Antworten gelautet? Nun, die meisten unserer Gesprächspartner aus Südamerika, von den Inseln im Pacific, den philippinischen Inseln und denen der Molukken würden von ihrem Erstaunen berichten, von ihrer Überraschung, plötzlich vor ihren Küsten eigenartige Schiffe gesehen zu haben, deren Ausmaße und Formen sie nie zuvor erblickt hatten. Solche aufgeblähten Segel kannten sie nicht. Ein Wunder? Ein Naturereignis? Wenn viele dieser Menschen schon dafür keine Erklärung hatten und nicht wußten, wie sie diese Erscheinung in ihr Weltbild hätten einfügen können, dann waren sie in ihrem tiefsten Inneren erschüttert, als aus diesen Meeresfahrzeugen Blitze aufflammten und kurz danach Donnerschläge ihren Frieden erzittern ließen. So etwas hatten sie bislang nur bei einem Gewitter erlebt oder bei Vulkanausbrüchen. Aber sie überwanden die Furcht und nahmen die fremden Wesen freundlich auf, die so ganz anders waren als sie selbst: in der Kleidung, in der Sprache, in ihrem Auftreten, in der Hautfarbe.

»Wir haben versucht, gute Gastgeber zu sein, wie das bei uns üblich ist«, so könnte eine der wichtigsten Antworten heißen, »aber die fremden Männer haben die Zeichen unseres guten Willens nicht verstanden. Sie haben unsere Sitten verletzt, haben unsere Tabus mißachtet und schließlich das, was uns heilig ist, zerstört. Ihre Blitze und Donner *waren stärker als wir. Wer diese Männer waren, woher sie kamen, wohin sie wollten, warum sie uns so viel Leid zufügten – das alles haben wir nicht erfahren.«*

So ähnlich könnten die Antworten lauten, wenn wir sie in unserer Sprache auszudrücken versuchen. Aber die Menschen sind ja gar nicht befragt worden. Damals nicht und während der dann folgenden Jahrhunderte, in denen die Nachkommen dieser ersten weißen Männer das Werk der Unterdrückung und Bevormundung ihrer Vorgänger fortsetzten, auch nicht.

Schauen wir uns einige dieser Begegnungen ein wenig genauer an, die Pigafetta erwähnt. Was er beschreibt und wie er das tut, ist höchst aufschlußreich zum Verständnis der menschlichen Seite des Unternehmens, und es bietet einen Schlüssel für das gestörte Verhältnis zwischen den weißen Menschen und den anderen auf dem gemeinsamen Erdball, von dem diese Weißen bis ins 20. Jahrhundert hinein glaubten, er gehöre ihnen allein.

Von den neunzehn Begegnungen, die uns Pigafetta überliefert, waren nur in einem einzigen Fall die sogenannten Eingeborenen agressiv, ließen sich von den Europäern gar nicht erst beeindrucken, sondern stürmten auf deren Schiffe und nahmen mit, was nicht niet- und nagelfest war. In allen anderen Zusammentreffen warfen die Europäer den ersten Stein, vergalten Freundlichkeit mit Tücke oder ließen längst bevor die anderen ein Wort sagen konnten ihre Kanonen sprechen: die Sprache, die Widerspruch und Widerstand donnernd erstickte. Die Zeiten waren so. Keiner der Magellan-Biographen versäumt es, darauf bewundernd zu verweisen, daß Magellan versuchte, milder aufzutreten und einzuwirken, Blutvergießen zu vermeiden. Durch die westliche Brille gesehen, kommt Magellan dabei stets gut weg.

Aber sein eigenes Ende war ja nicht irgendein dummer

Zufall. Keine Folge eines Gelgenheitsstreichs primitiver Wilder. Aus der historischen Rückblende heraus ergibt sich sehr wohl eine Logik. Sie hätte nicht notgedrungen zum tödlichen Ende führen *müssen,* weil die Europäer eben doch zu viele Vorteile auf ihrer Seite hatten; aber daß Magellan in die Situation geriet, die tödlich für ihn enden *konnte,* das war die Logik seines Auftretens. Selbstverständlich trug Magellan individuelle Züge, friedlichere vielleicht, versöhnlichere als andere Männer seines Schlages und seiner Kompetenz zu jener Zeit; aber alle diese Männer wurzelten in ihrem Verhalten gegenüber den außereuropäischen Menschen im Geist der Epoche, die »entdecken *und* erobern« auf ihre Fahnen geschrieben und die Welt geteilt hatte, bevor sie ihnen bekannt war.

Vergessen wir nicht: da waren keine Forschungsreisenden oder einfach nur neugierige Menschen unterwegs, die mal sehen wollten, wie es den Brüdern und Schwestern auf der anderen Seite des Globus ergehe. Jeder einzelne aus der Mannschaft des Magellan wollte etwas Handfesteres als Eindrücke und Wohlgerüche von dieser Reise mitbringen – mit der einzigen Ausnahme vielleicht von Antonio Pigafetta, des beobachtenden und zuweilen fabulierenden Chronisten. Aber auch er notiert im Dezember 1519: »*Ich selbst erhielt für einen Kartenkönig sechs Hühner, und der Eingeborene, der sie mir gab, glaubte noch, mich übers Ohr gehauen zu haben.*«

Das war an der brasilianischen Atlantikküste, etwa an dem Ort, wo sich heute Rio de Janeiro ausbreitet. Der erste Kontakt mit Nicht-Europäern während dieser langen Reise. Er war von allen, die noch folgen sollten, der friedlichste. Nach den Wochen der Atlantik-Überquerung eine erholsame Rast; da waren Feilschen und Vergnügen mit Menschen, die die Fremden vom anderen Ufer des Großen Teiches mit offenen Armen empfingen. Vor allem die Frauen waren bereitwillig. Einige Dutzend Mischlingskinder werden die Einheimischen noch lange an diese Männer aus Europa erinnert haben.

Als *»leichtgläubig und gut«* beschreibt Pigafetta die Menschen, nennt also genau die Mischung von Eigenschaften, die es den Europäern so einfach machte, das zu bekommen, was sie wollten und brauchten und begehrten: *»Für eine Axt oder ein großes Messer bot man uns ein oder zwei Mädchen als Sklavinnen an.«* Mit Machtdemonstrationen hielten sich die Männer Magellans in Brasilien zurück; sie befanden sich noch in dem Einflußbereich, der laut Vertrag von Tordesillas den Portugiesen zugesprochen war. Der portugiesische Seefahrer Pedro Alvares Cabral hatte Brasilien bereits 1500 »entdeckt«. Die Freigiebigkeit der Küstenbewohner, die Freude der Europäer über die gerade geglückte Atlantikpassage, der natürliche Überfluß am Ort der Landung, keine Machtgelüste im Terrain des lusitanischen Rivalen – all das vermied Komplikationen. Diese Aspekte der entspannten Atmosphäre kamen während der gesamten weiteren Reise nie mehr so harmonsich zusammen wie während der dreizehn Tage im Lande Verzin, wie Brasilien bei Pigafetta heißt.

Den großgewachsenen Menschen von Patagonien (im heutigen Argentinien) bereiteten die Europäer bereits Unglück und Tod. Die erste Begegnung endete harmlos, weil die »Riesen« gut zu Fuß waren. *»Sie flüchteten mit ihren Habseligkeiten ins Innere des Landes«,* berichtet Pigafetta und fügt hinzu: *»Um die Gelegenheit, mit ihnen zu sprechen und sie aus der Nähe zu beobachten, nicht zu versäumen, sprangen hundert Mann an Land, um sie zu verfolgen.«* Daß diese Art der Kontaktsuche der Gesprächsbereitschaft unter den Einheimischen nicht gerade förderlich sein konnte, überrascht wohl kaum. Hundert Verfolger! Zu ihrem Glück waren die Patagonier schneller als die Schiffsleute.

Bei der nächsten Begegnung weiter südlich verlief das Treffen tragischer. In der Bucht von San Julian, wo Magellan von April bis August 1520 das Winterlager an karger Küste aufschlug, ließen sich nach zwei Monaten wieder riesenhafte Menschen blicken und wurden nach anfänglicher Scheu zutraulich. Ihrer äußerlichen Wildheit zum Trotz erkennt Pigafetta in ihnen »ein sanftes Wesen«. Einer war besonders entgegenkommend, wurde mit Hemd, Weste, Hose, Hut, Spiegel, Kamm, Schellen und anderen Kleinigkeiten beschenkt, kehrte aber nach einigen Besuchen nicht mehr zurück: »Wir vermuteten, daß ihn seine Gefährten entweder seines Reichtums wegen oder deshalb ermordet hatten, weil er uns soviel Anhänglichkeit entgegenbrachte«, notiert Pigafetta. Der leichtfertige Kontakt mit den Europäern, der höchst zweifelhafte Geschenke einbringen konnte, gefährdete die lokale Ordnung, brachte soziale Beziehungen durcheinander und war lebensbedrohend.

Es gehörte bei diesen Entdeckungsreisen selbstverständlich dazu, daß die Europäer nicht nur materielle Gegenstände und exotische Dinge mitzunehmen versuchten, sondern als lebenden Beweis, daß sie neue, fremde Regionen erreicht hatten, auch Menschen fingen, um dem staunenden Publikum daheim zu imponieren. Das war bei den Kapitänen so gewesen, die Heinrich der Seefahrer an der afrikanischen Westküste südwärts segeln ließ; das hatte Kolumbus so gehalten; das praktizierte auch Magellan. Einige der Riesen von Patagonien sollten unbedingt dereinst in Spanien die Schau der Heimkehr beleben.

Mit einer gemeinen List wurden zwei der hünenhaften Männer gefangen, unbewaffnete Gesellen, wie Pigafetta ausdrücklich vermerkt: Erst wurden sie beschenkt, bis sie beide Arme mit dem abendländischen Krempel beladen hatten, mit dem die Europäer die ganze Welt einkaufen wollten: zahlreiche Messer, Spiegel, Glasperlen; dann, als die beiden Patagonier keine Hand mehr freihatten, wurden ihnen auch noch eiserne Ringe angeboten. Magellan bedeutete den Männern, daß diese vermeintlichen Schmuckstücke an ihren Füßen befestigt werken könnten, was die Patagonier freudig zuließen. Die makabre Szene illustriert der Europäer Auftreten in besonders klarem Licht. Pigafetta: »*Als die Riesen innewurden, daß sie überlistet worden waren und die Fesseln nicht mehr abzustreifen vermochten, gerieten sie in Wut, schnaubten, heulten und riefen den Setebis, ihren mächtigen Gott, um Hilfe an.*« Da dieser Gott aber weder über Kanonen verfügte, noch die menschenverachtende Art europäischer Betrügerei kannte, war das Schicksal der Gefangenen besiegelt.

Damit nicht genug an Brutalität. Auch Frauen sollten als Mitbringsel eingefangen werden. Zunächst zeigten die Leute im Dorf, wo einige Matrosen auf die Menschenjagd gehen wollten, keine Besorgnis, ergriffen dann aber doch die Flucht; und – erstmals während der Reise – die bedrängten Einheimischen wehrten sich ihrer Haut: Mit vergifteten Pfeilen schossen sie. Ein Seemann wurde getroffen und starb sofort. Die Musketenschüsse auf die flüchtenden Patagonier verfehlten ihre Ziele. Diesmal waren es die Europäer, die vor Wut schäumten – aber dabei blieb es nicht: »*Unsere Matrosen verbrannten die Hütten der Wilden und begruben ihren Toten*«, stellt Pigafetta lakonisch fest. Einer der patagonischen Riesen mußte die weitere Fahrt als Gefangener mitmachen, erkrankte später und wurde, wie bereits erwähnt, eines der Opfer, die die grauenvollen Wochen im Stillen Ozean nicht überlebten.

Bei der ersten Begegnung mit den Menschen der Südsee kam es zum einmaligen Rollenwechsel in Sachen Aggression, wenn wir der Beschreibung Pigafettas folgen: Ehe die erschöpften, abgerissenen, halb verhungerten Europäer, wie sonst üblich, den Lauf der Dinge bestimmen konnten, wurden schon die Einheimischen aktiv. Inselbewohner näherten sich mit ihren Kanus den Segelschiffen Magellans, kletterten an Deck und nahmen mit, was sie tragen konnten; sogar ein Beiboot entwendeten sie. Die Strafe war fürchterlich. Pigafetta registriert: *»Der Generalkapitän ging selbst mit vierzig Bewaffneten an Land, verbrannte mindestens fünfzig Hütten und ließ mehrere Kanus zerstören. Dabei kamen sieben Eingeborene ums Leben.«* Die Rache der Europäer reichte bis in die Geographie hinein: »Diebesinseln« nannten sie diese Eilande, wo ihnen die Menschen übel mitgespielt hatten.

Es war das Musterbeispiel gegenseitiger Mißverständnisse und tödlicher Unfähigkeit zur Kommunikation. Nach allem, was Pigafetta beobachtete, hatten die Menschen jener Inseln noch nie zuvor weiße Männer zu Gesicht bekommen; er gibt sogar den Gedanken wieder, sie seien von der Vorstellung erfüllt gewesen, die einzigen Menschen der Erde zu sein. Mutmaßungen drängen sich auf: Vielleicht paßten die Magellanschen Schiffe genau in das religiöse Bild der Inselbewohner, waren erwartete Fabelfahrzeuge, die ihnen Reichtum bringen würden, ihnen ganz allein. Die Menschen nahmen demnach nur, was ihnen in ihrer Vorstellung sowieso gehören sollte.

Oder eine andere Theorie: Möglicherweise hatten sie Früchte und Handwerksstücke von sich auf die Schiffe gelegt, bevor sie die Plünderung begannen, ihre Regeln einhaltend, damit einen Tausch und nicht einen Überfall zu eröffnen. Sicher ist ja nicht, ob sich diese Szene so zugetragen hat, wie sie Pigafetta aus seiner Sicht beschreibt; sicher ist nur dies: Die Insulaner lebten in ihrer eigenen Welt, die völlig andere Ordnungswerte hatte als die Welt, aus der die Weißen gesegelt kamen; und sicher ist auch, daß nur Darstellungen solcher Vorfälle aus europäischer Perspektive erhalten sind und Geschichte machten. Die Unterschiede zu begreifen, bleibt den Europäern versagt: Sie legen die Meßlatte ihrer Werte an und kommen zu dem Urteil, wie es Pigafetta aufschreibt: *»Die Bewohner dieser Inseln kennen kein Gesetz und handeln, wie es ihnen gutdünkt.«* Es ist das folgenschwere Fehlurteil, das den Weltenlauf bis in die Gegenwart hinein bestimmt.

Danach haben die Weißen gehandelt und geschossen: stets davon überzeugt, im Recht und im rechten Glauben zu sein.

Mit diesem Anspruch setzte Magellan die Reise westwärts durch den Pacific fort; und dieser Anspruch, mehr noch: diese Anmaßung, treibt die dramatische Entwicklung der folgenden Wochen auf den Höhepunkt. Vorerst allerdings segelten die Männer aus dem Meer der Leiden in die See der Freuden. Denn die Inseln der Philippinen wurden zu Stätten der freundlichen Aufnahme. »Wo Asien ein Lächeln trägt« – so wirbt der Inselstaat heute um Touristen, sehr zutreffend, und so war das wohl schon zu Magellans Zeiten. Vor der Insel Samar stießen er und seine Männer auf die ersten Menschen dieses Archipels. Ein Boot mit neun Insassen kam zu ihnen. Einer schien der Häuptling zu sein. Pigafetta: *»Er gab durch Gebärden zu verstehen, daß er sich freue, uns zu sehen.«* Geschenke wurden ausgetauscht. Rote Mützen, Kämme, Schellen, Leinwand gaben die Europäer; Fische und ein Gefäß mit Wein boten die Insulaner. Das Gefäß bestand aus Gold; das Interesse der Ankömmlinge flammte auf. In den Ohrläppchen der Einheimischen sahen sie schimmernde echte Perlen. *»Wir hofften, sie gegen Glasperlen eintauschen zu können«,* bekennt der Chronist. *»Freundlich, friedfertig und ehrlich«* sind die Attribute, die er den Menschen verleiht, von denen er berichtet. *»Sie gehen nackt und bedecken nur die Geschlechtsteile mit einem Stück Baumrinde oder einem baumwollnen Lappen«.*

Diese vierte Begegnung mit den Menschen in den neuen Welten, in denen christliche Abendländer ihren ersten Auftritt hatten, begann vielversprechend freundlich, aber der Keim des Bösen zeigte sich schon in der ersten Stunde des Zusammentreffens. Denn auch hier hatten die Europäer klare Vorstellungen, was *sie* wollten – Glasperlen gegen Gold –, aber keine Ahnung, was die Menschen der gerade erreichten Inselwelt davon halten mochten. Nur am Anfang gab es keine Probleme.

Der Erdkreis schließt sich

Zwei Erkenntnisse bewiesen Magellan eindeutig, daß die Erde eine Kugel sein mußte und daß er sie mit seinen Schiffen fast umrundet hatte: Die eine Erkenntnis betraf die Sprache, die andere den Ruf der Europäer.

Eineinhalb Jahre hatten sie die Wellen des Atlantischen und schließlich des Stillen Ozeans durchpflügt, hatten die legendäre Durchfahrt zwischen beiden Meeren an der Südspitze des amerikanischen Doppelkontinents gefunden und so viele Seemeilen mühsam zurückgelegt wie noch nie zuvor eine andere Flotte während einer Reise – da erreichte Magellans geschundene Truppe in den ersten Märztagen des Jahres 1521 die Inseln, die unter dem Namen »Philippi-

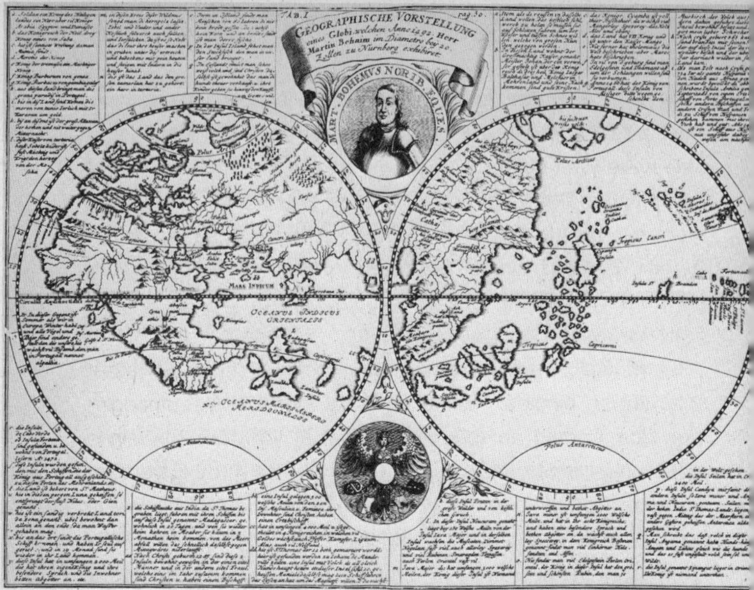

Der Erdkreis schließt sich. 100 Jahre liegen zwischen den Karten von Martin Behaim (1492 – ohne Amerika) und Sebastian Münster (1598 – mit Amerika)

114

nen« ihren Platz in der Weltgeschichte einnehmen sollten. Die Wasserwüste des Pacific lag hinter den Männern, die in eine neue Welt eingedrungen waren, der sie zugleich – vorerst im abstrakten Sinn davon Besitz ergreifend – einen Namen aus der Alten Welt verpaßten: *»Da wir diese Inseln am fünften Fastensonntag oder Lazarustag entdeckt hatten, gaben wir ihnen den Namen Archipelago de S. Lazaro«,* so notiert Pigafetta.

Es mußte des Sklaven Enrique große Stunde gewesen sein, als er, einziger Asiate an Bord, der die Weltumsegelung von Anfang an mitgemacht hatte, von den Einheimischen verstanden wurde und daß er Worte ihrer Sprachen verstand, die der seinen verwandt waren. Der Mann aus dem Norden Sumatras, von Magellan in Malakka gekauft, war in die Sphäre seiner Heimat zurückgekehrt: der erste Mensch, der die Weltkugel einmal umfahren hatte. Dieses sprachlich bewiesen und wörtlich belegt zu haben, war eine der Erkenntnisse. Enriques Nutzen für die Europäer stieg damit beträchtlich, seine Dolmetscher-Qualitäten verschafften ihm eine Rolle, die später schicksalhafte Folgen für seine Auftraggeber haben sollte. Aber erst einmal verhalf sie ihm zu einem Auftritt bei der zweiten Erkenntnis, die die Kugelgestalt der Erde verriet.

Am 7. April, einem Sonntag, fuhren die Schiffe im Hafen von Cebu ein, größer und bedeutender als die Orte jener Inseln, die im Archipel bis dahin Anlaufstellen gewesen waren. Cebu hatte mehr als nur regionale Bedeutung. Im Hafen lag eine Dschunke aus Siam/Thailand. Magellan schickte einen seiner Männer zusammen mit Enrique zum König von Cebu, um die ersten Kontakte aufzunehmen. Sie trafen auf einen selbstbewußten Fürsten namens Humabon, der mit größter Wahrscheinlichkeit noch nie in seinem Leben weiße, bärtige Männer gesehen hatte wie diese da draußen auf den Schiffen vor seiner Stadt. Aber er lebte in einer anderen Welt als die Menschen auf den »Diebesinseln« und auch als die Menschen Mittelamerikas, die in den ersten Weißen, die fast drei Jahrzehnte zuvor unter Kolumbus dort aufgekreuzt waren, Götter zu erkennen glaubten, denen sie einen ehrfurchtsvollen Platz in ihren Mythen einräumten, ehe sie schmerzlich erkannten, wie falsch und brutal und nur auf den eigenen Vorteil bedacht die vermeintlichen Götter sich gebärdeten.

Diese Art von Mißverständnis kam in Cebu gar nicht erst auf. Wo heute zwischen Küste und Hügelkette die Stadt Cebu liegt, mit 500 000 Einwohnern wirtschaftliches Zentrum der mittleren Philippinen, breitete sich zu Magellans Ankunft eine Siedlung aus, die beträchtlich weiter entwickelt war als die Dörfer in anderen Regionen des Archipels. Das damalige Cebu City lag im Einzugsgebiet der Händler aus China, Thailand und Borneo. *»Auf Cebu traf Magellan mit Humabon zusammen, der zu jener Zeit wahrscheinlich unter den Führern all der vielen Inseln einer der mächtigsten war«* (Tate). König Humabon verlangte klare Auskunft über Woher und Zweck der Reise. Der Hinweis Enriques, sein Herr sei Kapitän in den Diensten des *»größten und mächtigsten Königs der Erde«* (Pigafetta), beeindruckte den Cebu-Herrscher keineswegs. Im Gegenteil. Wenn die europäischen Ankömmlinge in seinem Hafen Handel treiben wollten, bitte sehr, aber dafür hätten sie ebenso Zoll zu entrichten, wie das andere ausländische Kaufleute bei ihm tun müßten. Zum Beweis nannte er die siamesische Dschunke, die jüngst angekommen sei. Deren Kapitän, offenbar ein Moslem, ward geholt und bestätigte des Königs Wort.

Als aber Magellans Abgesandte jegliche Zahlung verweigerten und starke Worte gebrauchten – *»wolle der König* *von Cebu den Frieden, werde er den Frieden haben, wolle er jedoch Krieg, könne auch ein Krieg geführt werden, der mit seiner völligen Vernichtung enden werde«* –, da legte der weitgereiste und welterfahrene Kaufmann aus Siam bei König Humabon ein warnendes Wort ein: Diese Männer da, die so anmaßend aufträten, gehörten dem Volke an, das Calicut, Malakka und ganz Indien erobert habe.

Die Auskunft entsprach nicht ganz der Wahrheit, weil diese Eroberungen auf das Konto der Portugiesen gingen und Magellan nun unter spanischer Flagge das Kommando führte, aber der Unterschied war unerheblich: Die europäische Spezies der Gattung Homo sapiens hatte nahezu die Erde umsegelt, war in für sie völlig neue Meere eingetaucht; doch der Ruf, machtgierige Eroberer zu sein, die sich über alle lokalen Gesetze mit Kanonenkugeln hinwegbombten, war ihnen schneller vorausgeeilt, als ihre Segel Wind fassen konnten.

Weder Forschungsreisende, die eine neue Welt bloß registrieren wollten, noch Handlungsreisende, die die lokalen Verhältnisse zu akzeptieren bereit waren, waren da in Cebu gelandet, sondern Männer, die sogleich darauf bestanden, daß sich Menschen und Verhältnisse nach ihren Wünschen auszurichten hätten. Die Europäer begannen, kaum daß sie einen Fuß auf das unbekannte Land gesetzt hatten, bereits damit, dieses Land nach ihren Maßstäben umzukrempeln. Daß dies nicht als leeres Gerede gedeutet werden durfte, wurde mit krachendem Echo verkündet. *»Nachdem wir Anker geworfen hatten, ließ der Generalkapitän alle Flaggen aufziehen, die Segel beisetzen und eine Salve abfeuern. Das Donnern der Kanonen rief unter den Insulanern große Unruhe hervor«* (Pigafetta). Es war die Logik der Macht, die der Dolmetscher Enrique dem König Humabon zu erklären hatte: Die Kanonenschüsse seien nichts anderes als ein

Gruß gewesen und sollten als Zeichen dafür verstanden werden, daß die Europäer nichts anderes als Frieden und Freundschaft suchten.

Der Erdkreis, wie ihn die Europäer um den Globus legten, schloß sich an jenem Sonntag im April 1521: ein eisernes Band, der Garotte nicht unähnlich, mit der die spanische Inquisition ihren Opfern die Luft abdrehte.

Geschichte längst vor Magellan

Die »Philippinen«, bevor sie die Philippinen wurden

Ihr Ruf war den Europäern bereits vorausgeeilt: der Ruf, Eroberungspolitik mit Waffengewalt zu betreiben. Der siamesische Händler in Cebu berichtete ja sofort dem König Humabon davon, als Magellans Abgesandte erschienen. Es ist zu vermuten, daß dieser asiatische Kaufmann nicht der erste gewesen war, der solche Kunde auf den philippinischen Inseln verbreitete. Auch dieser Archipel war einbezogen in die vielfältigen Seeverbindungen, die das südliche und südöstliche Asien miteinander verknüpften. Freilich: was die folgenreichen Kulturströmungen betrifft, die vom Festland-Asien südwärts wirkten, so waren diese Inseln kaum oder gar nicht davon berührt worden. Mit China bestanden Kontakte, die ins neunte Jahrhundert zurückzuverfolgen sind und während der außenpolitischen Aktivitäten unter den Ming-Kaisern belebt wurden. Mehrere chinesische Flottenbesuche zwischen 1405 und 1417 sind überliefert. Manila-Bay, Mindoro und Sulu wurden angelaufen; und der chinesische Admiral, der zu den frühen Gästen Malakkas zählte, befehligte auch einige der Erkundungszüge in die Philippinen: Cheng Ho. Die Südchinesische See bot ihren Küstenbewohnern ähnliche Kontakte wie das europäisch-afrikanische Mittelmeer seinen Anrainern. Ob von Siam, Kambodscha oder Indochina – aus all diesen Regionen waren in jenen Jahrzehnten vor der Ankunft der Europäer vereinzelte Handelsreisende auch auf den Philippinen gewesen, die unter einem solchen Sammelbegriff natürlich noch gar nicht existierten.

Wenn wir der Frage nachgehen, in welche Welt denn die

Europäer da eingedrungen waren, als sie vor der Insel Samar so freundlich empfangen wurden und weiter nach Cebu segelten, da ist dieser Hinweis besonders aufschlußreich: Es gab weder Staaten, wie sie den Europäern von ihrem Kontinent her vertraut waren, noch streng hierarchisch regierte Klassengesellschaften, wie sie den Europäern überall am Indischen Ozean und schließlich in Malakka begegnet waren. Eine philippinische Nation, welche mehr als 7000 Inseln unter einen zentralistischen Hut gebracht hätte, bestand nicht. Die einzige politische Einheit war nicht ein über Inseln greifendes Königreich, sondern das sehr viel kleinere Barangay: ein Siedlungsverband von 30 bis zu 100 Familien. Barangay bedeutet Boot. Philippinische Historiker erklären den Zusammenhang so: Frühe Einwanderer seien über die Meere in die philippinische Inselwelt gekommen, wahrscheinlich aus dem südasiatischen Festlandsbereich. Die einzelnen Boot-Fahrer oder die Gruppen einer bescheidenen Anzahl solcher Boote hätten sich dann niedergelassen und seien in dieser Bootsgemeinschaft zusammengeblieben: als Barangay.

Renato Constantino, in Manila lebender Historiker, der sich mit der Vergangenheit seines Heimatlandes gründlich auseinandergesetzt hat, schätzt, daß zur Zeit der Ankunft der Europäer 750 000 Menschen im Archipel gelebt haben; eine ungemein dünne Besiedlung, wenn man diese Zahl mit der heutigen Bevölkerungszahl von fast 50 Millionen vergleicht. Die einzelnen Barangays lebten von Landwirtschaft – die Reiskultur war bereits hoch entwickelt, als Naßreis im gebirgigen Norden von Luzon, als Trockenreis mit Wanderfeldbau in anderen Teilen; in den Küstensiedlungen wurde Fischfang betrieben; handwerkliche Arbeiten wie Weberei und Schiffsbau hatten hohes technisches Niveau erreicht;

die Kenntnisse vom Bergbau genügten, um Gold aus dem Gestein zu lösen.

Jedes Barangay wurde von einem Oberhaupt geführt, dessen Bezeichnung die Europäer ebenso mißverständlich interpretierten wie den gesellschaftlichen Aufbau dieser Gemeinwesen. In der vorkolonialen Zeit, und vorislamischen Zeit gleichermaßen, verfügte ein solcher Barangay-Chef zwar über einige Rechte wie Entscheidungsgewalt bei dörflichen Konflikten, Befehlsgewalt bei militärischen Auseinandersetzungen, den Anspruch auf Arbeitsleistungen aus der Barangay-Bevölkerung. Aber er stand keineswegs so über diesen Menschen, wie das ein islamischer Herrscher oder ein hinduistischer Fürst für sich verlangen konnte. Zu einem Barangay gehörten zwei Gruppen: die freien Familien mit – um es modern auszudrücken – vollen Bürgerrechten und die von den Freien abhängigen Familien. Zeitgenössische philippinische Historiker wie Constantino, Agoncillo und Guerrero weisen immer wieder darauf hin, daß der von den Europäern für diese dritte Schicht nach Chef und Freien in Anlehnung an europäische Vorstellung gebrauchte Begriff Sklaven nicht zutreffe. Die Abhängigen hatten bestimmte Leistungen an Arbeit und Abgaben zu entrichten; sie waren Kriegsgefangene oder in die Schuld der anderen geratene Barangay-Mitglieder. Abhängigkeit bildete aber keinen Dauerzustand. Jeder Freie konnte zudem auch ein Abhängiger werden.

Die späteren europäischen Beobachter vergaßen in ihren Berichten selten den vorwurfsvollen Hinweis, die Menschen der philippinischen Inseln seien faul: *»Die Eingeborenen arbeiten nicht regelmäßig, sondern nur, wenn sie von der Notwendigkeit dazu getrieben werden; sie versuchen nicht, wohlhabend zu werden oder Reichtum anzuhäufen ... Ein Eingeborener, der einen Korb voll Reis vor sich hat, be-*

gehrt nicht nach mehr und rührt keinen Finger, bis dieser eine Korb geleert ist.«

So ist es in einem Brief zu lesen, den der erste spanische Statthalter der Philippinen Ende des 16. Jahrhunderts seinen Auftraggebern auf der Iberischen Halbinsel schrieb. Daß die Europäer ein solches genügsames Verhalten nicht verstehen konnten, liegt auf der Hand. Eben weil die abendländische Welt- und Besitzanschauung so grundverschieden war, hatten die Europäer ja den Vorstoß in eine solche Welt wie die der philippinischen Barangays unternommen. Und nicht umgekehrt! Deren Menschen lebten von der Hand in den Mund. Die Natur meinte es gut mit ihnen. Noch lastete nicht die Bürde einer ausbeutenden Klasse auf den Menschen. Diesen Gedanken unterstreicht Constantino besonders dick, weil darin auch Konsequenzen für die Kultur steckten.

Vergeblich sucht der heutige Besucher der Philippinen steinerne Zeugnisse der geistig-religiösen Vergangenheit, wie sie im hinduistisch-buddhistischen Einzugsgebiet der einstigen Großreiche zu sehen sind: Keine imposanten Tempelanlagen wie Borobudur auf Java oder Angkor Vat in Kambodscha. Kein Wayang-Spiel mit den hinduistisch geprägten Epen wie Ramayana. Keine Gamelan-Klänge. Die philippinischen Inseln sind nicht von solchen Strömungen der asiatischen Hochkulturen erfaßt worden; die Bewohner der Philippinen, deren Ahnen möglicherweise aus den Ursprungsgebieten dieser geistigen Zentren stammen, blieben trotz späterer Besuche aus Siam, China und Kambodscha im Windschatten der kulturellen Umwälzungen. Die Menschen konnten sich eine Lebens- und Gesellschaftsform erhalten, die in den Augen der Europäer als primitiv galt und mit dieser abschätzigen Bewertung den Vorwand bildete, der den radikalen Einfluß der Europäer auf den Philippinen gerechtfertigt erscheinen ließ.

Landwirtschaft und Fischerei, die in den meisten Barangays gerade die jeweiligen Bedürfnisse befriedigten, ließen keine Reserven zu. »*In diesen kleinen und primitiven Siedlungen war das Niveau der Arbeitsorganisation dergestalt, daß nicht der geringste Überschuß produziert wurde, der es einer herrschenden Klasse ermöglicht hätte, aus den Früchten der anderen eigenen Luxus zu ziehen und Tempel und Paläste zu ihrer Selbst-Glorifizierung erbauen zu lassen*« (Constantino). Dementsprechend war Privateigentum unbekannt. Land als Grundlage der agrarischen Gesellschaft gehörte der Familie, dem Barangay, den Menschen also, von denen es bebaut wurde. Die Philosophie abendländischer Bereicherung, das Verlangen nach individuellem Besitz, die Aufeinanderhäufung von Überschußprodukten, wie sie auch in anderen asiatischen Regionen unter den Herrschern längst Tradition hatte – all das war in den philippinischen Barangays noch weitgehend unbekannt und ohne Wert, bevor die Europäer aufkreuzten. Nach europäischen Maßstäben waren deren Menschen arme Tröpfe.

Jede dieser Siedlungsgemeinschaften war eine ziemlich geschlossene Gesellschaft, je weiter von den Küsten entfernt, desto isolierter und auf sich selbst bezogen. Benachbarte Barangays bekriegten sich um Land und Fischgründe. Der Güteraustausch war noch nicht erfunden, weil sich jede Siedlung selbst versorgte. Nur in wenigen Regionen entwickelte sich ein System der Tributpflicht heraus, die ein weniger entwickeltes, kleineres Barangay einem überlegeneren, größeren zu leisten hatte. Beispielsweise war das auf Cebu so. In den Chroniken lassen sich nur wenige solcher Ausnahmen erkennen; es sind bevölkerungsreichere Siedlungen im Küstenbereich, wo der Kontakt mit außerphilippinischen Händlern zu Beginn des 15. Jahrhunderts bereits in Gang gekommen war. Der Einfluß des Islam hatte dabei auch dort am stärksten zu gesellschaftlichen Veränderungen beigetragen.

Der Islam war schneller

Wenn wir einen frivolen Vergleich ziehen wollen, dann war das zwischen Islam und Christentum in Südostasien wie beim Hase-Igel-Wettrennen: Der Islam war immer schon da, wohin die Christen auch kamen – sei es in Gestalt einzelner islamischer Händler, Missionare oder Reisender, sei es in der Form eines Sultanates. Längst vor der eigentlichen Islamisierung, des Eindringens der Religion in Leben und Gesellschaft, verbreitete sich die Kunde von dieser neuen, alles umfassenden Lehre auch auf den Philippinen. Eines der ältesten Zeugnisse ist dort jenes muslimische Grab auf der Insel Jolo, das die Jahreszahl 710 der islamischen Zeitrechnung trägt, also 1332 nach der christlichen Zählung. Mitte des 13. Jahrhunderts waren die ersten islamischen Reisenden in den Sulu-Archipel gekommen: Männer aus arabischen Ländern und aus dem nordwestlichen Indien. Sie nahmen den Seeweg, der die Verbreitung ihrer Religion von Insel zu Insel ermöglichte: von der aufblühenden Drehscheibe Malakka aus über Brunei und das nördliche Borneo hinein in die verwirrende Vielzahl der Sulu-Inseln. In jene Zeit reichen die familiären Verflechtungen zurück, die die Sippen noch heute von Nordborneo über Sulu bis Mindanao verbinden.

Für die Menschen, die auch in jenen südphilippinischen Regionen als Barangays zusammenlebten, bedeuteten die

Kontakte mit den islamischen Reisenden die erste tiefergehende Begegnung mit einer der großen Weltreligionen: der erste wichtige Einfluß, der von außen kam. Was von Malakka zu berichten war, trifft auf den Süden und Westen der Philippinen nicht minder zu: *»Südostasien wurde vom Islam nicht nur wegen der Wahrhaftigkeit seiner Lehren gewonnen, sondern auch durch die Tatsache, daß er einer im Wandel begriffenen wirtschaftlichen und politischen Situation im internationalen Handel der Region beistand«*, stellt ein Kenner der Materie fest, Peter Gordon Gowing, ein Amerikaner, der seit Jahren auf Mindanao lebt. Islam bedeutete in jeder Hinsicht Fortschritt.

Als die Männer Magellans sich an die Gestade der westlichen Inseln des Philippinen-Archipels retteten, existierten zwar nicht dort – zum Glück für die Europäer, muß man sagen –, aber bereits in den südlichen und nordöstlichen Regionen straff organisierte Sultanate, und zwar *»längst vor den ereignisreichen Reisen des Kolumbus und des Magellan«*, wie ein philippinischer Moslem heute stolz vermerkt, Jainal D. Rasul von Jolo: *»Das Sultanat von Sulu war schon vor 1450 gegründet worden, nämlich von dem Araber Paduka Massahari Maulana Al-Sultan Shariful Hashim. Paduka Massahari Maulana bedeutet ›Seine Majestät‹. Alle 32 der ihm folgenden Sultane von Sulu beriefen sich in ihrer Abstammung auf ihn. Ihre Herrschaft erstreckt sich also über mehr als 500 Jahre. Auf ihrem Höhepunkt der Macht gehörten zum Sultanat Sulu die gleichnamigen Provinzen, die Inseln Tawi-Tawi, Basilan, Palawan, die Region Zamboanga (Mindanao), Sabah (Nordborneo) und Celebes (Indonesien, heute Sulawesi genannt).«* Ebenso vor der Ankunft der Europäer in der Region von Manila ein Sultanat, das enge Verbindungen mit Brunei hatte.

Mit dem Islam war eine völlig neue politische Struktur auf

die philippinischen Inseln gekommen. Die philippinische Schriftstellerin Carmen Guerrero Nakpil weist darauf hin: »Nichts verschlimmert die heutige Fehleinschätzung der Probleme in Mindanao und Sulu so sehr wie die viel zu wenig beachtete Tatsache, daß im 16. Jahrhundert Manila im Norden und nicht Jolo im Süden die sogenannte Problem-Region war. Und nicht die Moslems waren zu integrieren – wie das heute so oft gebrauchte Wort heißt –, sondern die Nicht-Moslems, die Christen. Die Situation hat sich seither so gewaltig verändert, daß es schwer zu verstehen ist, daß Manila, heute das Zentrum der christlich geprägten Staatsmacht, einstmals unter der Herrschaft der Moslems stand.« Die zeitgenössische Autorin schreibt in ihrem Rückblick: »Die Moslems waren damals die herrschende Klasse in Luzon, der großen Insel im Norden der Philippinen; sie waren die reichen Händler, die kulturellen Führer und Missionare; diejenigen mit dem Know-how und den richtigen Verbindungen, die Literaten und – was noch wichtiger war – die Träger der ›richtigen‹ Religion. Und zu jener Zeit waren die Tagalogs und die anderen Leute von Luzon die Zweite-Klasse-Bürger, in Unmündigkeit gehalten, zurückgeblieben, ungläubig und benachteiligte Quasi-Ausländer in ihrem eigenen Land.« Die philippinischen Moslems sind stolz, auf eine sehr viel ältere historische Tradition zurückblicken zu können als ihre christlichen Landsleute. Die Europäer mit dem Kreuzeszeichen erschienen zur Umbruchszeit auf der Szene. Die Ausdehnung des Islam war in vollem Gang. Für eine Spekulation gibt es genügend Gründe. »Wären die Spanier nicht gelandet, wäre der Rest der Inseln sicherlich islamisiert worden und dadurch mit den großen Traditionen Asiens in Berührung gekommen... Möglicherweise wäre aus den Inseln – dann selbstverständlich mit anderem Na-

men – eine islamische Nation geworden« (Constantino).
Aber die Entwicklung verlief ganz anders.

Als Magellan vor der Küste Cebus die Kanonen seiner Schiffe abfeuern ließ, konnte er der Wirkung seiner akustischen Machtdemonstration sicher sein; daß er damit den Startschuß für ein neues Kapitel der philippinischen Geschichte gab, wird er wohl nicht einmal geahnt haben.

Gold und Glasperlen

Ein starkes Stück hat Premiere

Am 7. April landen Magellans drei Schiffe in Cebu. Am 27. April stirbt der Führer dieser Flotte vor Mactan. Während der dazwischenliegenden Wochen, also nicht mal drei, hat das Stück in den Philippinen Premiere, mit dem die Europäer auf Welttournee gegangen sind. »Eroberung« heißt das Drama und im Untertitel: »Willst du nicht mein kleiner Bruder sein, schlag ich dir den Schädel ein«. Das starke Stück wurde aus Sicht der europäischen Veranstalter ein Welterfolg. Fast überall auf den Bühnen jener Kontinente, die in neuerer Zeit die Dritte Welt genannt werden, traten die Europäer jahrhundertelang auf und kassierten dafür von den lokalen Zuschauern hohe Gagen. Die einheimische Bevölkerung war allerdings weder scharf auf dieses Stück, noch wurde sie von der europäischen Truppe jemals gefragt, ob sie es überhaupt erleben wollte. Für viele endete das Stück ohnehin tödlich.

Freundschaft versprechen Magellan und seine Mannen den Menschen von Cebu. Vom ersten Augenblick an, da sich Ost und West begegnen, lassen die Europäer keinen Zweifel daran, was sie unter Freundschaft verstehen. Kaum ist das Krachen ihrer Kanonen verhallt, untermauern sie ihre Position der Stärke mit markigen Sprüchen. Pigafetta liefert einige Zitate. Dem König von Spanien dienten sie, so erklärt Dolmetscher Enrique dem Cebu-Chef Humabon; und dieser spanische König sei Beherrscher der ganzen christlichen Welt und noch viel mächtiger als der König von Portugal. Das macht Eindruck. Dem Ehrfurcht gebietenden Hinweis auf die eigene Flagge wird abermals die Drohung möglicher Folgen hinzugesetzt, so der Europäer Überlegenheitsanspruch nicht akzeptiert werde: »*Wenn man unsere Freundschaft zurückweist, werden wir die ganze Insel zerstören.*«

Keine leeren Worte, wie der muslimische Händler von der portugiesischen Eroberung der Stützpunkte entlang der Küsten am Indischen Ozean bestätigen kann. Tödliche Bereitschaft, wie anderntags dem auf einem der Magellanschen Schiffe zu Besuch weilenden Neffen des Humabon vorgeführt wird: Magellan zeigt ihm einen seiner Soldaten, mit Eisen gepanzert, martialisch gerüstet, und bemerkt dazu, daß alle seine Männer solche Kampfanzüge anlegen würden, falls sie gezwungen sein sollten, gegen Cebu Krieg zu führen. Freundschaft à la Europa. »*Der Neffe des Königs erschrak sehr, als er den Gepanzerten sah*«, registriert Pigafetta, »*aber der Generalkapitän beruhigte ihn und versicherte ihm, daß unsere Waffen nützlich für unsere Freunde seien.*« Und im selben Atemzug – Wink mit der Muskete! –: »*Würden wir allerdings gezwungen werden, die Bewohner Cebus als Feinde anzusehen, würde uns ihre Vernichtung nicht schwerer fallen als etwa die Beseitigung eines Schweißtropfens von der Stirn.*« Kann man den Wunsch nach Freundschaft netter ausdrücken?

Es mag verständliche Gründe für ein solches Auftreten geben. Die Europäer waren auf ihre Sicherheit bedacht und gingen von der Strategie aus, selbst erstmal drohend auf die Pauke zu hauen, ehe andere dazu Gelegenheit hatten. Das entsprach völlig dem abendländischen Denken. Aber genau diese Einstellung programmierte alle folgenden Konflikte.

König Humabon – nennen wir ihn der Einfachheit halber auch so – war Realist und Diplomat genug, um vorerst gute Miene zum europäischen Kraftakt zu machen. Nein, keine

Tributforderungen mehr, so ließ er Magellan überbringen, sondern Freundschaft; und die sei nach den Gepflogenheiten seines Landes mit einer Blutsbrüderschaft zu besiegeln. Danach stände auch dem Austausch von Geschenken nichts mehr im Weg. Zeit gewinnen, nichts unternehmen, was Feuer unter die Lunten der weißen Männer legen könnte, so läßt sich die Reaktion Humabons erklären: asiatisch flexibel sein, wenn sich in einer offenen Konfrontation erstmal nichts erreichen läßt. Diese Politik zeigt das Grundmuster der europäisch-philippinischen Beziehungen der kommenden Jahrhunderte. Humabon bietet Blutsbrüderschaft an, um eigentliches Blutvergießen zu vermeiden.

Magellan muß den Eindruck gehabt haben, in der richtigen Weise aufgetreten zu sein. Er, der wenige Tage zuvor eine dahinsiechende Meute demoralisierter Hungerleider kommandiert, der in der Wasserwüste des Pacific die Orientierung verloren hatte und in Gefahr war, mit Mann und Maus in diesen Weiten abzusaufen, ohne daß je ein Mensch, geschweige denn die Geschichte von ihm erfahren hätte, dieser Mann landete vor Cebu und wähnte sich innerhalb weniger Stunden als Herr der Lage. Nachdem mit Waffen und Worten geklärt war, was von ihm und den Seinen zu halten sei, drängten sie den Gastgebern schon ihre Ratschläge und Zensuren auf.

Noch haben die Europäer nichts begriffen von Land und Leuten, aber schon wissen sie alles besser – nicht anders als es die nachfahrenden Diplomaten, Geschäftsleute und Touristen am selben Ort fast fünfhundert Jahre später immer noch für sich beanspruchen. Magellan erkundigt sich beispielsweise nach der Erbfolge im Herrschaftsgefüge von Cebu. Väter würden rechtlos, wenn sie ein gewisses Alter erreichen, so wird ihm mitgeteilt; die Herrschaft gehe dann auf die Söhne über. Was auf dieser Insel mit ihren Lebensformen und Gesetzen seinen Sinn hat, überrascht den Mann aus dem fernen Europa: wo nämlich das Erbe von Thronen und Kronen über neue Staatsgrenzen entscheidet, wo arrangierte Eheverbindungen nicht zwischen zwei adeligen Menschen stattfinden, sondern zwischen zwei Fürstenhäusern, zwei Ländern, zwei Imperien, wo mit kleinen Schierlingsbechern große Politik gemacht wird.

In der von Zweifeln ungetrübten europäischen Anmaßung beläßt es Magellan nicht beim Ausdruck seiner Überraschung, er maßregelt: »*Der Generalkapitän erklärte, daß diese Gepflogenheit unwürdig sei, da Gott, der Himmel und Erde geschaffen habe, den Kindern ausdrücklich befehle, Vater und Mutter zu ehren. Er sprach auch davon, daß alle, die dieses Gebot nicht befolgen, mit dem ewigen Feuer bestraft würden.*« Damit bringt er neben seiner Autorität, die sich bis dahin auf irdische Macht gegründet hat, demonstrativ auch noch die auf seiner Seite stehende himmlische Macht ins auftrumpfende Spiel. Den armen Heiden von Cebu hätte nun klar werden müssen, daß Europas pädagogisches Prinzip Nummer 1 bis ins Jenseits wirksam sei: Wer nicht hören will, muß fühlen.

Es bleibt das Geheimnis, wie sich denn Europäer und die Menschen von Cebu verständigt haben. Gut, Enrique, der Mann vom Norden Sumatras, fungierte als Dolmetscher. Aber bedenken wir, daß zwar die Sprachen Südostasiens in gewisser Verwandtschaft viele Gemeinsamkeiten haben, die wohl ausreichen, auf dem Boden der eigenen Kultur und der daraus entstammmenden Gesetze die Verständigung zu ermöglichen, daß aber dieser Enrique bei der Übersetzung der europäischen Weltanschauung ein Mißverständnis nach dem anderen produziert haben könnte. Die Insulaner hörten angespannt zu, so beobachtete Pigafetta. Fegefeuer, Gott, Adam, Eva, biblische Geschichte: Wenn sie bei diesem ersten Versuch christlicher Mission auf Cebu aus dem Mund Magellans auch nur ein Wort verstanden haben sollten, so werden es die Menschen Cebus in ihr Weltbild eingefügt und mit ihrem Verständnis von Leben und Natur ausgefüllt haben. Mit was denn sonst? Doch der fromme Pigafetta interpretiert ihre Neugier und die Höflichkeit ihres Zuhörens als »*Verlangen, von den Lehren unserer Religion mehr zu erfahren*«. Und Magellan kam zur Sache: »*Der Generalkapitän ließ die Gesandten wissen, daß es für sie unerläßlich sei, sich taufen zu lassen.*« Unerläßlich! O ja, das würden sie gern tun, so die Antwort derer, die zweifellos unter Taufe etwas völlig anderes verstanden als die weißen Männer um sie herum.

Magellan steigerte die gegenseitige Fehldeutung, indem er als der Herr über Kanonen und eisenbewehrte Haudegen eine geradezu klassische Version europäischer Denkart zum besten gab: Die Cebuanos sollten sich zu dem wichtigen Schritt der Taufe nicht aus Furcht vor ihm oder wegen der Hoffnung auf irdische Vorteile entschließen. Gewalt? Mitnichten. Es sei nicht seine Absicht, irgendwem die Taufe aufzuzwingen – die Taufe, die er kurz zuvor als unerläßlich bezeichnet hatte. Zuckerbrot und Peitsche. Dieses Zwillingspaar der Machtdurchsetzung wurde aus der Trickkiste geholt, wenn auch an jenem Tag der europäisch-asiatischen Mißverständnisse vorerst nur verbal: »*Magellan verhehlte den Insulanern allerdings auch nicht, welche Vorteile ihnen das Christentum bringen würde und daß sie, wenn sie einmal Christen seien, von allen geliebt und geachtet würden.*«

Tauschen, taufen, täuschen

Die knapp drei Wochen auf Cebu, die letzten Wochen seines Lebens, bescheren Magellan ein Erfolgserlebnis nach dem anderen. Aus der pazifischen Hölle ist er in die paradiesischen Tropen gelangt. Die Menschen drängen danach, von einem Mann seines Schlages ins Licht des Christentums geführt zu werden, mit ihm und seinen Leuten gemeinsame Geschäfte zu machen und der spanischen Krone als Untertanen dienen zu dürfen; so jedenfalls mag es sich in seinen Augen darstellen. Tage des Glücks, Tage wachsender Macht, Wochen der Selbsttäuschung.

Man muß nicht unbedingt der Theorie Ian Camerons folgen, der behauptet, Magellan habe bereits von Malakka aus, während jener umstrittenen Geheimexpedition ein Jahrzehnt zuvor, die südlichen Philippinen erreicht und wollte später gar nicht die Molukken in West-Ost-Richtung anlaufen, sondern eben diese Philippinen wiedersehen. Auch die Darstellung des Jose Vicente Braganza S. V. D., der dieselbe Version vertritt und Magellans Rückkehrwunsch mit dem Verlangen nach dem auf der sogenannten Gold-Insel (Mindoro, Mina de Oro) geschauten Edelmetall erklärt, bleibt Spekulation. Es ist gar nicht erforderlich, die 1521 nach mehr als zweijähriger Reise gesichteten Inseln in solch vordergründigem Sinn als Magellans subjektives Ziel zu interpretieren. Es gibt historisch keinen Beleg, daß er schon zuvor hier gewesen sei. Aber Magellan ist objektiv auf dem Gipfel seines Lebens. In Cebu übernimmt er zu seinen vielfältigen Rollen in dem besagten Stück eine neue, und an dieser übernimmt er sich: die Rolle des Politikers.

Dem Scheitern geht eine Serie scheinbarer Siege voraus. Während der Wochen auf Cebu bestimmen die Europäer den Gang der Ereignisse. Die Kranken und Schwachen erholen sich; nur zwei von den Matrosen sterben, weil sie nach den Monaten der Entbehrung zu schnell und zu viel in sich hineinstopfen. Die Lebensgeister der anderen aber werden nicht nur vom Essen und Trinken angefeuert, sondern mindestens ebenso von den verlockenden Geschäften.

Der Tauschhandel kommt in Gang. An der Küste breiten die Europäer ihre Waren aus. Der König von Cebu gewährt dem Treiben seine Protektion. Gewichte und Maße werden als auf Cebu geläufig von Pigafetta ebenso erwähnt wie die Ehrlichkeit seiner Bewohner. Auch was der Italiener über deren Sitten und Gebräuche zu berichten hat, zeichnet ein eindeutiges Bild von den Menschen Cebus: Es sind keine dummen Wilden, keine gesetzlosen Draufgänger. *»Die Europäer hat offensichtlich die Tatsache beeindruckt, daß die Bewohner der Insel Cebu kein primitiver Stamm von Barbaren waren, sondern eine hochzivilisierte Gemeinschaft. Sie waren keine nomadisierenden Leute. Sie lebten in Dörfern, sie kultivierten Felder, waren von Gesetzen und Regeln regiert, führten also ein organisiertes Leben«,* dies stellt der philippinische Literaturprofessor Miguel Bernad S. J. 456 Jahre danach in einem Aufsatz fest.

»Die Leute von Cebu hatten offensichtlich hochentwikkelte Künste und Handwerk. Ihre Goldornamente, ihre Dolche und Messer waren ausgezeichnete Handwerksarbeiten. Ihnen fehlte es an Eisen und Stahl, aber sie verfügten über eine Menge anderer Metalle, hauptsächlich Gold und Messing. Sie hatten feste Vorstellungen von Gerechtigkeit und Eigentum. Sie hatten ein System von Maßen und Gewichten. Sie hatten zivilisierte Formen des Handels, ebenso untereinander wie mit Ausländern. Zugegeben, sie hatten ihre Fehler. Sie tranken ziemlich ungehemmt. Sie hatten die Veranlagung zum Müßiggang. Sie waren nicht immer mono-

gam. Aber sie hatten eine stabile Gesellschaft. Sie glaubten an ein höheres Wesen. Sie waren ehrerbietig. Sie waren freundlich.« So die Charakterisierung durch einen ihrer weitläufigen Nachfahren im 20. Jahrhundert.

Es gibt nur einen wesentlichen Unterschied zwischen den Christen, die 1521 auf ihre Insel gekommen sind, und den Cebuanos: ihre Werte sind nicht deren Werte. Weder im menschlichen, noch im materiellen Sinn. *»Für Messing und Eisen gaben sie uns Gold. Für Glasperlen und Schellen erhielten wir Reis, Schweine, Ziegen und andere Lebensmittel«,* notiert Pigafetta. Ein vorteilhafter Handel für die Europäer, unerhört profitabel und nutzbringend. Die Nahrungsmittel sichern erstmal das Überleben. Das Gold verspricht daheim in Europa begehrten Reichtum und Ansehen. Magellan muß bremsen. Er verlangt von seinen Leuten Zurückhaltung beim Goldtausch und Goldrausch, damit den Cebuanos nicht etwa klar werde, wie willkommen das gelbe Metall sei und sie dementsprechend ihre Forderungen steigerten. *»Der Handel könnte verdorben werden«,* bemerkt Pigafetta sehr richtig. Was umgekehrt die Einheimischen erhalten, mag denen Freude bereiten, nützt auf Cebu aber langfristig überhaupt nichts und entspricht keinem Bedürfnis, weil es in ihrer Gesellschaft keinen Sinn hat. Glasperlen und Glöckchen – genau der Tand, mit dem die Europäer in dieser Weltecke noch Aufsehen erregen können. In Calicut, Goa und Malakka dagegen oder gar an den Endpunkten der großen transkontinentalen Handelswege, in Alexandria, Konstantinopel, Venedig, gilt einzig die harte Währung, die die Europäer auf Cebu noch so wohlfeil ergattern: Gold, Gold und nochmals Gold. Aus diesem Material sind auch die Geschenke gefertigt, die König Humabon dem Generalkapitän überreichen läßt. Ohrgehänge, Armbänder, Fußringe, alles aus Gold und mit kostbaren

Steinen besetzt; dazu die Ankündigung weiterer Präsente. Als Gegengabe sucht Magellan für den Cebu-Fürsten aus: ein Seidenkleid, halb gelb, halb violett, eine rote Mütze und einige Schnüre mit Glasperlen. *»Nach einigem Zögern«,* so bemerkt Pigafetta, nach einigem Zögern fügt Magellan diesem Ramsch noch etwas Wertvolleres bei, kalkulierend, ob sich eine solche Investition auch auszahle: eine silberne Schüssel und zwei vergoldete Glaspokale.

Mit den beiden Gefäßen schenkten die Europäer tatsächlich Gegenstände, die ihnen selbst sogar materiell etwas bedeuteten; mit dem Seidengewand aber vergaben sie Symbolisches: Damit verpaßten sie den Cebuanos ein Stück ihrer Weltanschauung – eine Hülle, die die körperliche Nacktheit bedeckte, was mit europäischer Moral zu tun hatte und für den bis auf einen Schurz unbekleideten König Humabon und seine Landsleute unverständlich bleiben mußte; eine Hülle, deren teures Material prestigeträchtig abendländische Wertschätzung ausdrückte: Kleider machen Leute. Diese Kleiderspende hatte Folgen. Im wahrsten Sinne des Wortes stülpten die Europäer dem asiatischen König einen Teil ihrer Welt über: eine Zwangsjacke, wie sich Jahre später zeigen sollte. Und sie wurde – um im Bild zu bleiben – von einem starken Zwirn zusammengehalten, bei dessen Handhabung als Druckmittel die Europäer wahre Meister waren: das Christentum, wie sie es verstanden.

Die Massentaufe auf Cebu wird zum gesellschaftlichen Ereignis. Sonntag, der 14. April 1521, ist dafür angesetzt. Mit sicherem Gespür für Schau läßt Magellan den großen Tag inszenieren. Der Mann, der in der vorangegangen Woche durch seinen Schiffspfarrer Valderrama und seinen Bedienten Enrique die Frohe Botschaft der Nächstenliebe hat predigen lassen, tritt mit der Sanftheit eines Paukenschlages auf die Szene. Während er mit seinen Soldaten an Land gerudert wird, blitzt es aus allen Schiffskanonen, und das Echo der Schüsse rollt über die Hütten der Cebuanos. Die Menschen zucken zusammen. Nein, an diese, ihren Frieden erschütternden Geschütze haben sie sich noch immer nicht gewöhnt. Pigafetta notiert es. Nahe der Küste ragt ein hölzernes Gerüst auf. Zwei mit Samt beschlagene Stühle stehen bereit. Magellan und König Humabon nehmen Platz. Das Volk strömt zusammen. Was eben noch mit Donnerhall die Trommelfelle attackiert hat, wird alsbald zum Gegenstand des Gesprächs zwischen dem weißen Kapitän und dem braunen König: die machtvolle Verbindung von christlichem Kreuz und Kanonen, von Religion und weltlicher Herrschaft. Magellan preist das Christentum als eine Art von Rückversicherung an: Er läßt Humabon wissen, *»daß er neben anderen Vorteilen, in deren Genuß er käme, auch seine Feinde leichter besiegen werde, wenn er das Christentum annehme«.* Der König wehrt ab. Nein, das sei denn doch nicht sein Begehr, aber, gewissermaßen als Zugabe, hätte er gegen solche Aspekte der angebotenen Religion natürlich nichts einzuwenden. Da lebten einige Häuptlinge auf den benachbarten Inseln, bei denen sein Ansehen nicht allzuhoch stehe, ja, die ihm nicht gehorchten und beanspruchten, ihm ebenbürtig zu sein.

Magellan geht zum Angriff über. Einige der aufmüpfigen Stammesführer werden zitiert. Dolmetscher Enrique übersetzt die klaren Worte seines Herrn: Er werde sie vernichten, er werde ihre Güter beschlagnahmen, wenn sie weiterhin dem König von Cebu den Gehorsam verweigerten. Die Insel-Chefs, Asiaten und wahrscheinlich bessere Diplomaten als der so siegesgewiß auftretende Europäer, geben mit Worten klein bei. Magellan versteigt sich mehr und mehr in seiner Rolle als Gründer eines spanischen Übersee-Imperiums. Er verspricht, mit einer großen Streitmacht zurückzukehren und den König von Cebu zum mächtigsten König all dieser Inseln zu machen; und dies – Pigafetta überliefert unmißverständlich den Zusammenhang – als Belohnung dafür, daß König Humabon als erster Fürst der Region den christlichen Glauben anzunehmen gedenke.

Auf dem Platz zwischen den Hütten und dem Strand errichten die Seeleute ein großes Holzkreuz. Es ist das zweite, das sie in den Boden der Philippinen pflanzen. Das erste haben die Männer auf der Insel Homonhon aufgestellt, wo sie in Limasawa die Ostermesse gefeiert haben. Schon dabei, keine zwei Wochen zuvor, hat Magellan auf die praktischen Seiten des Christentums verwiesen: Einerseits würden künftig anlandende Spanier sofort daran erkennen, daß im Umkreis des Kreuzes Freunde lebten; die Spanier würden daher davon absehen, sich die Güter der Bewohner anzueignen; und wenn andererseits die Menschen jeden Morgen das christliche Zeichen anbeteten, so blieben sie künftig von Blitz und Donner verschont. Was in Limasawa im Vorübergehen gesagt worden ist, wird auf Cebu zur sorgfältig vorbereiteten Aktion.

Weiße Gewänder legt Magellan an, um seine aufrichtige Liebe zu den Völkern der Inseln zu beweisen. Der gute Hirte, der die versprengte Herde sammelt; Gottes Stellvertreter. Keiner, der sich biographisch mit Magellan beschäftigte, bezweifelt seinen Glauben an die – aus seiner Sicht – gerechte Sache. In der Verwurzelung in den religiösen Traditionen des südlichen Europas liegt die Stärke dieses Mannes. Die Tage auf Cebu werden zur Erfüllung. Ein soldatischer Mann seines Formates, gewöhnt, Widerstände mit hartnäckiger Geduld und brutaler Gewalt zu brechen, je

Massentaufe auf Cebu. Unter dem Deckengemälde (oben) der Magellan-Kapelle von Cebu-City beten Frauen vor dem Kreuz, das damals errichtet worden ist (unten)

MAGELLAN'S CROSS
THIS CROSS OF TINDALO WOOD
ENCASES THE ORIGINAL CROSS PLANTED
BY FERDINAND MAGELLAN ON THIS VERY SITE
APRIL 21, 1521
THIS MARKER IS DONATED BY
THE FINE THOMAS HAMES ASSOCIATION

nach der gegebenen Situation, verliert die Maßstäbe seines bisherigen kämpferischen Lebens.

Auf Cebu gibt es keinen Widerstand. Die Menschen zeigen sich ihm offen, entgegenkommend. Er erlebt eine Kultur, die zwar bereits mit dem Islam in Berührung geraten, an diesen östlichen Orten des Archipels aber noch nicht davon erfaßt worden ist. Magellan, der ein Gespür für keimende Komplotte und schwelende Aufstände unter seinesgleichen hat, sieht bei den Menschen Cebus keinen Anlaß für Mißtrauen, das ihm bisher stets das Leben gerettet hat und ihn Herr der Lage bleiben ließ. Der Krieger, nun von keiner äußeren Gefahr bedroht, wächst über sich hinaus zum Verkünder. Dieser Sonntag, 13 Tage vor seinem Tod, wird zum euphorischen Jubeltag, zum Höhepunkt seines Lebens. Magellan wähnt sich als Sieger über Territorien und die Herzen ihrer Bewohner.

König Humabon wird auf den Namen Karl getauft, just nach dem Herrscher im fernen Spanien, dem ewige Treue zu geloben das cebuanische Oberhaupt bei seiner Taufe verspricht. Die Cebu-Königin erhält den Namen Johanna zum Gedenken an die Mutter des spanischen Herrschers, die geistesgestört im Hausarrest von Tordesillas festgehalten wird. Andere Fürsten Cebus und deren Familien werden Fernando und Johannes oder Elisabeth und Katharina genannt. Sogar der fremde Kaufmann, der die Europäer von ihren Taten im Indischen Ozean bereits so gut gekannt hat, ein Moslem, macht mit. Christopherus lautet sein neuer Name. Bis zum Mittag beugen sich die Männer der Taufzeremonie; nach der Ruhepause während der Gluthitze folgen die Frauen. An jenem Sonntag im April kann Magellan mehrere Hundert Menschen als christlich bekehrt registrieren. Eine Salve seiner Kanonen besiegelt das fromme Werk und läßt die neuen Christen noch einmal erzittern.

Ein falscher Start

Merkwürdiges geschieht in jenen Apriltagen zur selben Zeit. Während Magellan das Kreuz auf dem Platz von Cebu aufstellen läßt, als Symbol des katholischen, auf Rom ausgerichteten Christentums, legt im fernen Europa ein Mönch die letzten Kilometer auf dem Weg nach Worms zurück. Nur drei Tage nach der von Magellan veranstalteten Massentaufe muß sich ein Mann vor den Herrschern des katholischen Abendlandes verteidigen, der die Grundpfeiler ihrer Machtstrukturen ins Wanken bringt: Martin Luther vor dem Reichstag in Worms.

Der gerade zum Kaiser gekrönte Karl V., derselbe Mann, der die Reisepläne Magellans vier Jahre zuvor so nachdrücklich gefördert hat, zitiert den Mönch am 17. April 1521 vor die Versammlung der weltlichen und geistlichen Würdenträger des Reiches. Freies Geleit auf dem Hin- und Rückweg von Wittenberg wird ihm zugesichert. Luther soll widerrufen, was er in seinen Schriften und Reden wortgewaltig angeprangert hat: die verderbliche, korrumpierende Verstrickung der römisch-katholischen Kirche, ihrer Päpste und geistlichen Repräsentanten in weltliche Geschäfte und die alleinige Ausrichtung der Glaubensmaßstäbe an Rom und seinen Konzilien. Einen Tag Bedenkzeit erbittet sich der Mönch, um noch einmal mit sich über das zu Rate zu gehen, was im mittleren Europa in der Luft liegt: die Auseinandersetzung um die fragwürdig gewordene Einheit der Christenheit.

Am nächsten Tag, am 18. April, bleibt der Mann aus Wittenberg, der dieses Thema zu seiner Sache macht, bei seiner Kritik an Rom. Christenheit und Kirche, bis dahin eine untrennbare Gemeinschaft, sind an eine Wendemarke geraten. Die eine Kirche, die unter ihrem weiten Mantel so ge-

gensätzliche Bereiche wie Kreuz, Kommerz und Kanonen liebevoll und profitierend zudeckt, hat in Europa den Zenit ihrer Macht überstiegen. Doch als Exportartikel beginnt diese Macht in jenen Jahren gerade erst ein europäischer Schlager zu werden. Der alles und jeden vereinnahmende katholische Machtanspruch, über den Luther in Worms Gericht hält, während über ihn Gericht gehalten wird, nimmt an jenem 14. April 1521 in der tropischen Welt auf Cebu von den Bewohnern der künftigen Philippinen Besitz. Luther und Magellan sind nicht nur Zeitgenossen; sie sind fast gleichaltrig.

Den Akteuren auf Cebu mag die Ahnung von historischen Dimensionen verborgen gewesen sein. Bei der Bewertung der Massenmissionierung drängen sich in der Rückschau heute auch andere Fragen auf, als die der geschichtlichen Folgen. Ist dieses Unternehmen der pathetische Fall eines kompletten Mißverständnisses gewesen? Ein Idyll der Einfalt? Fragen, die so von einem philippinischen Fachmann in Glaubensdingen gestellt werden: der bereits zitierte Miguel Bernad, ein Jesuit, Professor am berühmten Ateneo-College in Manila. Er spricht in seinem Aufsatz von 1977 einige der Fragen aus, die an die Wurzeln der philippinischen Christianisierung reichen:

»Haben nicht die Spanier und die Einheimischen auf völlig verschiedenen Wellenlängen gehandelt? Die Spanier verstanden die Taufzeremonie als ein wahrhaftes Sakrament des Glaubens, das neue Christen in die Kirche aufnimmt. Wie aber haben das der König von Cebu und seine Untertanen verstanden? Können wir die Möglichkeit einfach abtun, daß die Cebuanos diese Zeremonie lediglich als das spanische Gegenstück zu ihrer eigenen Blutsbrüderschaft gesehen haben? Nach allem was geschehen war: Wenn sie ihre eigenen Bräuche auf einen Mann wie Magel-

lan ausdehnen durften, warum sollte nicht er ihnen gegenüber einen spanischen Brauch ausüben als ein Zeichen der Verbundenheit und Freundschaft?

Und sogar wenn sie diese feierliche religiöse Zeremonie der Taufe als eine Ehrung des christlichen Gottes verstanden, haben sie damit für sich selbst die völlige Bekehrung gesehen, was bedeutet hätte, ihre angestammte Religion preiszugeben zugunsten der neuen? Haben sie nicht vielleicht nur ihre eingeborene Toleranz bewiesen, ganz und gar willens, die religiösen Praktiken der anderen zusätzlich zu ihren eigenen aufzunehmen, so wie auch die alten Griechen willens waren, einen weiteren Altar aufzurichten, um einen weiteren unbekannten Gott zu ehren? . . .

Wie sollten die Einheimischen verstanden haben, innerhalb einer Woche und ohne eine gemeinsame Sprache und ohne geeignete Unterweisung, daß die Taufe nicht nur eine Zeremonie der Freundschaft ist, sondern das Sakrament der Bekehrung, das ihnen ein neues Leben gibt im Glauben an Christus, was die vollkommene Anerkennung seiner Lehre einschließt?«

Das sind die Fragen aus theologischer Sicht. Die Anmerkungen des Historikers, der die politische Dimension einschließt, lesen sich heutzutage in den Philippinen so: »Mit der Christianisierung des Königs von Cebu und seiner Familie hat Magellan in Wirklichkeit Humabon und dessen Leute zu Vasallen herabgemindert und die Cebuanos unter die Obhut der spanischen Krone gebracht« (Agoncillo & Guerrero). Der Historiker Constantino spricht in diesem Zusammenhang vom »Unglück, ›befreit‹ worden zu sein«, das den Philippinos während ihrer Geschichte viermal widerfahren sei, und zwar immer dann, wenn Ausländer sich in ihre internen Angelegenheiten mischten: von den Spaniern bis zu den Amerikanern.

In der Tat ist mit der von Magellan importierten Machtmischung aus Religion und Politik *das* Element in die philippinische Geschichte gekommen, das bis auf den heutigen Tag wirksam geblieben ist: *»Diese Gleichsetzung von christlicher Taufe und dem Schwur der Untertanentreue an einen weltlichen Herrscher war gefährlich«,* urteilt Miguel Bernad, *»denn im weiteren Verlauf bedeutete die Verweigerung des einen die Ablehnung des anderen . . . Was eigentlich eine rein religiöse Angelegenheit hätte sein sollen, wurde zum politischen Ereignis, das den Eindruck erweckte, daß Taufe und Vasallentum Hand in Hand gehen.«*

Nun, die folgenden Jahrhunderte bewiesen, daß es sich da in jenen Apriltagen nicht nur um einen Eindruck gehandelt hatte. Diese ersten europäisch-philippinischen Kontakte trugen alle Anmaßung in sich, die die Grundlagen der Kontakte zwischen Europa und der übrigen Welt bildeten. *»Es war vielleicht ein falscher Start«,* kommentiert Miguel Bernad. Bleibt hinzuzufügen: Es war der einzige Start, zu dem die Europäer jener Zeit fähig waren.

Die Rechnung der Weißen geht nicht auf

Der Konflikt spitzt sich zu

Die militärische Überlegenheit der Weißen bezweifelte auf Cebu bald niemand mehr, nachdem so eindrucksvoll deren Kanonen gesprochen hatten und Magellan zwei seiner Soldaten in Rüstungen hatte gegeneinander kämpfen lassen, um deren Unverwundbarkeit zu demonstrieren. Stahl und Leder, Pulver und Lanzen, Musketen und Schwerter waren die einzigen Symbole der Europäer, bei denen es auf seiten ihrer Gastgeber nicht die geringsten Mißverständnisse gab: Waffentechnisch hatten die Cebuanos nichts Ebenbürtiges entgegenzusetzen. Wenn ihnen aber die Bedeutung des Kreuzes während der öffentlichen Taufzeremonie ziemlich unverständlich geblieben sein sollte, dann klärte sie Magellans Auftreten als Wunderheiler über den medizinischen Nutzen des Christentums auf.

Als sichtbare Gegenleistung ihrer Taufe hatten die Europäer von den Einheimischen verlangt, sie müßten ihre Heiligtümer, ihre Kultgegenstände, die Objekte ihrer religiösen Verehrung verbrennen – all das, was in christlicher Wortwahl als Götzenbilder bezeichnet wurde. Mit Gesten stimmten die Cebuanos wohl zu, aber mit dem Tun hielten sie sich zurück. Das Ansinnen der Fremden beschnitt die Wurzeln ihres Seins. In einer ähnlichen Situation sagte einmal ein Afrikaner dem weißen Missionar, er verlange von ihm, auf eine Palme zu klettern und oben angekommen die Arme vom Stamm zu nehmen, sich also seines Haltes zu entledigen: »Ist der unvermeidlich folgende Sturz in die Tiefe wirklich das, was dein Gott von mir verlangt?« fragte der Afrikaner dann den Missionar.

Auf solch scharfgeistige Diskussion ließen sich die Cebuanos nicht mit den Europäern ein; jedenfalls ist keine derartige Äußerung überliefert. Aber sie handelten in diesem Sinne. *»Wir mußten feststellen, daß die Insulaner nicht nur ihre Bilder behielten, sondern nicht davor zurückscheuten, ihnen wie bisher Fleischopfer zu bringen«*, registriert Pigafetta einige Tage nach der Sonntags-Taufe. Darauf angesprochen, leugneten die Cebuanos ihre Beharrlichkeit keineswegs, konterten jedoch mit einer verblüffenden Entschuldigung: Die Opfer brächten sie nicht mehr für sich selbst, sondern für einen ihrer Kranken. Der Sprache beraubt, liege er leidend darnieder.

Magellan, offenbar in seinem Vertrauen auf die eigene Ausstrahlung durch nichts mehr zu erschüttern, verspricht Heilung. Der Glaube an seinen Gott sei stärker als all die Götzenbilder, die nun endlich vernichtet werden müßten. Dann werde auch der Mann wieder gesund. Es handelt sich um einen Bruder des Königs von Cebu, einem Mitglied der Oberschicht, dessen Beispiel überzeugend sein würde. Magellan muß sich seiner Sache absolut sicher sein. Werden die Götzenbilder verbrannt und lasse sich der Kranke taufen und gesunde er trotz allem nicht, dann, ja dann sei er, der Generalkapitän bereit, sich den Kopf abschlagen zu lassen. Welch ein Wort! So spricht nur einer, der entweder alles auf eine Karte setzt und blufft oder von unerschütterlichem Glauben erfüllt ist, der an Wahnvorstellungen grenzt, oder einer, der einen Trick in der Tasche bereithält. Was in diesem Mann vorging, wissen wir nicht. Das Auftreten paßte zur Veränderung, die offenbar mit ihm während der Wochen auf Cebu geschah. Auf den schwankenden, glitschigen Planken seiner Schiffe hatte er klare Befehle gegeben, den Stürmen und dem Aufbegehren seiner Leute getrotzt. Auf dem festen Boden Cebus wagte er sich mehr und mehr in den Nebel der Selbstüberschätzung vor. Im Haus des kranken Königsbruders sind noch einmal Glauben und Glück auf Magellans Seite. Der Priester nimmt die Taufe vor. Die beiden Frauen und seine zehn Töchter werden gleich mitgetauft. Magellan erkundigt sich nach dem Befinden des vordem noch sprachgestörten Mannes. Er antwortet. Er fühle sich besser, sagt er. »Das war ein wirkliches Wunder«, notiert Pigafetta, »ein Wunder unserer Zeit.« Die kultischen Requisiten der cebuanischen Welt gehen in Flammen auf. Die Stätten der Opferung werden von den Einheimischen selbst zerstört. Sieg der Europäer. Und nicht sie sind es, die »Es lebe Kastilien!« ausrufen, sondern die Menschen von Cebu tun es – jedenfalls klingt es in den Ohren Pigafettas so, der diese Parole in sein Tagebuch aufnimmt.

Doch längst braute sich ein Gewitter über den Männern Magellans zusammen, das keine meteorologischen Ursachen hatte, sondern eine Folge ihres Verhaltens war. Die Weißen spielten sich immer ungenierter als die Herren der Insel auf. Magellans anfängliche Warnung, beim Goldhandel zurückhaltend zu bleiben, geriet mehr und mehr in Vergessenheit. Die Entbehrung der vergangenen Monate auf See, die erstarkenden männlichen Kräfte nach dem frauenlosen Leben auf den Schiffen, die friedfertige Natur der Cebuanos – all dies machte übermütig. Es waren ja durchwegs junge Männer, die da am Strand von Cebu gelandet waren. Ihr Boss zählte selbst nur 41 Jahre. Wer die Qualen überlebt hatte, die sie durchleiden mußten, stellte Forderungen ans Leben und Lieben.

Offenbar brauchten die Forderungen gar nicht so nachdrücklich ausgesprochen zu werden. »Die Frauen dieses

Stammes zogen uns ihren eigenen Männern gegenüber bei weitem vor«, konstatiert Pigafetta nüchtern, aber vielsagend. Zwischen den Freudentagen in Brasilien und der Ankunft auf Cebu lagen 16 Monate, in denen Magellans Mannen zur Enthaltsamkeit verdammt waren. Nun brachen die Dämme. Was die einheimischen Männer Cebus bei dem Ansturm ihrer konkurrierenden Geschlechtsgenossen empfunden haben, ist in keinem Wort überliefert. Die Vermutung dürfte kaum allzu abstrakt sein, daß sie das europäische Verlangen und das zustimmende Echo der eigenen Frauen nicht kalt gelassen haben konnte. Während sich Magellan im Hochgefühl des erfolgreichen Missionars und Imperien-Gründers wiegen konnte, wuchs die Spannung zwischen seinen Leuten und den Hausherren von Cebu. So viele Tage wie hier hatten die Seeleute und die übrigen Mitglieder der Besatzungen zuvor an keinem Ort mit Einheimischen verbringen können. Alltagsreibereien brachen aus. Körperlich erholt, im Besitz ihrer Tauscherlöse und vertraut mit den Schönen der Insel, leisteten sich die rauhbeinigen Männer wieder den Luxus von Streit und Händel.

Auf See hat Magellans Autorität ausgereicht, die geballte Kraft seiner Mitstreiter in Schach zu halten und auf die eine Aufgabe, nämlich die Weltumsegelung, zu konzentrieren. Auf Cebu geraten ihm dieselben Männer aus der Befehlsgewalt. Seine Kapitäne Barbosa und Serrano scharen Anhänger um sich, die vom diesseitigen Profit beträchtlich mehr halten als vom aufs Jenseits bezogenen Missionsdrang ihres Chefs. Stimmen werden laut, die auf die Weiterfahrt drängen. Die Gewürzinseln, vom spanischen König in den Verträgen ausdrücklich als Ziel erklärt, sind ja noch immer nicht erreicht. Aber Magellan zögert. Er entwirft einen Katechismus und versucht, die christliche Lehre weiter unters cebuanische Volk zu bringen; er läßt täglich Messen lesen. Besonders eifrige Zuhörer werden mit Glasperlen belohnt. Trotzdem wird Widerstand der Einheimischen spürbar. Magellan, stets darauf bedacht, das Ansehen des Cebu-Königs zu mehren und den einen gegen alle anderen Führer zu stärken, sieht sich zur Reaktion gereizt. Auf einer der Nachbarinseln weigern sich deren Bewohner, dem nun König Karl heißenden Fürsten ihre Reverenz zu erweisen; und zu Kreuze kriechen wollen sie auch nicht. Es bleibt unklar, welche Inselbewohner es sind. Vielleicht die von Mactan. Wenn sie es gewesen waren, die sich da aufmüpfig gezeigt hatten, dann konnte es sich um die Generalprobe eines Dramas gehandelt haben, bei dem ihr großer Auftritt noch bevorstand. Pigafetta schreibt auf, was geschah: »*Wir brannten dieses Dorf nieder und errichteten auf dem öffentlichen Platz ein Kreuz, zum Zeichen, daß die Bewohner Heiden waren. Wären sie Mauren* (also Moslems) *gewesen, würden wir eine Säule aus Stein errichtet haben, um die Härte ihrer Herzen zu bezeichnen. Denn die Mauren sind viel schwerer zu bekehren als die Heiden.*«

Eine Erkenntnis, die auf den Philippinen noch zu viel Blutvergießen führen sollte. Dieses islamisch-christliche Kapitel der in die Gegenwart mündenden Geschichte war noch nicht aufgeschlagen in den Tagen von 1521. Aber die Rauchfahnen des einen verbrannten Dorfes, von dem Pigafetta berichtet, wehten bereits als unheilvolles Zeichen über der Szene und verdunkelten die heitere Sonne, die die Europäer erwärmt hatte.

Widerstand

Die Ereignisse überstürzten sich dramatisch. Wo immer Magellan mit seinen Mannen auf der bisherigen Reise mit den Einheimischen zusammengekommen war, prägten Mißverständnisse die Begegnungen; und bis auf den angeblichen Überfall der »Diebesinsel«-Bewohner, bei dem die Europäer erstmals Opfer, nicht Akteure waren, hatte Magellan die Entscheidungen getroffen, nach denen sich seine eigenen Leute und die jeweiligen, mehr oder weniger freiwilligen Gastgeber richten mußten. Wo Widerstand auf seiten der Einheimischen bis dahin überhaupt erkennbar wurde, flammte er spontan auf, hatte keine prinzipielle Bedeutung und keine grundsätzlichen Folgen. Anders, ganz anders nun auf Cebu.

Schon hielten sie sich viel zu lange auf, um nur noch als Durchreisende betrachtet werden zu können; schon hatten sich die Europäer in zu viele Bereiche eingemischt, als daß sie noch Gastrecht in Anspruch nehmen durften. Von Magellan bis zum geringsten Schiffsjungen waren sie allesamt in ein Netz lokaler Interessenverflechtung geraten, hatten die Maschen durcheinandergebracht, neue geknüpft, Verwirrungen ausgelöst. Für den Stammesfürsten bedeutete das Auftreten der Weißen einen Eingriff in lokale Rechte. Die lange Verweildauer, die all diese schicksalhaften Verwicklungen ermöglichte, ließ aber auch den Widerstand reifen, dem eine für Magellan auf dieser Reise bis in die Apriltage von 1521 noch nicht erfahrene Qualität innewohnte: die der listenreichen Vorbereitung, der geplante Widerstand.

Die profitablen Handelsgeschäfte, die scheinbaren Missionserfolge, die vermeintliche Unterwerfung des Cebu-Königs Humabon unter die spanische Krone, das angebliche Zukreuzkriechen anderer lokaler Oberhäupter – diese Ereignisse innerhalb von kanpp drei Wochen auf Cebu hatten Magellans Blick für die tatsächlichen Macht- und Gesellschaftsverhältnisse vor Ort ganz und gar nicht geschärft;

im Gegenteil: seine eigenen schmerzhaften Erfahrungen mit Asiaten, denen die Europäer Identität und Lebensgrundlage zu rauben versucht hatten, wie zwei Jahrzehnte zuvor in Goa, Diu und Malakka, schienen auf Cebu seinem Gedächtnis entschwunden zu sein.

Auf den philippinischen Inseln war er der erste einer langen Reihe europäischer Eroberer, Priester, Politiker, Kaufleute, Militärs und Touristen, die das Lächeln falsch interpretierten und aus ehrlich dargebotener Gastfreundschaft die Anmaßung ableiteten, schalten und walten zu können. Geschmeidige, hinhaltende Reaktionen werden von Europäern als Schwäche mißverstanden; das ausbleibende schroffe Nein erscheint als Wankelmut; äußerliche Anpassungsfähigkeit und die Übernahme europäischer Kleidung werden als Sieg auf der ganzen Linie gedeutet. Magellan ließ sich davon täuschen, wie es Generationen seiner Nachfahren taten, die mit abendländischen Absichten kamen und von asiatischer Mentalität keine Ahnung hatten.

König Humabon beharrte nicht auf seiner Forderung nach Hafengebühren von den fremden Weißen, nachdem er deren Kanonen gesehen hatte und von seinem islamischen Handelspartner über deren Eroberungszüge entlang der Küsten am Indischen Ozean aufgeklärt worden war. Zeit gewinnen. Die Arme zum Gruße öffnen. Falls es erforderlich werden sollte, die Umarmung im eigenen Interesse – im Interesse des Überlebens beispielsweise – für den ungebetenen Gast tödlich werden zu lassen, ergibt sich dazu immer noch Gelegenheit. Asiatische Zwischentöne herauszuhören und deren Bedeutung zu verstehen, hat die unterentwickelte abendländische Sensibilität stets überfordert.

König Humabon, der die bewaffneten Fremden im eigenen Haus hatte, konnte an einer offenen Konfrontation mit ihnen nicht gelegen sein. Für Oberhäupter und Bewohner benachbarter Inseln stellte sich die Situation durchaus anders dar. Solange sich Magellans Wünsche und Eingriffe auf den Einflußbereich Humabons beschränkten, mochte sich dieser weiße Kapitän nicht von den anderen Fremden unterscheiden, die mit ihren Schiffen von China und Siam kamen, um Handel zu treiben. Sobald aber erkennbar wurde, daß Magellan über Cebu hinaus Einfluß nehmen wollte und weit mehr als Handel trieb, nämlich Machtpolitik, da weckte dies den Widerstand unter den Menschen, denen das erprobte abendländische Prinzip des »Teile-und-Herrsche« noch etwas Neues bedeutete. Den einen König demonstrativ zu stärken, ihn zum Verbündeten zu erheben, damit er zum eigenen Vorteil auch die Sache Spaniens vertrete, mochte auch nach europäischen Gepflogenheiten in der Politik richtig sein, fand aber bei der von Inseln, Sippen und Barangays bestimmten Gesellschaftsstruktur der Cebu-Region überhaupt keine Entsprechung. Humabon war eben in diesem europäischen Sinn nicht der Oberkönig, dem sich andere Stammesführer zu unterwerfen hatten. Ihn zu gewinnen in der Absicht, damit die anderen indirekt auch zu beherrschen, war die Fehlkalkulation. Daß diese Rechnung nicht aufging, sollte sich auf Mactan zeigen.

Flach und wenig fruchtbar liegt das Eiland in der See der Visayas, flankiert von den größeren Schwesterinseln Cebu und Bohol, gesäumt von Korallenbänken und Mangrovenküsten, von Cebu durch eine schmale Wasserstraße von 900 Metern getrennt. Fast quadratisch ist die Insel, zwölf Kilometer lang, zehn Kilometer breit. Nur an wenigen Stellen breitet sich ein Stück Sandstrand aus; sonst umspülen die Wellen scharfkantiges, schwarzes Gestein, das je nach Gezeiten bizarr aus den Fluten ragt oder vom Wasser den Blicken verborgen wird. Zu Magellans Zeiten lebten mindestens zwei Stammesgruppen auf der Insel, die eine geführt von Zula, die andere von Lapulapu. Als Zula am 26. April 1521 einen seiner Söhne mit zwei Ziegen und einer Botschaft zu Magellan schickte, konnte niemand wissen, daß das die Tragödie auslöste, deren Spannung sich seit Tagen aufgeladen hatte und Asiaten zu Akteuren einer Handlung werden ließ, die bis dahin ausschließlich von den Europäern bestimmt worden war.

Der Sohn Zulas teilte dem Generalkapitän mit, daß sein Vater mehr als bloß zwei Ziegen habe abliefern lassen wollen, um den Forderungen der Europäer zu entsprechen. Aber drüben auf Mactan habe sich Lapulapu der Tributabgabe entgegengestellt und ebenso die Unterwerfung unter König Humabon sowie unter die Macht der Fremden verweigert. Diese Kunde wurde nicht nur als Entschuldigung für das magere Mitbringsel übergeben, sondern zugleich als Aufforderung an Magellan, an Ort und Stelle für seine Interessen zu streiten und mit einigen Soldaten die Positions Zulas zu festigen, der offenbar mit Lapulapu verfeindet zu sein schien.

Pigafetta schweigt sich über Einzelheiten aus; und die Historiker, Interpreten und Biographen Magellans streiten sich darüber, ob dieser Vorstoß der Mactan-Häuptlinge bereits als List zu verstehen sei, Magellan zu einer militärischen Aktion zu provozieren, der sich die Einheimischen vorbereitet stellen würden. Die Ereignisse der darauffolgenden Stunden, in denen die Männer Mactans das Handlungsgeschehen an sich rissen, sprechen für diese Vermutung über das klug eingefädelte Spiel. Magellan hatte sich jedenfalls mit seiner Politik bereits zu weit vorgewagt, um in dieser Situation einen Rückzieher wagen zu können. Auf die Herausforderung von Mactan mußte er – aus seinem Selbstverständnis heraus – reagieren, um nicht alles, was er auf Cebu erreicht hatte und was er als Teil der Ernte nach Spanien bringen wollte, zu gefährden.

Wenn er eine Machtkonstellation hinterlassen wollte, die es bei späterer Wiederkehr spanischen Eroberern erlauben sollte, einen neuen Außenposten unter der Flagge Kaiser Karls V. zu errichten, dann mußte er nach abendländischen Maßstäben handfeste Stärke beweisen. Der Widerstand des Lapulapu drohte das gesamte Gebäude einstürzen zu lassen, das Magellan so stabil mit den Pfeilern aus Religion, Handel und Vasallenstatus aufgetürmt zu haben glaubte. Die Bewertung des Werkes der zurückliegenden drei Wochen und die Sorge um dessen Gefährdung trieben Magellan zu einer überstürzten Aktion, deren Vorbereitung und personelle Besetzung weder der bisherigen kühlen Handlungsweise des Seefahrers und kampferprobten Offiziers entsprach, noch den lokalen Verhältnissen angemessen war. Dem widerborstigen Lapulapu und seinen Leuten sollte ein Denkzettel verpaßt werden, der sie in die Schranken verwies, die Magellan gezogen hatte.

Seine Kapitäne warnten ihn. Die spontan befohlene Strafaktion sei Zeitverschwendung. Die Offiziere aus den spanischen Reihen seiner Besatzung hatten längst zur Weiterfahrt gedrängt. Auf Cebu waren das Geschäft erledigt, die Freuden des Lebens ausgekostet, die ausgemergelten Körper erholt worden. Mission und Macht standen nicht in ihrem Sinn, sondern die Erreichung der Molukken. Magellan ließ sich nicht beeinflussen und übernahm sogar das Kommando selbst, trotz des heftigen Abratens seiner Kapitäne. Er wählte an jenem Freitag unter seinen Leuten 60 Freiwillige aus, in der Mehrzahl offenbar wenig kriegserfahrene Männer. Das Angebot König Humabons, die Aktion mit seinen Kriegern zu unterstützen, lehnte Magellan ab.

Es bleibt ein Rätsel, welche Veränderungen sich in Magellans Persönlichkeitsbild während der Wochen auf Cebu vollzogen haben. Daß ihn sein Instinkt nicht aufhorchen läßt, in welchem Komplott er sich da verstrickt, mag verständlich sein. Er ist geübt, Kabalen unter seinen europäischen Widersachern zu spüren, nicht aber asiatische Taktiken zu durchschauen. Daß er Scharfsinn und Vorsicht in dem Bereich vernachlässigt, der sein ureigenster ist, dem militärischen, läßt sich nur mit der totalen *Unter*schätzung der Gegner erklären und der totalen Selbst*über*schätzung, die, genährt von den Erfolgen auf Cebu, durch das bloße Erscheinen auf der Szene von Mactan die kampflose Kapitulation erwartet. Wie sicher sich Magellan wähnt, meint Stefan Zweig auch aus dem Umstand erklären zu können, daß der tiefreligiöse Mann, der sonst vor jeder entscheidenden Tat das Abendmahl nimmt und seine Untergebenen veranlaßt, dasselbe zu tun, am 26. April nichts dergleichen für nötig hält. Besorgnis über den Ausgang des Vorhabens am folgenden Tag? Nicht die mindeste. Pigafetta vermerkt, daß der Samstag von Magellan ausdrücklich gewählt worden sei, weil er von ihm als Glückstag empfunden wurde.

Lapulapu wehrt sich

Nun ist er also auf den Plan getreten, seinen Namen vorausschickend, noch ehe ihn Magellan von Mann zu Mann erblicken kann: Lapulapu. In der Literatur wird er auch Silapulapu genannt; »si« ist der personifizierende Artikel vor Namen in malaiischen Sprachen. Lapulapu ist einer der Führer auf Mactan, einer der dortigen Barangay-Chefs; sein Einfluß bleibt auf die Insel beschränkt. Einwirkungen von außerhalb werden als Bedrohung empfunden, die die heimische Ordnung gefährden. Widerstand ist daher Teil der Selbsterhaltung. Magellans Forderung nach Tribut in Gestalt von Nahrungsmitteln – die dringend gebraucht werden, wie Pigafetta vermerkt – und die Forderung, den König von Cebu als übergeordnet anzuerkennen, greifen so sehr in das innere Gefüge auf Mactan ein, daß die Ablehnung zwangsläufig erfolgt.

Aus zwei Gründen kommt das Nein barsch und asiatisch-unhöflich: Erstens hat Lapulapu mit seinen Leuten keinen direkten Kontakt zu Magellan und den Seinen, braucht also kein Gastrecht zu respektieren; zweitens erscheint es als möglich, daß das Dorf, das Magellans Männer bereits Tage zuvor niedergebrannt haben, auf Mactan im Zuständigkeitsbereich von Lapulapu gelegen ist. Dessen Bewohner haben sich, nach Pigafettas Bericht, geweigert, an der großen Massentaufe teilzunehmen und sind offenbar dafür bestraft worden. Für die Zurückhaltung mögen die Leute auf Mactan also keinen Anlaß mehr erkennen; und die Angst vor den Waffen der Weißen wird von einem Gemisch aus Zorn, Rachebedürfnis und Selbstbehauptungswillen verdrängt.

Diese Stimmung repräsentiert Lapulapu. Er ist kein glanzvoller Herrscher, sondern ein Oberhaupt von schätzungsweise ein- bis zweitausend Menschen. Seine Insel bietet keinen Hafen, den fremde Schiffe anlaufen wie drüben auf Cebu. Er ist den Umgang mit Ausländern keineswegs in der Weise gewöhnt wie Humabon. Lapulapu muß vielmehr jedesmal, wenn ein überseeisches Schiff von Siam, China oder Borneo gesichtet wird, damit rechnen, daß Sklavenfänger aufkreuzen. Der Handel mit Menschen ist eben auch ein Grund, warum in diesen Gewässern unbekannte Segel am Horizont auftauchen. Abwehrbereitschaft ist vonnöten, so hat Lapulapu die Erfahrung gelehrt.

Von all dem konnte Magellan keine Ahnung haben, als er am Freitag die Botschaft aus Mactan erhielt. Ebensowenig hatte Lapulapu eine Ahnung, wer dieser Magellan war, welche Macht er verkörperte, daß er als Abgesandter eines spanischen Königs auftrat. In Lapulapus Welt gab es kein Spanien, sondern das inselreiche Meer im Osten, die Südsee; und es gab den Westen, das asiatische Festland, von wo all die Schiffe gekommen waren, die stets eine Gefahr für ihn und seine Leute signalisiert hatten. Die Kunde von macht- und besitzgierigen Portugiesen und den blutigen Gefechten, die es deshalb am Indischen Ozean gegeben hatte, war mit ziemlicher Wahrscheinlichkeit noch nicht bis Mactan gedrungen. Lapulapu konnte also die eigentlichen Absichten, die politischen Zusammenhänge, die möglichen Folgen der Magellanschen Forderungen nicht durchschauen; aber er mußte befürchten, daß sie eine beträchtliche Störung seines unmittelbaren Lebensbereiches bedeuteten. Diese Klarstellung entwertet und mindert keineswegs die Rolle Lapulapus an jenem Samstag, den sich Magellan als Glückstag ausgerechnet hatte. Es ist aber erforderlich, die so unterschiedlichen Ausgangspositionen zu sehen, um verstehen zu können, was sich am 21. April 1521 ereignet hat. Das war kein zufälliger Streit, der nur wegen einer unseligen Kette unvorhersehbarer Pannen zum Geschichtsdatum wurde. Kein banales Scharmützel, das dem Helden ein unwürdiges Ende bereitete. Nicht bloß eine überflüssige Machtdemonstration, die die Europäer gar nicht nötig gehabt hätten. Andererseits fand an jenem Samstag auch keine Revolte statt, bei der Asien gegen Europa kämpfte. All das nicht. Doch Exemplarisches gleichwohl. Magellans Tod kann zwar als Betriebsunfall gesehen werden, als Berufsrisiko eines Entdeckers und Eroberers; seine Intervention in sich aber hatte Methode. Das läßt

Mactan zum Synonym abendländischen Kampfes um die Beherrschung der Erde werden. Der Eingriff auf Mactan war aus dem, was die Europäer bis dahin getan hatten, und aus der Tatsache heraus, daß sie über die Meere gesegelt waren, um ihren Fuß auch auf diese Insel zu setzen, völlig folgerichtig. Im Kampf auf Mactan steckten alle Triebkräfte, die das Verhältnis zwischen Europa und Übersee bis auf den heutigen Tag kennzeichnen; Arroganz und Ignoranz beispielsweise. Auf Mactan schlugen sich Repräsentanten zweier Welten die Köpfe ein, und keiner wußte vom anderen, was darin wirklich vorgegangen war. Das macht aus dem Widersacher Lapulapu eine geschichtliche Symbolfigur.

Tod auf Mactan

Gegen Mitternacht zwischen Freitag und Samstag nähern sich drei Schaluppen der Küste Mactans. In jedem dieser Landungsboote hocken 20 Europäer, gepanzert, bewaffnet; Armbrüste auf den Knien, Lanzen in den Händen, Schwerter und Musketen an die Bordwände gelehnt. Einige Kanonen waren von den Karavellen auf die Schaluppen gebracht worden. Magellan überquert gerüstet die Meerenge, die Cebu von Mactan trennt. Aber ob er während der dunkelsten Stunden vor dem neuen Tag sich tatsächlich auf einen ernstzunehmenden Feldzug eingestellt hat, darf bezweifelt werden. Die bloße Androhung eines militärischen Schlages scheint ihm Mittel genug zu sein, um den Lapulapu da drüben auf Mactan gefügig zu machen.

Der zum Christentum konvertierte muslimische Kaufmann, nun Christobal oder Christopherus geheißen, ist aus unerfindlichen Gründen bei der Strafaktion dabei. Hat er sich, der die Europäer kennt, opportunistisch auf deren Seite geschlagen, weil sie nun mal die Mächtigeren sind? Es gibt keine verläßliche Antwort. Magellan benutzt ihn als Sprachrohr. Der Mann watet durch seichtes Küstenwasser an Land und verkündet Magellans Angebot: Straffreiheit, sogar Freundschaft, wenn Lapulapu und seine Leute die Oberherrschaft des Königs von Spanien anerkännten und sich dem christlichen König von Cebu unterwürfen; aber Krieg, wenn sie diese letzte Chance ausschlügen. Die Erwiderung, die der Vermittler von Mactan, das noch immer vom Mantel der Nacht umhüllt ist, auf Magellans Schaluppe mitbringt, muß den Generalkapitän hellhörig werden lassen. Militant formuliertes Selbstvertrauen schlägt ihm da entgegen. Lanzen besäßen sie ebenso wie die Bedränger, läßt Lapulapu mitteilen, auch wenn die ihren nur zugespitzte Rohre seien und im Feuer gehärtete Pfähle. Also kein Kleinbeigeben? Im Gegenteil! die Mactaner signalisieren Kampfbereitschaft. Nur bitten sie um einen Aufschub des Angriffes. Nicht sofort, nicht während der Nacht solle er erfolgen, sondern erst in den Morgenstunden. Dann verfügten sie über noch mehr Krieger und seien für den Kampf besser gerüstet.

Eine Heimtücke bloß, die zum sofortigen Überfall herausfordern soll, so erkennt Magellan, der von den Gräben weiß, die die Mactaner zwischen dem Meeresufer und ihren Häusern gezogen haben, tödliche Fallen in der Dunkelheit. Warten bis zum Tagesanbruch lautet daher sein Befehl. Aber durchschaut er, daß es sich bei dieser List um eine doppelte Falle gehandelt haben könnte? Spätere Interpreten wie Benson äußern den Verdacht. Die Erklärung Lapulapus, warum Magellan erst am Morgen angreifen sollte, war so lächerlich und die scheinbare Provokation, dies sofort zu tun, so einsichtig, daß noch eine ganz andere Variante in dieser Botschaft mitschwingen konnte, die den mit ihrer Natur vertrauten Mactanern einen unschätzbaren Vorteil brachte: Wenn die Männer Magellans durch die seltsame Bitte in der Überzeugung gestärkt würden, eben doch besser bei Tagesanbruch aktiv zu werden, dann gerieten sie mit ihren Booten in die Ebbe und hätten größere Schwierigkeiten zu landen, als während des höheren Wasserstandes zu nächtlicher Stunde. Zufall oder Berechnung?

Als sich die Dunkelheit lichtet und der Samstag bereits in seine fünfte Stunde rückt, wird sichtbar, wie fern das Eiland mit seinen aufsässigen Menschen noch ist. Zwei Armbrustschußweiten bemißt Pigafetta die Distanz zwischen Booten und Ufer, mindestens zweihundert Meter also. Klippen und Untiefen halten die Schaluppen vor einer Landung zurück. 49 seiner Männer läßt Magellan in die seichten Gewässer springen. Schwerbewaffnet, von ihren Panzern behindert, müssen sie bis zu den Hüften im Wasser waten. Die Boote mit elf Bewachern und den in dieser Lage nutzlos gewordenen Kanonen bleiben auf See. Magellan spricht seinen Männern Mut zu. Gott und ihre Kriegskunst seien zweifellos auf ihrer Seite, tönt es aus seinem Mund über die Wellen hinweg – wie es mit anderen Zungen noch auf so vielen anderen Kampfesplätzen erklingen sollte.

Doch je eindringlicher solche Durchhalte-Parolen die Moral stärken sollen, desto hoffnungsloser ist die Lage bereits. Am Ufer wartet eine unübersehbare Zahl von Männern. Niemand vermag genau zu sagen, wieviele da lanzenschwingend, Pfeile und Bogen schußbereit, aufgeregt hin und her eilen. 1500 schätzt Pigafetta, spätere Historiker gehen bis zu 4000.

Magellans vier Dutzend schwerfällige Männer stürzen mit den für diese Lage falschen Waffen in der falschen Besetzung am falschen Ort in den ungleichen Kampf. Ihre Musketen und Armbrüste, beides für die damalige Zeit technologisch hochentwickelte Waffen, die geübte Handhabung erfordern, erweisen sich am Strand von Mactan von Anfang an als unterlegen. Der Mactaner sind zu viele, als daß die Geschosse wirklichen Schaden anrichten können; die Mactaner sind zu wendig, um durch mehr als Zufallstreffer verletzt zu werden. Magellans Befehl, nicht zu schießen und die Munition vorerst zu sparen, geht im Getümmel unter. Noch ehe das Gefecht wirklich beginnt, hat er schon die Führung verloren. Kein einschüchternder Kanonenschlag steht ihm hier zu Diensten. Ein Ablenkungsmanöver soll die Rettung bringen. Magellan kann einige seiner Leute ins Dorf schicken, wo sie an die Hütten Feuer legen. Die Behausungen aus Holz und Palmblättern lodern bald wie Zunder. Zwanzig, dreißig gehen in Flammen auf. Der Anblick macht die Insulaner *»noch wilder und blutgieriger«*, so vermerkt Pigafetta, der bei diesem Überfall ein Augenzeuge ist. Die Wortwahl wirft ein bezeichnendes Licht auf die Geisteshaltung der Europäer. Sie brennen den Mactanern die Dächer über den Köpfen an und stellen fest, daß das die Hausbesitzer nicht etwa erheitert, sondern »wilder und blutgieriger« mache, so als seien die Menschen von Mactan schon vorher auf das Blut der Europäer scharf gewesen und hätten sich nicht einfach nur mit all ihren Mitteln, auch dem der List, ihrer Haut gewehrt. Ein Beispiel an menschenverachtendem Sarkasmus.

Auch diese Feueraktion kann das Blatt Magellans nicht mehr wenden, das da unaufhaltsam im Wirbelsturm treibt. Die Überlegenheit, auf die der Mann gebaut hat, seiner Waffen, seiner Moral so sicher, schrumpft zum schwächsten seiner Trümpfe. Die scheinbare Unbesiegbarkeit der europäischen Panzerungen, vor Tagen noch im Kampfspiel

Mactan: An dieser Stelle soll der Kampf stattgefunden haben

den Cebuanos demonstriert, schwimmt in dem Moment als tödliche Illusion in den Fluten davon, in dem die Mactaner sehen, daß auch diese bärtigen Angreifer verletzlich sind. Helme und Rüstungen schützen Köpfe und Leiber. Aber Schenkel und Beine, die unbedeckt sind, bieten den Pfeilen und Lanzen lohnende Ziele. König Karl, alias Humabon, hat Magellan seine Unterstützung angeboten, doch der will keine Hilfe, sondern Publikum. Er hat den Cebu-Chef mit seinen Kriegern eingeladen, der Lektion, die er Lapulapu zu verpassen gedacht hat, als Zuschauer beizuwohnen. Auf einigen Dutzend Booten verfolgen sie nun das Debakel. In Sichtweite und ohne einzugreifen beobachten Humabon und tausend seiner Leute, was sich da im seichten Gewässer vor Mactan ereignet.

Jedes Wurfgeschoß der Mactaner, das einen der Europäer ins Fleisch trifft, reißt ein Stück ihrer vermeintlichen

Gottähnlichkeit nieder. Die Mactaner, die der christlichen Taufe so hartnäckig widerstanden haben, ohne zu ahnen, daß sich damit mehr verbindet als ein befürchteter Eingriff in ihre Welt, erleben nun eine von eben diesen Fremden ausgelöste Feuertaufe, die ihnen schmerzhaft die Augen über das Wesen der Fremden öffnet. Es sind armselige, sterbliche Menschen wie sie selbst. Jahrhundertelang und überall auf der Welt haben die Weißen zu ihrem Vorteil und Schutz die Legende verbreitet, daß dem nicht so sei. Auf Mactan, einem frühen Schauplatz dieser Selbstüberheblichkeit, müssen sie eine erste Niederlage einstecken, weil sie von der Realität eingeholt werden. Der Tod auf Mactan ist auch der Tod einer Legende.

Aus dem Angriff in den Morgenstunden, da Magellan noch geglaubt hat, einen Glückstag zu erleben, ist mit steigender Sonne ein chaotisches, durch keinen Befehl mehr zu steuerndes Davonflüchten geworden. Raus aus dem Hagel der Pfeile und Lanzen. Hinaus zu den auf dem Meere schaukelnden Schaluppen. Weg, nur weg! Nachdem Lapulapu und seine Krieger erkannt haben, wem in diesen immer unsicherer werdenden Haufen die Angreifer eigentlich hätten gehorchen müssen, schießen sich die Mactaner auf Magellan ein. Der lahmende, verletzte Führer hat keine Chance mehr. Pigafetta würdigt ihn mit der Beschreibung eines heroischen Todeskampfes.

Literarische Nachlese

Wie vielschichtig der Tod auf Mactan gesehen werden kann, macht eine kleine Nachlese deutlich. Beginnen wir mit Stefan Zweig, der 1938 wie alle europäischen Autoren in den Mittelpunkt seiner Betrachtung den Helden Magellan stellt:

»Bei der Vorbereitung dieses kleinen Kriegszuges scheint zum erstenmal Magellan seine augenfälligste Eigenschaft im Stiche zu lassen: Vorsicht und Weitsicht. Zum erstenmal scheint der sonst genaue Rechner leichtfertig sich in eine Gefahr zu begeben. Denn der König von Cebu hat sich bereit erklärt, den Spaniern tausend Mann seiner eigenen Kriegsleute auf diese Expedition mitzuschicken, und ohne Schwierigkeit könnte seinerseits Magellan hundertfünfzig von seiner Mannschaft auf das Inselchen hinüberbeordern – kein Zweifel, daß der Rajah dieser Flohinsel, die man auf einer normalen Karte überhaupt nicht findet, dann eine zerschmetternde Niederlage erleidet.

Aber Magellan will keine Schlächterei. Ihm geht es bei dieser Expedition um etwas anderes und Wichtigeres: um das Prestige Spaniens. Einem Admiral des Kaisers beider Welten scheint es unter seiner Würde, gegen einen solchen braunen Lümmel, der keine ungeflickte Matte in seiner dreckigen Hütte hat, eine ganze Armee ins Feld zu schicken und mit Übermacht gegen ein solches jämmerliches Pack von Insulanern zu kämpfen. Gerade das Gegenteil bezweckt doch Magellan – nämlich sichtbar darzutun, daß schon ein einziger gut bewaffneter, gut gepanzerter Spanier allein mit hundert solcher Nackedeis im Spiel fertig wird. Diese Strafexpedition soll ausschließlich den Mythos der Unverwundbarkeit, der Gottähnlichkeit der Spanier über alle Inseln hin sichtbar machen. . .«

Antonio Pigafetta, auf den sich alle Autoren berufen, beschreibt den darauf folgenden Kampf mit diesen Worten: »Als wir unsere Geschosse abgefeuert hatten, griffen die Insulaner sogar an. Eine Wolke von Pfeilen und Rohrlanzen, von welchen manche aus Fischknochen verfertigte Spitzen

besaßen, im Feuer gehärtete Pfähle, Steine und Erdbrocken prasselten auf uns so heftig nieder, daß wir uns kaum verteidigen konnten. Magellan befahl, das Dorf in Brand zu stecken, um den Feind zu zerstreuen und in Angst zu versetzen. Dies gelang uns, aber sonst stellte sich kein Erfolg ein. Der Anblick der Flammen machte die Insulaner noch wilder und blutgieriger. Einige von ihnen fielen den Trupp an, der die Behausungen in Brand gesteckt hatte, und töteten zwei der Unsrigen.

Die Zahl des Feindes und die Wut, mit der er angriff, schienen sich zu vermehren. Ein vergifteter Pfeil durchbohrte den rechten Oberschenkel des Generalkapitäns. Nun gab er den Befehl zu einem geordneten Rückzug. Aber der größere Teil der Unsrigen begann Hals über Kopf zu fliehen, so daß nur acht Männer bei dem Generalkapitän blieben. Die Insulaner richteten jetzt alle ihre Pfeile, Lanzen und anderen Wurfgeschosse gegen unsere nackten Schenkel. So blieb uns kein anderer Weg, als zu weichen. Die Kanonen waren uns nicht von Nutzen, weil sie zu weit vom Schlachtfeld entfernt waren.«

Was ein Romanautor wie der Deutsche Rudolf Baumgardt aus der Vorlage Pigafettas macht, liest sich dann so: »Die Eingeborenen spüren das Erlahmen der Europäer. Sie schließen sich zu engeren Gliedern, mit Geheul stürzen sie vor. Pfeile schwirren, Lanzen sausen, Steine krachen. Magellan ist in einem kochenden Tumult, der Angriff der Braunen konzentriert sich auf ihn, Enrique wird verwundet, wüst turbelt das Durcheinander, in der nächsten Minute werden die Insulaner die Reihen der Spanier durchbrechen. Im letzten Moment gelingt es noch einmal, sie abzuwehren. Die Soldaten sind fast bis zum Strand zurückgedrängt. Sie besetzen die Ausläufer des Dorfes. Ob man noch einen Ansturm aushalten kann? Man muß die Braunen ablenken, sie

Lapulapu tötet Magellan. Eine Darstellung aus einem Diorama in Manila

anderweit beschäftigen, vielleicht vermag man sie dann zu überrumpeln.

Magellan befiehlt, Feuer in den Hütten zu entfachen. Sofort prasseln dreißig Häuser auf, qualmen in wogendem Dunst, der Gestank breitet sich zu Schwaden, kriecht über den Boden, leckt in den blauen, nun in der Hitze der Sonne siedenden Tag. Der Effekt? Sie sehen ihn mit Bestürzung. ›Der Anblick der Flammen macht die Feinde noch wilder und blutgieriger.‹ Sie quellen aus dem Wald, sprengen heran, sie wachsen aus den Feldern, spritzen aus jeder Erdfalte. Im Nu sind die Spanier umringt. Schreien gellt um sie her, Kreischen, ›die Zahl der Gegner, ihr Ungestüm scheint sich zu vermehren‹, die Soldaten werden eingekesselt, straucheln in ihren Rüstungen, können sich nicht erheben, torkeln, man fällt über die Leiber von Toten, der neue Kapitän der ›Victoria‹, Rabelo, sinkt nieder, ein Page über ihn. Verwundete ächzen, Wimmern schallt auf, verstörte Rufe, Flüche, heiseres Gebrüll.

Magellan sammelt die Matrosen in seiner Umgebung, er treibt sie an, er ordnet die überall wankende, aufgespellte, zersplitternde Formation. Er selbst humpelt nur Schritt für Schritt. Mögen sie fliehen wollen, er wird nicht folgen! Er beißt die Zähne zusammen, sein Kinn ist kantig, seine Züge sind eine marmorne Maske. Ein Pfeil hat ihn in den rechten Schenkel getroffen, die Spitze wühlt sich bei jeder Bewegung beißender in den Muskel, er beachtet den Schmerz nicht. Enrique zerteilt das Gewühl, mit gefletschtem Gebiß stellt er sich vor seinen Herrn, die Soldaten stehen erneut, die Insulaner branden ab. Kann man endlich verschnaufen? Da attackieren die Eingeborenen bereits von frischem! Auch Pigafetta ist verletzt, er stiert in das Chaos, die braunen Körper ringeln sich um die Spanier, die Feinde ergänzen sich ständig, es ist, als wechselten sie sich mit stets ausgeruhten Truppen ab, sie krallen sich in die Europäer, umtänzeln sie, sind unfaßbar, unangreiflich wie Rauch, wie Spukgestalten.«

Rudolf Baumgardts Buch ist 1942 erschienen. Sechzehn Jahre danach, als Kurt Honolkas Magellan-Buch veröffentlicht wird, hat sich am Ton der Darstellung nichts geändert: *»›Ihr da, rennt zu den Hütten am linkel Flügel und steckt sie in Brand!‹ befiehlt er. Besseres fällt ihm nicht ein in diesem Augenblick höchster Bedrängnis. Wie hat er schon als junger Offizier die grausamen Kampfesweisen weißer Eroberer verachtet, und nun wendet er sie selbst an! Im Nu prasselt und qualmt es, das leichte Bambusrohr flammt lichterloh, das Feuer greift auf andere Hütten über. Jetzt aber erhebt sich ein Wutgeheul wie noch nie bei den Eingeborenen. Soll ihr alles, ihre Heimstatt, so armselig sie ist, von den tückischen Fremden vernichtet werden?*

Auf einmal kennen sie keinen Respekt mehr. Brüllende Haufen von Hunderten, von Tausenden stürzen sich auf die Spanier. Die Brandstifter werden niedergemetzelt. ›Zu mir! Bildet einen Ring!‹ brüllt Magellan. Seine Rechte säbelt den Tod in das braune Gewimmel. Enrique und Pigafetta weichen nicht von seiner Seite. Der junge Rhodeser-Ritter zeigt, daß er den Degen so wacker zu führen versteht wie die Feder. ›Vorsicht, Generalkapitän! Springen Sie zur Seite!‹ warnt er, als ein niedriger Pfeil angeschwirrt kommt. Zu spät! Magellan spürt einen zuckenden Schmerz im Bein, er reißt das Geschoß samt einem Stück blutenden Fleisches heraus. Fast bricht er in die Knie. Er hält stand und ficht weiter. Ringsum sinken jetzt seine Kameraden nieder. Zu viele der Feinde, zu viele der Pfeile! Die Braunen johlen siegestrunken, raffen die geschleuderten Geschosse vor den Augen der Spanier frech wieder auf, werfen von neuem. Ein Hagel von Steinen und Lehmklumpen schwirrt um die Köp-

fe der Gepanzerten. Das Eisen schützt, aber es beschwert auch die Arme wie mit Zentnerlasten. Die Muskeln werden müde, die Hiebe lahmer. Magellan achtet nicht auf seinen Schmerz, aber er fühlt, daß seine Leute am Ende sind.«

In der 1965 erschienenen epischen Geschichte des Christentums auf den Philippinen, von der Universität San Carlos in Cebu-City herausgegeben, schreibt Pater Jose Vicente Braganza vom Orden der Steyler Missionare: »Die demoralisierten spanischen Freiwilligen in ihren drei Landungsbooten beobachteten mit Schrecken, wie Lapulapu und seine Männer ihre Speere in die im Wasser liegenden Körper ihres Generalkapitäns stießen. Die Spanier begannen in Panik davonzurudern, ohne auf die vier überlebenden Kameraden zu achten, die noch im brusthohen Wasser mit ihrer vollen Rüstung und ihren Waffen waren und ihren Kameraden zuriefen, doch zu warten, während sie über die Korallenriffe taumelten. Als die Sieger jedoch mit lautem Jubelgeschrei zu tanzen begannen, übersahen sie die erschöpften Flüchtlinge.

Erst als die drei Boote schließlich mit den vier Überlebenden an Bord abdrehten, wurden sie von den Siegern in ihren Kanus verfolgt. Zu diesem Zeitpunkt schickte König Karl seine Boote zu Hilfe, um den Geschlagenen beizustehen. Er selber kam in seinem eigenen Boot hinterher. Er weinte, ohne sich seiner Tränen zu schämen, um seinen Blutsbruder, der im Kampf gefallen war; und er betete, daß der Ruf des noblen Kapitäns nun nicht für alle Zeit ausgelöscht sein würde.«

Immer wieder hatten die westlichen Autoren ihre Nöte, das Verhalten Magellans zu deuten. Der Engländer E. F. Benson kommt 1929 zu dieser Version: »Es scheint unmöglich zu sein, Magellans verrücktes Fehlverhalten (mad mismanagement) bei diesem Überfall erklären zu wollen, es

170

sei denn mit der Vermutung, daß er von so etwas wie einer religiösen Ekstase besessen war. Mit Gottes Hilfe hatte er seine Schiffe durch Meutereien und Verschwörungen geführt, ebenso durch unbekannte Wasserstraßen und Ozeane, für die es noch keine Karten gab; er hatte Cebu für seinen Kaiser gewinnen können, er hatte das starke Licht des Christentums gebracht, um die Düsternis des Heidentums zu erhellen; und mit der Kraft seines Meisters hatte er ein Wunder vollbringen können, indem er einen Prinzen des königlichen Hauses aus den Fängen des Todes errettete. Er mußte erkannt haben – wenn ihn sein nüchternes Urteil nicht völlig im Stich gelassen hat –, daß dieser wütende Haufen von Wilden (raging mob of savages) seinen entmutigten Männern immer näher zuleibe rückte und sie überwältigen und vernichten würde. Aber er rief weder die tausend Eingeborenen zu Hilfe, die auf den Kanus warteten (die Männer des Königs von Cebu, Anmk. d. Übers.), noch befahl er den Rückzug. Ein weiteres Wunder – weiß Gott welches – würde sicherlich die Folge seines Glaubens sein.«

Religiöser Wahn als Deutung. Die Rolle des Helden wird davon nicht getrübt. Der Engländer F. H. H. Guillemard kommt 1890 zu dieser Ehrenrettung: »Die Art seines Handelns, wie wir es an vielen Beispielen erkennen können, war ebenso von Kaltblütigkeit wie von Mut erfüllt. Sein Tod ist ohne den Schatten eines Zweifels seiner Selbstlosigkeit zuzuschreiben. ›Sein hartnäckiger Widerstand hatte kein anderes Ziel als Zeit zu gewinnen für den Rückzug seiner Männer‹, teilt uns Pigafetta mit. Das ganze Unternehmen war herausfordernderweise gegen den Rat seiner Offiziere und gegen die Bitten seiner Freunde zustandegekommen. Ein Übermaß an Selbstsicherheit, sein allzu blindes Vertrauen in sein eigenes, von niemandem mitgetragenes Urteil wurde ihm zu Verhängnis.«

Stefan Zweig geht so weit, die eigentliche Schuld an den Ereignissen von Mactan nicht dem Verursacher zuzuschreiben, sondern denen, die von Magellan herausgefordert worden sind: »*Auf derart sinnlose Weise endet im höchsten und herrlichsten Augenblicke der Erfüllung der größte Seefahrer der Geschichte in einem kläglichen Geplänkel mit einer nackten Insulanerhorde – ein Genius, der wie Prospero die Elemente gemeistert, der alle Stürme besiegt und Menschen bezwungen, wird gefällt durch ein lächerliches Menscheninsekt Silapulapu! Aber nur das Leben kann dieser täppische Unfall ihm rauben, nicht mehr den Sieg, denn fast bis zum Ende ist seine Tat getan und beinahe gleichgültig nach so übermenschlicher Leistung das private Schicksal.*«

Nach dieser Zitatensammlung zur literarischen Interpretation des Todes auf Mactan ein Beispiel, wie das Ereignis in deutschen Jugendbüchern dargestellt worden ist. 1958 schreibt Paul Herrmann: »*Das war Magellans große Tat: Er hatte die Durchfahrt, den ›paso‹, den Kolumbus schon zu finden hoffte, erzwungen, und die Kugelgestalt der Erde, die der große Genuese nur ahnte, hatte er bewiesen. Welch starken Eindruck er auf alle machte, die mit ihm zu tun hatten, geht aus dem Bericht eines englischen Geographen hervor: Noch um die Mitte des vorigen Jahrhunderts sei der Name Magellan auf den Philippinen hochgeehrt gewesen, und es habe noch damals als große Schande auf den Bewohnern von Mactan gelastet, daß sie einen so würdigen und verdienten Mann erschlagen hätten.*«

Von einer Schande für sich und ihre Landsleute vermag nun eine zeitgenössische philippinische Autorin, die bereits mehrfach zitierte Carmen Guerrero Nakpil, absolut nichts erkennen. Im Gegenteil, die Wertung, die sie 1977 vornimmt, liest sich völlig anders, als all die Ansichten ihrer europäischen Schriftsteller-Kollegen zusammen: sie löst sich von der Schablone individueller Heldenverehrung und zieht ein paar grundsätzliche Gedankenstriche: »*Auf Mactan ereignete sich das, was Hunderte von Jahren später auch in Vietnam geschah: Die überseeischen Experten mit ihrer überlegenen Waffenstärke, angestiftet von Technokraten und finanziert von der (europäischen) Wallstreet wurden von armseligen und primitiven Waffen zum Rückzug gezwungen, von angespitzten Bambuslanzen, vergifteten Pfeilen und Fallgruben im Dreck . . . Da waren 1500 Eingeborene, wenn man Pigafetta folgen will, oder vielleicht sahen sie nur aus wie 1500, weil ›sie niemals still standen, sondern hin und her sprangen‹ mit ihren Lanzen und ihren Messern. Obwohl die Spanier Musketen hatten und Schwerter und Armbrüste, und obwohl (oder weil) sie die Stadt der Eingeborenen in Brand steckten (es gab zwar noch kein Napalm in diesen guten alten Tagen, aber Fakkeln taten's auch), wurde der Kampf zum Rückzug für die Spanier, schließlich zur wilden Flucht.*

Am Ende des Tages – dieses 27. April 1521, kurz nach Ostersonntag – lag Magellan tot am Strand von Mactan, während die Superflotte davonsegelte und nicht mal in der Lage war, seine Leiche zu bekommen. Lapulapus Sieg war so entscheidend, daß es 44 Jahre dauerte, bis die Ausländer zurückkehrten, um abermals die Hand nach besonderen Beziehungen mit den Filipinos auszustrecken.«

Enrique, der Betrogene

Die Tage nach dem Tod auf Mactan lassen die Europäer noch tiefer stürzen von jenem Podest der Anmaßung, das sie sich selbst errichtet haben. Zu einer Schlüsselfigur der Tragödie zweiter Teil wird Enrique, Magellans Diener und Gefährte während des zurückliegenden Jahrzehnts. In Malakka hat Magellan den Jungen aus dem Norden Sumatras gekauft. Nun ist er ein Mann geworden, Mitte zwanzig, ein Mann zwischen Ost und West, der erste Mensch, der aus seiner Heimat nach Westen gereist ist und später, von Osten kommend, in die heimatliche Region zurückkehrt: der erste Mensch, der die Erde umsegelt hat.

Der Sumatraner beherrschte neben seiner Muttersprache auch Portugiesisch und Spanisch. Er hatte abendländische Denkart und Werteskala kennengelernt. In ihm flossen zwei Kulturen zusammen. Ein Jahrzehnt lang hatte er im Schatten eines überragenden Mannes gelebt und dessen Niederlagen, Hoffnungen, dessen fixe Idee, dessen Siege und dessen Tod aus unmittelbarer Nähe verfolgen können. Kein intimer Bereich dieses von all seinen Biographen als verschlossen und schwierigen Menschen beschriebenen Magellan hatte seinem Diener verborgen bleiben können. Den Zorn der Enttäuschung des von König Manuel abgewiesenen Indien-Kämpfers hatte Enrique ebenso miterlebt wie die Tränen in den Augen Magellans, als die so qualvoll gesuchte Durchfahrt um Südamerika endlich gefunden war. Enrique den Sklaven Magellans zu nennen, trifft wohl seinen gesellschaftlichen Status, nicht aber seine geistige und menschliche Statur.

Wie sehr Enrique ein Mann beider Hemisphären geworden war, vermutlich einer der ersten Weltbürger im globalen Sinne, hatte sich gerade in den Wochen auf Cebu bewiesen. Seine Sprachkünste, sein Verhandlungsgeschick ließen ihn zum eigentlichen Vermittler zwischen den Europäern und den Cebuanos werden. Weder Magellans politische Aktivitäten, noch sein Missionierungseifer hätten dem König Humabon und seinen Untertanen ohne den Dolmetscher Enrique in verständliche Worte gekleidet werden können, wobei es ein Rätsel bleiben wird, was Enrique wirklich übersetzt, was er interpretiert, was er abgeschwächt, was er womöglich verschwiegen hat.

Wer sich heutzutage als Tourist, der jeweiligen Landessprache unkundig, bloß im europäischen Nachbarland mitzuteilen versucht, weiß schon um die Mißverständnisse, die Mühen, banalste Wünsche verständlich zu machen, lernt schnell die Grenzen non-verbaler Kommunikation; dies aber geschieht im eigenen Kulturkreis. Wie babylonisch verwirrend mußte die Verständigung auf Cebu gewesen sein. Es ist immerhin eine Vermutung wert, ob es nicht besonders Enriques ausgleichender Vermittlung mit zu verdanken war, daß die ersten Wochen auf Cebu so friedvoll und harmonisch abliefen. Er kann jedenfalls als eine zentrale Figur jener Tage gelten.

Mit Magellans Tod brach auch seine Welt zusammen. Enrique hatte auf dem für seinen Herrn so ruhmlosen Schlachtfeld von Mactan mitgekämpft. Verwundet kehrte er mit den überlebenden Europäern auf die Karavellen zurück. Der Mann hielt sich bei den Wirren der Ratlosigkeit und der allgemeinen Bestürzung im Hintergrund. Die Seeleute wählten zwei neue Führer unter sich aus: Duarte Barbosa und Juan Serrano; beide übernahmen Magellans Amt als gleichberechtigte Partner. Die Ungeduld, bereits zu lange auf Cebu verweilt zu haben, nahm schlagartig zu. Die sensibleren unter den Europäern hätten es längst merken müssen: Der

Kredit der Gastfreundschaft ging zur Neige. Nach Magellans Tod hatte sich die Lage total gewandelt.

Die scheinbare Unbesiegbarkeit der Weißen war wie eine Seifenblase geplatzt. Das eher unschlüssige Feilschen um Magellans Leiche verriet Schwäche. Lapulapu ließ den dabei vermittelnden König Humabon wissen, daß *»alle Reichtümer der Welt nicht imstande sein würden, sie zu bewegen, das Denkmal ihres Sieges über uns auszuliefern«*, wie Pigafetta schreibt. Für einen Kenner der lokalen Verhältnisse wie Braganza kommt diese Abweisung nicht überraschend. *»Die Herzen und Lebern der tapferen (europäischen) Kämpfer würden ein besonders wirkungsvolles anting-anting ergeben, einen Talismann.«*

Nach Magellans Tod hatte sich an der Potenz der Kanonen und der Schlagkraft der Armbrüste nichts geändert, wohl aber an der Einstellung der Menschen von Cebu und Mactan dazu, die nun gelernt haben, die über solche Waffen verfügenden Weißen mit anderen Augen zu sehen. Der Ruf der Europäer war ruiniert, weil er eben nur auf die Reichweite ihrer Kanonenkugeln gebaut war. Der Held der Stunde hieß Lapulapu. Und König Humabon, der sich von der europäischen Hilfe eine Stärkung seines Einflusses versprochen haben mochte, war in die Rolle des Verlierers gestoßen. Er hatte aufs falsche Pferd gesetzt, auf den vermeintlich schnellen Renner, der nun zu Fall gekommen war. Unmittelbar nach der Todesnachricht ihres Generalkapitäns packten die Europäer das am Strand von Cebu aufgeschlagene Warenlager zusammen und verfrachteten es auf ihre Schiffe. Die Eile mußte als Hinweis verstanden werden, daß der Weißen Angst und Mißtrauen plötzlich größer als ihre Handelsleidenschaft war.

In dieser Stimmung allgemeiner Nervosität war Enrique für beide Seiten notwendiger denn je. Wenn jetzt noch klärende Worte hätten entspannend wirken können, dann Worte aus seinem Mund. Aber der Sumatraner pflegte seine Verwundung und blieb passiv. Der Schmerz über den Tod seines Herrn erscheint dafür ebenso als verständliche Erklärung wie die Tatsache, nun keinem Herrn mehr verpflichtet zu sein. Menschliche Regungen. Diese Gefühle als solche zu konstatieren, haben westliche Autoren wiederum ihre Not, allen voran Stefan Zweig.

Er vermag in Enriques stiller Zurückhaltung nicht einfach nur Trauer zu erkennen, sondern die *»Treue eines dumpfen Tierwesens«,* und weil so ein Malaie nicht einfach nur treu sein kann, ist er ein *»tierhaft treuer Diener«,* dessen Reaktion schließlich, weil gegen die Weißen gerichtet, *»heimtückkisch«* gescholten wird.

Das west-östliche Strickmuster der Diskriminierung hat Tradition. Als ihm die neuen Herren auf den spanischen Schiffen körperliche Züchtigung androhten und ihm erklärten, kein freier Mann zu sein, sondern nun der Witwe Magellans, Doña Beatrix, zu gehören, ließ sich Enrique aus seiner Trauer aufschrecken. Es bleibt der Spekulation überlassen, was in ihm vorgegangen sein mochte. Aus dem den Weißen bis dahin loyal ergebenen Asiaten war ihnen ein Feind erwachsen, der die folgende Katastrophe vom 1. Mai auslösend heraufbeschwor. Denkbar, daß Enrique nicht bloß geographisch wieder in die Heimat eingetaucht war, sondern sich nun, nach dem Zusammenbruch der weißen Überheblichkeit, mit jeder Faser seines Wesens unter seinesgleichen fühlte.

Enrique verkörpert eine tragische Figur, von der die Kolonialgeschichte noch so viele Exemplare hervorbringen sollte: der von den Europäern aus seiner familiären und kulturellen Bindung herausgerissene Mensch, der irgendwann in seinem Leben die schmerzliche Erfahrung machen muß, zwischen alle Stühle geraten zu sein: von den Europäern benutzt, ausgebeutet, doch mißachtet und geringgeschätzt; von den eigenen Landsleuten nicht mehr verstanden und als einer empfunden, der nicht zu ihnen gehört. Ein Fremder auf beiden Seiten; vielsprachig, doch zum Schweigen verurteilt. Nur wenigen gelingt es, wirkliche und dauerhafte Brückenbauer zu werden. Weil es aber menschliches Grundbedürfnis ist, nicht im sozialen Niemandsland zu verkümmern, sondern auf einer von zwei möglichen Seiten akzeptiert zu werden und dazuzugehören, heißt das Mittel zur Erlangung vollgültiger Aufnahme für viele: Fanatismus, Extremismus. Weißer zu sein als die Weißen. Traditionalistischer zu sein als die Traditionalisten. Ein verteufelter Preis, um das geraubte Ich zurückzukaufen.

Pigafetta konnte unmöglich Ohrenzeuge gewesen sein bei jenem folgenschweren Gespräch zwischen Enrique und König Humabon, aber die Notiz klingt glaubwürdig: »*Enrique begab sich zum christlichen König und gab ihm den Rat, sich aller unserer Schiffe, Waren und Waffen zu bemächtigen, noch bevor wir wieder in See stachen. Der König lieh dem Sklaven bereitwillig Gehör, und die beiden entwarfen nun ihren Plan, uns zu verraten.*«

Es ist denkbar und wahrscheinlich, daß da zwei Interessenlagen im entscheidenen Zeitpunkt zusammentrafen. Einerseits: Enriques Enttäuschung über die Weißen, sein Bedürfnis nach Rache und das Verlangen, den asiatischen Landsleuten einen Beweis seiner solidarischen Zugehörigkeit zu geben. Andererseits: Humabons Zwang, den Ruf eines fremdenhörigen Fürsten abstreifen zu müssen, und die Notwendigkeit, den Zustand möglichst wieder herzustellen, wie er vor der Ankunft der Europäer war, nachdem ihm deren Intervention die Macht eher geschwächt als erweitert hatte. Enrique wird zum Initiator eines Fanals, zu dessen Inszenierung Humabon wahrscheinlich im Innersten schon bereit war.

Ein Hinterhalt? Nun ist's tatsächlich einer. Im Gegensatz zu Mactan, wo die Bewohner die Fremden nicht gerufen, sondern sich, als sie gekommen sind, ihrer Bedränger erwehrt haben, lockt Humabon die bärtigen Männer mit den Mitteln in die Falle, denen sie am allerwenigsten widerstehen können: Gold und Edelsteine. Die noch Magellan versprochenen Stücke für den König von Spanien seien nun verfügbar; die Übergabe solle mit einem großen Fest gefeiert werden, so lautet die Botschaft an die neuen Kommandanten da draußen auf den Schiffen vor Cebus Küste. Mißtrauen? Serrano vermutet eine Falle. Doch Barbosa stuft Gier höher ein als Besorgnis.

29 Männer folgen der Einladung. Von denen mit Rang und Namen bleibt nur einer an Bord: Pigafetta, der seine Verletzung von Mactan auskuriert.

Bald jagen sich die Schreckensmeldungen. Alles, was cebuanische Feste zu bieten haben, hat die Europäer empfangen; von Palmwein bis Frauen fehlt es an nichts, was ihnen die Wochen bislang so angenehm hat werden lassen. Daß die Einheimischen diesmal besonders zahlreich erscheinen, daß die zwei Dutzend Europäer geradezu in Beschlag genommen werden und der Bruder des Königs gleich zu Beginn den Pfarrer Valderrama in sein eigenes Haus zieht, weckt aber nur bei zweien der Gäste allmählich Argwohn. Juan Carvalho, einem der Kapitäne, und Gomez de Espinosa, dem Waffenmeister, gelingt es, sich davonzustehlen und zu den Schiffen zurückzuhasten. Für die anderen gibt es keine Rettung mehr. Während des Festes werden sie von König Humabons Männern überfallen.

Nur einer wird später an den Strand gebracht, wo die drei Karavellen in Rufweite gekommen sind: Juan Serrano, verwundet und zerfetzt. Er schreit übers Wasser, die Kameraden sollten um seines Lebens willen auf den von den Cebuanos geforderten Tausch eingehen: Waren gegen seine Auslieferung. Aber noch vertrauen die Europäer auf ihre Kanonen. Das Feuer aus den Rohren zerstört einige Häuser am Strand. Juan Serrano in seiner Todesangst brüllt. Nicht mehr Gewalt jetzt, sondern Handel, verhandeln! Der Verlust der übrigen Führungsspitze hat Carvalho innerhalb weniger Minuten zum neuen Oberbefehlshaber gemacht. Er ist herausgefordert.

»Aber Carvalho weigerte sich, obwohl er Serranos Pate war«, berichtet Pigafetta, »und auch einige andere wollten von diesem Handel nichts wissen, weil sie sich errechneten, daß ihnen durch den Tod der beiden Kapitäne (also Barbosa und Serrano) das Kommando über das Geschwader zufallen würde. Sie gaben den Befehl, daß kein Boot ins Wasser gelassen werden dürfe. Juan Serrano fuhr fort, seinen Paten anzuflehen, er möge ihn doch nicht diesem grausamen Schicksal überlassen. Als er endlich einsah, daß seine Klagen umsonst waren, brach er in Verwünschungen aus und bat Gott, am Tage des allgemeinen Gerichtes von Juan Carvalho, seinem Paten, Rechenschaft zu fordern. Doch auch das rührte Carvalho nicht. Wir segelten ab und überließen Serrano seinem Schicksal.«

Wieviele von den 27 Männern bei dem Überfall ums Leben gekommen sind, bleibt im Dunkel jenes blutigen Verrates. Daß auch die Spanier sechs Jahre danach noch Hoffnung auf Überlebende hatten, beweist ein Brief, der über diesen Aspekt hinaus ein bezeichnendes Licht auf die Diplomatie von Konquisatoren wirft. Hernando Cortez hat den Brief diktiert, der Generalkapitän von Neuspanien, wie die Eroberer das von ihnen zerstörte Aztekenreich, heute Mexiko, nannten. Adressat der am 28. Mai 1527 datierten Botschaft aus der Neuen Welt war der *»ehrenwerte und vor-trefffliche König von Cebu in der Region der Molukken«,* was geographisch nicht korrekt ist, aber zweifellos nur den König Humabon meinen konnte.

Cortez wirft in seinem Brief dem Kollegen Magellan man-gelnde Sorgfalt und Vorausschau vor. Trotz all seiner Schwierigkeiten habe er die königlichen Befehle und In-struktionen seines spanischen Herrn mißachtet – *»vor al-lem, als er gegen Sie und Ihre Bevölkerung einen Krieg vom Zaune brach und für Mißklänge sorgte. Sein König hat-te ihn mit dem einzigen Wunsch losgeschickt, sich Ihnen gegenüber als Freund und Diener zu betrachten und Ihnen jegliche Freundlichkeit zu erweisen, die Ihrer Ehre gebührt und der Ihrer Bevölkerung«.* Sich in die lokalen Angelegen-heiten einzumischen, sei *»üble Anmaßung«* gewesen, so der spanische Eroberer Cortez.

Sein Brief überrascht, weil er von einem der unbarmher-zigen Eroberer stammt, die skrupellos und zum Leid vieler hunderttausend Menschen nichts anderes taten, als sich ungebeten und zerstörend in deren Angelegenheiten zu mischen. Zweck dieser heuchlerischen Epistel: Cortez wollte erreichen, daß der König von Cebu den Überbrin-gern der Botschaft wohlgesonnen sei, nämlich den Spa-niern auf drei Schiffen, die einen neuen Vorstoß zur Unter-werfung der (künftigen) Philippinen anzetteln sollten, dies-mal von Mittelamerika aus. Alvaro de Sayvreda führte das Kommando. Es war 1527 die dritte spanische Expedition, die im Stillen Ozean den Magellanschen Spuren folgte, um dauerhaft auf den philippinischen Inseln Fuß zu fassen. Da-her die diplomatisch einschmeichelnden Worte aus der Fe-der des Cortez. Der Brief sollte aber auch als Zeichen des – so wörtlich – *»guten Willens«* die Freilassung der mögli-cherweise überlebenden Europäer bewirken, die die Männer Magellans beim fluchtartigen Aufbruch nach dem Desaster auf Cebu zurückgelassen hatten. Dieser Brief erreichte den Adressaten freilich nie. Die spanischen Schiffe wurden von Portugiesen überfallen und aufgebracht. Ob und wieviele von den Europäern den Anschlag jenes unseligen Festes am 1. Mai 1521 überlebt hatten, konnte nicht geklärt werden. Möglicherweise wurden einige von ihnen als Sklaven nach China verkauft; und auszuschließen ist keineswegs, daß diesen Menschenhandel jener muslimische Kaufmann besorgte, der König Humabon vor den Weißen gewarnt und sich dann in die Reihen der Täuflinge eingeordnet hatte wie alle anderen auch. Eine makabre Farce, bei der nichts und niemand so war, wie die Europäer in ihrer Verblendung zu erkennen geglaubt hatten.

Dieses Fiasko zu sehen, gehört zum Schlußbild, das die Männer auf den mit hastig gesetzten Segeln von Cebu fliehenden Karavellen am Ort der anfangs so glücklichen Tage wahrnehmen: »Als wir uns von der Küste entfernt hatten«, so notiert Pigafetta rückblickend, »sahen wir, daß das Kreuz, das wir auf einem Hügel errichtet hatten, von den Insulanern in Stücke geschlagen worden war.« Vielleicht war unter denen, die das hölzerne Symbol fremder Anmaßung zerstörten, auch Enrique. Er hatte mit Sicherheit das Fest bei König Humabon überlebt. Enrique war nach Asien heimgekehrt.

Philippinische Gegenwart

460 Jahre danach

Der europäische Reisende ist innerlich auf den großen Namen vorbereitet. Magellan ist Schulbuchwissen und ein Absatz im Lexikon. Am Flugzeugfenster wird deshalb gewischt und poliert, um die Sicht zu klaren, wenn die Maschine über Cebu einfliegt. Hafen und Häuser von Cebu-City kommen ins Blickfeld, gegenüber das kleine, flache Eiland Mactan. Bei tiefverhangenen Wolken über der weiten See der Visayas keine erheiternde Aussicht – und ich habe bei mehreren Reisen stets häufiger Regen als Sonne erlebt. Der Flugplatz dieser Region, Drehscheibe der mittleren Philippinen, wurde auf Mactan angelegt, das sich als natürliche Landebahn anbot. Die Amerikaner hatten das schon vor Jahrzehnten erkannt und hier einen Luftwaffenstützpunkt eingerichtet, der in jüngerer Vergangenheit nach Norden auf die Insel Luzon verlegt worden ist. Doch darauf verweist der hektographierte Handzettel selbstverständlich nicht, den das Keep-Smiling-Mädchen vom Tourismusbüro den Ankommenden schon auf dem Flugplatz überreicht.

Auf dem Papier wird Magellan als *»großer Erforscher und Entdecker der Philippinen«* gepriesen; und ein paar Zeilen weiter steht der Hinweis auf jenen *»mutigen Häuptling von Mactan, den allerersten Filipino, der einen ausländischen Angriff zurückwies«*, nämlich den des Magellan, der *»beim Versuch umgebracht wurde, die Eingeborenen, die natives, von Mactan zu unterjochen«*. So deutlich belehrt das Werbepapier mit den Hinweisen auf die Sehenswürdigkeiten die Ausländer, von denen vermutlich kaum einer schon mal etwas von Lapulapu gehört haben wird. Dessen Name erlangte ja bisher nicht den Adel, in westlichen Schulbüchern oder Lexika erwähnt zu werden.

Seit 1973 schwingt sich eine 860 Meter lange Brücke von Mactan hinüber zur Insel Cebu. Auf dem Weg dorthin sieht der Gast das nächste Beispiel der Sowohl-als-auch-Bewertung der ersten Konfrontation mit Europa, die die philippinische Gegenwart noch immer so beschäftigt. *»Mittag des 7. April 1521. Magellan landet in Cebu. Das Christentum war geboren.«* So verkündet eine breite Tafel am Straßenrand, auf deren blauen Ölfarbenwellen drei Segelschiffe kreuzen. Ein Werbebeitrag neben Zigaretten- und Autoreklame, mit dem das First-Class-Hotel namens Magellan auf sich aufmerksam macht, das »Hotel mit einem Erbe«, wie zu lesen ist. Dieser Hinterlassenschaft nachzuspüren, fällt wirklich nicht schwer.

Straßennamen in Cebu-City, der betriebsamen Geschäfts- und Universitätsstadt, ehren Magellan ebenso wie seinen Chronisten Pigafetta, dem vor dem Fort San Pedro sogar ein eigenes Denkmal errichtet wurde; unübersehbar der Federkiel in der Rechten. Das Kreuz (wahrscheinlich als Nachbildung), das der Laienmissionar Magellan so symbolträchtig hatte aufstellen lassen, ist in Cebus Unterstadt zum Wallfahrtsziel unzähliger Gläubiger geworden. Alte Frauen bieten geweihte Kerzen feil. Schwangere Frauen erbitten eine gesegnete Niederkunft. Kinderlose Bäuerinnen, von weit hergekommen, vollführen einen seltsamen Opfertanz, der ahnen läßt, daß einst das Christentum in animistischen Boden gepflanzt worden war und aus den ersten Trieben ein philippinischer Baum erwuchs, der sich nicht nur nach Rom ausrichtet. Glücklose Liebhaber heben den Blick in dem kleinen Pavillon, der das Kreuz beherbergt und unter der Kuppel Magellans Massentaufe als Rundbild zeigt. Um die Fürbitte zu verstärken, pilgern die Gläubigen

A bit of history:
At high noon on April 7, 1521 Magellan landed in Cebu... and Christianity was born.

Magellan
INTERNATIONAL HOTEL

THE HOTEL WITH HERITAGE

ein paar Schritte weiter zur Basilika. Dort, im neonbeleuchteten Schrein, blickt kostbar gewandet Santo Niño, das heilige Kind, auf die Betenden herab; jene puppengroße Figur, die einst Magellan der Königin von Cebu mit der Aufforderung geschenkt hat, *»dieselbe in Ehren zu halten«,* wie Pigafetta überliefert, *»und anstelle der Götzenbilder, von welchen sie sich noch immer nicht hatte trennen können, in ihrer Behausung aufzustellen«.*

Magellans Erbe lebt. Jeder Taxifahrer kennt seinen Namen. Jedes Schulkind weiß von ihm. An keinem Ort Spaniens oder Portugals ist der Mann heute noch so populär wie in Cebu-City und auf Mactan. Hier braucht er Ruch und Ruhm mit keinem anderen Entdecker-Kollegen zu teilen wie im südwestlichen Europa. Nur einer reicht ihm das Wasser: Lapulapu. Drüben auf Mactan wird's noch deutli-

cher als in Cebu-City. An Denkmälern läßt sich dort ge-
stärktes philippinisches Nationalgefühl und neues asiati-
sches Geschichtsbewußtsein erkennen. Inschriften markieren historische Etappen.

Es ist umstritten, wo tatsächlich der Kampf auf und vor
Mactan stattgefunden hat. Noch zur spanischen Kolonialzeit wurde von den Gelehrten und Traditionalisten ein Platz
auserkoren und im Nordosten Mactans im inneren Rund einer langen Bucht das Monument aufgestellt, das an das historische Geschehnis erinnert und Gott, Spanien und Magellan verherrlicht. Magellan-Biograph Guillemard fand den
grauen Steinklotz mit dem krönenden Obelisken schon
1890 »geschmacklos«, tröstete sich aber, daß die üppige
tropische Natur bald ihre grünen Arme über das Werk legen werde. Doch es ist heute so unübersehbar wie damals und hat sogar einen bombastischen Nachbarn bekommen.

1941, als noch die Amerikaner unumschränkt das Sagen
auf den Philippinen hatten, von denen sie 1898 die Spanier
vertreiben konnten, wurde vom »Philippines Historical
Committee« auf einem Stein unter den Worten »*Ferdinand
Magellans Tod*« eine englische Inschrift in Eisen montiert,
die in der Übersetzung lautet: »*An diesem Ort starb Ferdinand Magellan am 27. April 1521, verwundet in einem Gefecht mit den Soldaten des Lapulapu, Häuptling der Insel
Mactan. Eines der Schiffe Magellans, die ›Victoria‹, unter
dem Kommando von Juan Sebastian Elcano, segelte von
Cebu am 1. Mai 1521 los und ankerte in Sanlucar de Barrameda am 6. September 1522. Das vollendete die erste Um-
seglung der Erde.*«

Genau ein Jahrzehnt nach der zurückhaltenden Wortwahl
dieser Erinnerungsplakette wurde vom »Philippines Historical Committee« eine weitere Tafel aufgestellt; zu jenem

Zeitpunkt war die nationale Unabhängigkeit bereits erreicht (1946) und nach all den Jahrhunderten der Fremdbestimmung die Republik der Philippinen geboren. 1951 liest es sich daher unter dem Namen Lapulapu auf Mactan so:

»Hier wiesen am 27. April 1521 Lapulapu und seine Männer die spanischen Eindringlinge zurück und töteten deren Führer Ferdinand Magellan. Dieser Lapulapu wurde der erste Filipino, der sich der europäischen Aggression widersetzte.«

Fast drei Jahrzehnte weiter begnügte sich die philippinische Vergangenheitsbewältigung nicht mehr mit bloßen Tafeln und Inschriften. Vor das Magellan-Momument wurde ein Denkmal für Lapulapu auf den Strand gestellt, nicht einfach als historische Erinnerung, sondern als gegenwartsbezogene Mahnung an die Jugend der Philippinen. In gigantischer Heldengebärde und überlebensgroß erhebt sich da goldfarben der Held: das Schwert erhoben, den Blick aufs seichte Meer gerichtet, das einst den fünf Dutzend Mitstreitern Magellans ein so ruhmloses Schlachtfeld bot. Am 27. April 1979 wurde diese Super-Plastik eingeweiht. Der Name Lapulapu steht auch hier auf einer großen Platte und darunter: *»Dieses Momument markiert den Ort des historischen Kampfes am 27. April 1521, als Lapulapu, der tapfere Häuptling, und die eingeborenen Krieger von Mactan Ferdinand Magellan und seine Männer schlugen. Diese bescheidene Huldigung eines nationalen Helden ist der philippinischen Jugend gewidmet, damit sie dem Filipino nacheifere, der als erster einer bewaffneten ausländischen Aggression widerstand.«* Das Jugendministerium in Verbindung mit einer kommerziellen Handelsgesellschaft, die wahrscheinlich das Geld dafür gegeben hat, zeichnen für diese Huldigung verantwortlich.

Da ragt fünf Meter, das alte Magellan-Monument wahrlich

übertreffend, ein Stück philippinischer Gegenwart in den Himmel von Mactan. Die Art der Finanzierung ist in dem so fest in den kapitalistischen Westen, inklusive Japan, eingebundenen Inselstaat ebenso kennzeichnend wie die theatralische Zurschaustellung der Geschichte, der eigenen Geschichte. Sichtbar werden zu lassen, daß Filipinos darin nicht die Rolle des passiven Opfers gespielt haben, dies der Jugend vor Augen zu führen, ist der tiefere Sinn solcher Heldenverehrung unter tropischem Himmel.

Europäische Sache, darüber abwertend zu urteilen, ist das schon lange nicht mehr. Zu ausdauernd haben Europäer die Geschichte nur aus ihrem Blickwinkel heraus gemacht und darüber geschrieben. Magellan und Lapulapu als Paradebeispiele. Nach dem Grundmuster ihres Zusammenstoßes liefen nicht nur die meisten derartiger europäisch-asiatischer »Begegnungen« ab, auch die darauf folgenden Beschreibungen und Interpretationen in den Büchern des Westens können als exemplarisch gelten. Lapulapu hat die westliche Geschichtsschreibung entweder als Führer und Repräsentanten des Widerstandes, und zwar eines gerechtfertigten Widerstandes der Notwehr, überhaupt nicht zur Kenntnis genommen, weil es stets nach Art des Westens war, in den »Eingeborenen« eine anonyme Masse zu sehen, die blutrünstig um sich schlägt; oder abendländische Autoren haben den Lapulapu als armseligen, einfältigen Dummkopf hingestellt, der seine Leute Amok laufen läßt, um so dramaturgisch geschickt den eigenen Helden in glanzvollem Licht erscheinen zu lassen: nämlich Magellan, der von unwürdigen Kreaturen niedergemetzelt wird.

Schauen wir uns noch einmal die einschlägigen literarischen Passagen an, um den Geist dahinter zu begreifen: Lapulapu, der *»braune Lümmel, der keine ungeflickte Matte in seiner dreckigen Hütte hat«*, ein *»nackter Banditenfüh-*

Mactan: die Denkmäler für Magellan (hinten) und Lapulapu (vorn)

rer«, ein »lächerliches Menscheninsekt«, der »Rajah dieser Flohinsel, die man auf einer normalen Karte überhaupt nicht findet«. So steht's bei Stefan Zweig. Doch nicht nur bei ihm. Keiner der westlichen Autoren hat es Lapulapu verziehen, daß er sich mit seinen Männern gewehrt hat. In Bensons Buch sind sie ein »wütender Mob von Eingeborenen«. Von den »Braunen« schreibt Baumgardt. Für Honolka sind sie ein »braunes Gewimmel«. Guillemard sieht »Schwärme von Eingeborenen«. Schon der erste Berichterstatter, nicht nur ein Mann des Westens, auch einer, der unmittelbar Partei war, nämlich Pigafetta, verdreht die Tatsachen und gebraucht das Wort »Angreifer« für Lapulapus Krieger.

Das Lapulapu-Denkmal auf Mactan macht augenfällig, daß heutige Filipinos dieser westlichen Sicht ihre eigene gegenüberstellen. Die philippinische Schriftstellerin Carmen Guerrero Nakpil gehört zu den intellektuellen Wortführern, die den Landsleuten zu stolzer Geschichtserkenntnis verhelfen wollen. Frau Nakpil über den Kampf auf Mactan: »Einige technologisch rückständige Asiaten hatten erstmals dem fortschrittlichen Westen die Stirn geboten.« Das hat mit einem – in europäischen Augen möglicherweise naiv wirkenden – Denkmal für Lapulapu nichts mehr zu tun; das ist eine Aussage von politischem Gewicht. Frau Nakpil zieht eine direkte Linie von Lapulapu zum Vietnamkrieg. Waffentechnisches Minus wird durch bessere Moral, durch die aus dem erlittenen Unrecht geborene menschliche Überlegenheit ausgeglichen. Eine kühne Parallele. Sie muß westlichen Lesern nicht gefallen, sie mag historisch anfechtbar sein; aber darin steckt ein diskussionswürdiges Stück philippinischer Weltsicht in unserer Zeit. Frau Nakpil zeigt, wie man Geschichte auch sehen kann und sehen muß, wenn man zu den Erben jener Generationen in einem sogenannten Entwicklungsland gehört, denen – wenn überhaupt – stets nur Geschichtsbücher westlicher Herkunft und westlicher Denkart vorgelegt worden waren.

Was nun Lapulapu als Person betrifft, so haben sich in den Philippinen zahlreiche volkstümliche Erzählungen überliefert. Kaum ein anderer Name ist auf den mehr als siebentausend zur Republik gehörenden Inseln so vertraut wie der seine; auch deshalb, weil so ein großer Seefisch heißt und die Frage unbeantwortet bleibt, ob der Fisch nach dem Mann oder der Mann nach dem Fisch benannt worden ist. Historisch faßbar, mit schriftlichen Zeugnissen belegbar, ist Lapulapu aber nicht. An ein Wort des österreichischen Autors Hans Weigel denkend, *»Ob Wilhelm Tell gelebt hat, weiß man nicht. Aber daß er den Landvogt Geßler umgebracht hat, steht fest.«,* läßt sich Lapulapu eher als eine Figur der Legende darstellen als eine historisch nachweisbare, individuelle Persönlichkeit. Lapulapu ist aus der heutigen Sicht vieler Filipinos der Name für Widerstand. Die Historiker stellen ihn in die lange Reihe derer, die die philippinischen Grundlagen für eine Nation erkämpft haben – zuerst gegen die Spanier, dann gegen die Amerikaner, zwischendurch gegen die Japaner.

Eine besonders originelle Version im Zusammenhang des philippinischen Nation-Werdens, des Nation-Building, bietet Nick Joaquin, auch er ein philippinischer Schriftsteller und Journalist. Beim Symposium, das über Lapulapus Rolle am 21. April 1979 in der San Carlos Universität von Cebu-City veranstaltet wurde, hielt sich Nick Joaquin nicht lange mit der spannungsvollen Beziehung zwischen Magellan und Lapulapu auf, sondern stellte eine ganz andere Beziehung zwischen zwei Figuren in diesem Drama dar: das Verhältnis zwischen Lapulapu und Humabon, zwischen dem, der zur ausländischen Bedrängnis unmißverständlich nein gesagt, und dem, der sich darauf eingelassen hatte.

Beides zusammen sei nun mal das nationale Erbe, so Joaquin; im übertragenen Sinn nannte er Lapulapu und Humabon die philippinischen Zwillinge. Keiner sei komplett ohne den anderen.

»Bei jedem unserer Aufstände gegen die westliche Kultur war das Bild Lapulapus dabei, die Kraft, die die Eindringlinge zurückweist. Und bei jedem unserer kulturellen Fortschritte, ob es sich dabei um die Technologie handelte (der Gebrauch des Pfluges und des Rades) oder um die Kunst (die Fertigkeit der Malerei und des Theaters) oder um die Politik (das Verständnis demokratischer Wege und Inhalte) – da war das Bild Humabons dabei, das uns half zu modifizieren und abzuändern, was er übernommen hatte. Und deshalb ist unsere wahrhaftige Geschichte dieses doppelte Tun von Lapulapu und Humabon; nicht das Tun Lapulapus allein, so daß unsere Geschichte weder eine reine Geschichte des Widerstandes genannt werden kann, noch eine Geschichte der ausschließlichen Zugeständnisse, sondern als gemeinsame Anstrengung von Lapulapu und Humabon zu sehen ist.« Sein Resümee: Ohne dieses Zusammenspiel der philippinischen Zwillinge, die ohne das Eingreifen Magellans gar nicht in diese janusköpfige Doppelrolle gedrängt worden wären, gäbe es keine philippinische Nation.

Männer von Mactan

Der europäische Gast steht am kargen flachen Ufer von Mactan, sieht hinaus auf die Korallenbänke, die Magellans Schiffskanonen so fern vom Schuß gehalten haben und natürliche Verbündete der Lapulapuschen Bambusspeere

HOTEL

R

HUMABON

MAGALLANES
235 — 229

LAPULAPU
61 — 77

und Giftpfeile geworden sind, schaut sich um, hat ihrer beider Denkmale in einem Blick und denkt über den Geschichtsstoff nach, der sich wenden und drehen läßt. Ein paar Jungen schlendern vom nahegelegenen Dorf herbei, halten die Hände auf und sagen zum Fremden: »Money. One Peso.« Die Kinder betteln lächelnd. Ihre Vorväter haben Geschichte gemacht: Sie haben Magellan getötet. Und was tun die heutigen Männer auf Mactan? Ich gehe der Frage nach.

Am friedlichsten unter Mactans Männern wirken die Gitarrenbauer. In manch einem der ärmlichen Pfahlhäuser ist zu ebener Erde zwischen den Stelzen eine Werkstatt eingerichtet. Vom Jungen bis zum Großvater sägen, hobeln, schnitzen da alle männlichen Familienmitglieder und fertigen die Instrumente, deren Muster von so weit hergebracht worden sind. Gitarren sind ebenso mit den Europäern auf ihre Insel gekommen wie der Katholizismus und die Fremdbestimmung – alles Hinterlassenschaften, gegen die die Altvorderen zu Listen und Lanzen gegriffen haben.

Wer kann, versucht heute, daraus ein bißchen Kapital zu schlagen. Der Souvenirhändler in einem der wenigen Strandhotels beispielsweise. Er macht sein bescheidenes Geschäft mit den Touristen, die anreisen, um einen Kampfplatz mit weltgeschichtlichen Folgen zu sehen. Der Vater von sechs Kindern preist seine Korallenketten und Muscheln mit dem Hinweis auf eben diese hungrigen Mäuler an; er tut's mit sanftmütigen Worten, deren stete Wiederholung die Geduld des abweisenden Gastes arg strapaziert.

Der Fahrer eines der motorisierten Dreiräder, dem einzigen regelmäßigen Verkehrsmittel auf der Insel, nickt ebenfalls beim Namen des berühmten Ahnen und beim Namen des Angreifers, zu deren Denkmälern er den Reisenden oh-

Mactan: die Nachfahren Lapulapus

ne weitere Rückfragen bringt. Vorbei an friedvollen Dörfern unter Palmen geht die Fahrt. Ein Stop, um mit Männern zu plaudern, die ihre Kampfhähne im Arm halten und das streitlustige Geflügel übungsweise aufeinander hetzen. Rast am Strand, wo die Fischer ihre Netze flicken und ein Alter den Zufallsbesucher fragt, wieviele Staaten die USA heutzutage umfassen; er hält den Fremden für einen Amerikaner, die die koloniale Bevormundung der Spanier mit dem modernen Instrumentarium von Politik und Geschäft bis heute fortsetzen.

Ein Hauch von Zeitlosigkeit liegt über Mactan, dessen Männer sich einst den Einwirkungen von außen entgegengeworfen haben. Doch längst hat die Nachfahren der sogenannte Fortschritt eingeholt. Mitten auf ihrer Insel läßt sich der Flugplatz dröhnend vernehmen. Und den Fischern, Gitarrenbauern und anderen in traditioneller Erwerbsweise tätigen Männern erwachsen neue Arbeitsplätze. Ein paar Steinwürfe von den Monumenten für Magellan und Lapulapu entfernt wird ein supermodernes Industriegebiet errichtet. Amerikanische und japanische Investoren bringen Kapital und Know-how auf die Insel. Auch die Männer von Mactan, deren Vorväter die Anfänge so energisch abgewehrt haben, werden sich an Stechuhren gewöhnen müssen. Diesen fremdländischen Dingern, die diktatorisch Pflichterfüllung fordern, ist nicht mehr mit Speeren und Schwertern beizukommen.

Ein Filipino wie Nick Joaquin hat sicher recht. Ohne Magellan gäbe es die philippinische Nation nicht, gäbe es *diese* philippinische Nation nicht. Geschichte so zu sehen, bedeutet aber auch zu erkennen, daß die Philippinen von einigen ihrer Hauptprobleme verschont geblieben wären, wenn nicht einst die katholischen Spanier mit ihren Kirchenglocken die Neuzeit eingeläutet hätten. Bleiben wir noch etwas in der Gegenwart.

Wo die Angst regiert

Ich überschreite eine Grenze. Ich reise von Iligan nach Marawi. Die beiden Städte auf der Insel Mindanao liegen keine 30 Kilometer voneinander entfernt. Beide Orte sind Bestandteile der Philippinen. Doch der Besucher hat den Eindruck, Wanderer zwischen zwei Welten zu sein.

Iligan: Das ist die pulsierende Hafenstadt mit einer – im Landesvergleich – erstaunlichen Vielzahl industrieller Betriebe. Da rauchen die Schlote. In dieser Stadt gibt es große Geschäfte und Märkte. Auto-Taxis flitzen durch die Straßen. Ein gewisser Wohlstand ist nicht zu übersehen. Einige gepflegte Kirchen markieren es: Iligan ist fest in christlicher Hand.

Marawi: Das ist die Stadt im Inselinnern, umgeben von ärmlichen Dörfern. Die Stadt am Lanao-See hat offenbar bessere Zeiten gehabt. Ehedem großzügig gebaute Häuser verfallen. Neubauten sind nur vereinzelt zu sehen. Der Autoverkehr – ein Nachweis technischen Fortschritts – ist bescheiden. Marawi wirkt wie eine verarmte Verwandte von Iligan. Einige Dutzend Moscheen sind untrügliches Zeichen: Marawi ist ein Zentrum der Moslems. Die Grenze zwischen beiden Orten wird nicht etwa durch einen Schlagbaum sichtbar oder durch den Zwang, sich bei der Reise durch ein Papier legitimieren zu müssen. Nein, die knapp 30 Kilometer lassen sich ohne Formalitäten zurücklegen. Aber daß es da eine Grenze gibt, machen die Straßensperren der philippinischen Armee deutlich; und je mehr sich der Reisende Marawi nähert, desto kürzer werden die Abstände zwischen den Armeeposten. Schwer bewaffnet stehen sie da an der Grenze, die nicht zwei Länder voneinander trennt, sondern die durch die Gesellschaft der Philippinen schneidet.

Iligan und Marawi stehen symbolhaft für einen alten Konflikt. Iligan und Marawi sind stellvertretend als Schauplätze eines Dilemmas genannt, das den Menschen Angst und Schrecken brachte und Gewalt etwas Alltägliches werden ließ. Dem unheilvollen Gespinst aus Gerüchten und Nachrichten, aus Leidensgeschichten und eigenem Erleben der Folgen von Mord und Totschlag kann sich auch der ausländische Beobachter nicht entziehen. Die Angst regiert. Fast täglich wird aus dem Süden der Philippinen von Gewalt berichtet. Da werden Omnibusse beschossen. In Kinos explodieren Sprengkörper. Straßenbaukolonnen geraten in einen Schußwechsel. Reiche Bürger werden entführt und gegen Lösegeld freigelassen. Die Täter flüchten in den Dschungel, nutzen die Schlupfwinkel einer unwegsamen Natur, kennen die Meere zwischen den gebirgigen Inseln im Sulu-Archipel.

An den meisten dieser Anschläge sind Moslems beteiligt. Gewalt ist Ausdruck ihres Aufbegehrens. Moslems und Christen sind gleichermaßen Opfer, Zivilisten in der Mehrzahl. Hunderttausende sind geflohen oder zwangsumgesiedelt worden. Die kleinen Leute leiden am meisten: die Frauen und Kinder, die Bauern abgelegener Dörfer, die Fischer an der Küste, wo die Menschen von Politik wenig verstehen und es unbegreiflich finden, in Politik lebensgefährlich verwickelt zu werden.

Ein Lager wie Talontalon als Beispiel. Ein paar Kilometer außerhalb der Stadt Zamboanga steht es, am Rand dieser Hafenstadt an der Südspitze Mindanaos, wo die Sulu-See beginnt. Ein Lager von vielen, wo die Evakuierung aus einem Kampfgebiet zur vorläufigen Endstation der Verzweiflung wird.

68 Familien leben in Talontalon, etwa 200 Menschen. Leben? Nein, es ist das falsche Wort. Hausen, vegetieren, endlos warten auf menschenwürdige Zeiten – das sind treffendere Bezeichnungen für ihre Existenz, die seit Jahren auf dem mörderischen Boden der Unsicherheit schwankt. Sie sind Ausgestoßene; sie haben Angst, dorthin zurückzukehren, wo ihre eigentliche Heimat ist: knapp hundert Kilometer nördlich von Zamboanga, ein Dorf in den Bergen, wo die Vorfahren seit Jahrhunderten siedelten: Moslems wie die Menschen im Lager Talontalon.

Die meisten von ihnen werden den 20. November 1977 in unauslöschlicher Erinnerung behalten. Morgens um fünf wurden sie aus dem Schlaf gerissen. Schüsse peitschten durch ihr Dorf. Soldaten der regulären Armee drangen in die Häuser, mordeten, zerstörten, legten Feuer. 300 Menschen kamen ums Leben. Nach der Version der Armee wurden die Zivilisten im Kreuzfeuer getötet, das sich die Soldaten mit Rebellen lieferten, die auszuheben die Aktion zum Ziel hatte. Die Überlebenden jener schrecklichen Nacht, die auf Geheiß der Armee nach Talontalon evakuiert worden sind, erzählen eine andere Version: Kein Rebell sei zu jener Zeit im Dorf gewesen, es habe gar kein Kreuzfeuer stattfinden können. Der Armee sei es darum gegangen, ein Exempel zu statuieren: 300 Tote. Für die überlebende Dorfbevölkerung war es das Ende ihrer bäuerlichen Existenz.

Auf Armeelastwagen wurden die Menschen nach Talontalon transportiert. Die Armee stellte das Material, mit dem das Lager von den Evakuierten erbaut wurde: ein barakkenähnliches Langhaus auf Pfählen, wo die 68 Familien nebeneinander ihre Behausungen haben. Die sanitären Verhältnisse sind kümmerlich. Für die 200 Menschen steht nur eine Wasserpumpe zur Verfügung. Am Anfang erhielten die Leute finanzielle Unterstützung und Nahrungsmittel, beispielsweise vom Roten Kreuz. Doch diese Quellen sind versiegt. Das Lager verfällt. Geld für Ausbesserungen ist nicht vorhanden. Eine Arbeitsstelle zu finden, ist für die Männer das größte Problem. Schule und Ausbildung bleiben unerfüllbarer Traum der Heranwachsenden. Mit einem 19jährigen komme ich in dieses Gespräch: »Konnten Sie Ihre Schule hier fortsetzen?« – »Nein, ich konnte sie nicht fortsetzen. Es fehlte einfach Geld dazu.« – »Was können Sie hier tun, um Geld zu verdienen?« – »Wir sind ständig auf der Suche. Die meisten von uns sind Tagelöhner.« – »Welche Art von Job finden Sie denn?« – »Lastenträger.« – »Im Hafen?« »Ja, im Hafen.« – »Jeden Tag?« – »Nicht jeden

Tag.« – »Wenn Sie an einem Tag einen solchen Job haben, was verdienen Sie dann?« – »Zehn Pesos.« – »Einmal in der Woche?« – »Zweimal wöchentlich. Es hängt davon ab, ob ein Schiff anlegt.« – »Wenn Sie Ihre Schule fortsetzen könnten, was würden Sie tun wollen?« – »Warum fragen Sie das, ich kann sie ja nicht fortsetzen. Dafür haben wir kein Geld.« – »Wann werden Sie wieder in die alte Heimat zurückkehren können?« – »Ich weiß es nicht.«

Die sensationellen Ereignisse des Februar 1986 brachten einen Hauch von Hoffnung. Mehr als 20 Jahre lang war die politische Entwicklung der Philippinen mit einem einzigen Namen verbunden gewesen: Präsident Ferdinand E. Marcos. Sein diktatorischer Regierungsstil, der das Land an den Rand des Ruins gebracht und zum militanten Widerstand unterschiedlicher politischer Gruppierungen herausgefordert hatte, trug auch zur Verschärfung des sogenannten Christen-Moslemkonfliktes bei. Zehntausende von Toten hat der Kampf auf Seiten der Moslems gekostet. Die stetige Verstärkung der Truppen beschleunigte die Militarisierung des Staates. Der 7. Februar 1986 brachte eine vorläufige Wende, die bereits am 21. August 1983 als Ende der Marcosschen Herrschaft eingeleitet worden war. Was der Widerstand aus muslimischen und aus kommunistischen Kreisen und auch aus der katholischen Kirche gegen das Marcos-Regime nicht geschafft hatte, bewirkte schließlich ein politischer Mord. Der frühere Senator Benigno Aquino kehrte an jenem 21. August 1983 aus dem amerikanischen Exil in die Heimat zurück: ein langjähriger Gegenspieler des Präsidenten Marcos, wie der ein Mann der reichen christlichen Oberschicht. Noch auf dem Flugplatz in Manila wurde Aquino erschossen. Endgültige Klarheit über die Drahtzieher steht bis heute aus; doch es gibt viele Anzeichen, daß der Anschlag in höchsten Kreisen des Militärs angeordnet war und Marcos zu den Mitwissern gehört.

Mit dem Mord an Aquino und den späteren Vertuschungsmanövern hatten Marcos und sein Clan überreizt. Es setzte eine beispiellose Bewegung populären Widerstandes ein. Weite Bevölkerungskreise, die Geschäftswelt im Manilaer Business-Viertel Makati, bürgerliche Oppositionelle, muslimische Gruppen, die Ärmsten der Slums, kirchlich motivierte Gegner fanden sich in seltsamer Gemeinsamkeit wieder bei dem Ziel, Marcos und seine Gefolgsleute zu feuern. Mit den für den 7. Februar 1986 kurzfristig angesetzten Wahlen schien sich Marcos seiner alten Tricks, Wähler und die öffentliche Meinung vor allem westlicher Länder täuschen zu können, noch sicher zu sein. Daß ihm ausgerechnet in der Witwe des ausgeschalteten Widersachers Aquino die Herausforderin und Überwinderin seiner 20jährigen Alleinherrschaft erwachsen würde, gehört zu den großen Überraschungen philippinischer Zeitenläufe.

Die aufgedeckten Wahlmanipulationen, die verzweifelten Versuche, auf dem Präsidentensessel zu bleiben, der Frontenwechsel langjähriger Kampfgenossen wie Verteidigungsminister Enrile, die Interventionen des obersten Katholiken der Philippinen, Kardinal Sin, die Millionen Filipinos auf den Straßen, die amerikanische Regie im Hintergrund und die strahlende Corazon Aquino als personifizierte Retterin der Nation – das hat die Welt in jenen Februartagen via Massenmedien live verfolgen können. Marcos ist mit Druck aus Washington ins Exil auf Hawai verfrachtet worden. Frau Aquino wurde neue Präsidentin. War es der Beginn einer neuen Ära? Wird die Frau an der Spitze der Philippinen den überfälligen politischen Umschwung, die ausstehende wirtschaftliche Gesundung bewerkstelligen können, wozu sie mit dem Charisma einer philippinischen Jeanne d'Arc ansetzte?

Das Erbe Marcos' ist niederschmetternd. Zu radikal sind die Widersprüche in Staat und Gesellschaft, zu zerrüttet die Ökonomie, zu verfault die politische Moral, als daß der Neubeginn ohne Komplikationen hätte erfolgen können. 26 Milliarden Dollar an Auslandsschulden sind eine Bürde, die das Land aus eigener Kraft gar nicht abtragen kann. Das Ränkespiel der Clans geht weiter. Immerhin: die Regierung Aquino hat Verhandlungen mit den Kommunistischen Untergrundkämpfern der New Peoples Army, der NPA, aufgenommen; und auch mit Repräsentanten der muslimischen Aufständischen sind offizielle Gespräche über Lösungsmöglichkeiten des Konfliktes begonnen worden. Die Erfolge mögen zweifelhaft sein; nur eines ist klar: Militäraktionen führen nicht zur Befriedung, sondern verschärfen die Spannungen, haben neue Anschläge der Rebellen zur Folge und steigern Repression und Schrecken. Gewalt zeugt Gewalt. Die Saat dieser Teufelsbrut wurde vor Jahrhunderten gelegt.

Eineinhalb Flugstunden von Zamboanga entfernt wird augenfällig eine Lektion in Geschichte erteilt. Eine Wandtafel in der ältesten Kirche Manilas, in San Agustin, faßt die fünf wichtigsten Ereignisse der historischen Entwicklung der Philippinen zusammen:

»1. Die Einführung der Reistechnik im Norden« – das liegt einige tausend Jahre zurück.

»2. Die Ankunft des Islam« – das war im 13./14. Jahrhundert.

»3. Die Ankunft Magellans« – der portugiesische Seefahrer in spanischen Diensten erreichte die Inseln, die später nach Philipp II. benannt wurden, im Jahr 1521.

»4. Die Ankunft Legaspis« – er war der erste spanische

Gouverneur, der nach 1565 die eigentliche Kolonisierung in Gang setzte.

»5. Die Christianisierung« – und zu diesem Ereignis heißt es erklärend auf der Tafel in der Kirche San Agustin, deren düstere Mauern ein Denkmal der über Jahrhunderte dauernden Christianisierung sind: »Durch die christliche Durchdringung ihrer Kultur konnten sich die Menschen von Luzon und den Visayas zu den fortschrittlichsten Bevölkerungsgruppen entwickeln« – gemeint sind die Menschen im Norden und im zentralen Teil der Philippinen.

Was diese verkürzte Geschichtsdarstellung in der Kirche San Agustin verschweigt, ist schlicht die Tatsache, auf wessen Kosten die Christen ihren Aufschwung nehmen konnten: nämlich auch und gerade auf Kosten der muslimischen Bevölkerungsgruppen, die nicht nur eher die philippinischen Inseln bewohnt haben als die Christen, sondern von denen immer mehr in den Süden verdrängt worden sind.

Über das, was die Spanier wollten, urteilt der britische Historiker John Villiers lapidar: »Sie wollten Seelen retten und sich bereichern.« Beides gelang auf den Philippinen in besonderer Weise. Die Mehrzahl der Menschen im weitverzweigten Inselreich ließ sich zum Christentum bekehren. Heute weist die Religionsstatistik unter den nahezu 50 Millionen Filipinos über 90 Prozent Christen auf. 80 Prozent römisch-katholisch; zehn Prozent nationalkatholisch, eine Abspaltung; drei Prozent protestantisch; fünf Prozent Moslems; den Rest machen die kulturellen Minderheiten aus.

Für das Auftreten der Mönche und Priester, die aus Spanien über Mexiko in die Philippinen segelten, gibt die Kirche San Agustin in Manila ebenfalls bildliche Begriffe. Ein Seitenraum, der anläßlich der 400. Wiederkehr ihres Einweihungsjahres mit Gemälden aus der Geschichte der Christianisierung geschmückt wurde, bietet Illustrationen. Auf zehn Gemälden sind Szenen christlicher Entwicklungshilfe zu sehen. Hausbau, Schule, Musikunterricht, Druckerei, Malerei, Holzbearbeitung, Landwirtschaft. Stets im Mittelpunkt: ein guter Kirchenmann, der den »Eingeborenen« westliche Weisheiten bringt.

Was in dieser naiv-menschenfreundlichen Kirchenmalerei nicht zu erkennen ist, liest sich bei einem zeitgenössischen philippinischen Autor so: »Die Tatsache, daß die Menschen katholisch wurden, ließ Gott zum mächtigen Verbündeten ihrer Beherrscher werden«; so nachzulesen bei Renato Constantino, und weiter heißt es bei ihm: »Die Mönche haben Gott auf der Seite des Kolonialismus eingesetzt ... Die Mönche wurden zu herausragenden Vertretern der kolonialen Interessen, und die Kirche wurde zum Zentrum im Leben der Leute ... Als die eigentlichen Architekten des kolonialen Gebäudes gestalteten die Priester eine theokratische Gesellschaft mit der Religion nach spanischem Zuschnitt als Mittelpunkt.«

Was den spanischen Kolonialeinfluß kennzeichnet, ist die enge Verfilzung von weltlicher und kirchlicher Macht. Diese Konzentration ermöglichte die Ausbeutung in idealer Weise. In Manila wurde der Handel zentralisiert und ein Wirtschaftsnetz ausgebreitet, das sich über den Pazifischen und Atlantischen Ozean erstreckte. Darin ist nun eine weitere Ursache für den Konflikt mit den Moslems zu sehen. »Dieser weltweite Handel wurde zum Nachteil des Handels zwischen den Inseln durchgeführt. Man verbot den Völkern der südlichen Inseln, die vor der Ankunft der Spanier zum Islam bekehrt worden waren, den Handel; deshalb wandten sie sich in immer größerem Umfang der Seeräuberei zu« (John Villiers).

Die folgenden Jahrhunderte sind erfüllt von solchen

Überfällen der Moslems und den Vergeltungsschlägen der Christen. So berichten die Chroniken beispielsweise 1754 von Moslem-Attacken entlang der Küste von Luzon, die Tausende von Menschen das Leben kosteten und weitere Tausende in die Sklaverei der Moslems brachten. Den Spaniern gelang es nicht, sich im Süden der Philippinen zu behaupten. Es war die Ironie der Weltgeschichte, daß die Spanier, die über Jahrhunderte im eigenen Land unter der Vorherrschaft der Moslems – der Mauren/Moros – gelebt hatten, als Kolonisatoren auf der anderen Seite des Globus wieder auf Moslems trafen, in denen sie ihre erbitterten Feinde sahen. 1635 errichteten die Spanier das Fort Pilar in Zamboanga. 300 Spanier und 1000 einheimische Söldner landeten an der Südspitze von Mindanao, um dort einen Pfahl ins Fleisch der Moslems zu rammen. Die Sulu-See sollte beherrschbar werden. Vergebens. Zwar konnten die Spanier die Stadt christianisieren, zwar konnten sie mit der überlegenen Waffentechnik Europas ihre Macht halten und waren später, als sie Dampfschiffe einführten, den Seglern der Moslems voraus. Doch aufs Ganze gesehen, blieb der Konflikt unentschieden.

Auch die Nordamerikaner, die kurz vor der Wende zum 20. Jahrhundert die Spanier als Kolonialherren ablösten, vermochten das Problem nicht zu lösen. Sogar die angeblich so aufgeschlossenen Praktiker aus der Neuen Welt hatten die alten Vorurteile. Von Leonard Wood, dem amerikanischen Chef in der südlichen Philippinen-Provinz, ist die Einschätzung der Moros überliefert; er charakterisiert deren Führer als *»korrupt, ausschweifend und grausam – nichts mehr und nichts weniger als eine unbedeutende Ansammlung von Piraten und Straßenräubern«.*

Dementsprechend verzeichnen die Chronisten im Jahre 1906 ein Massaker auf der Insel Jolo, bei dem 600 Moslems umgebracht worden waren, weil sich auch die Amerikaner nicht die Mühe machten, den Ursachen des Konfliktes beizukommen.

Neben dem Handelsmonopol der Christen war das Landbesitzrecht ein anderer Hebel, der die Existenzgrundlage vieler Moslemfamilien aus den Angeln hob. Land: dessen Besitz, dessen Verfügbarkeit, dessen Nutzen und der daraus zu ziehende Profit. Ein Problem, das überall auf der Welt, in der Dritten Welt zumal, Aufstände der Besitzlosen verursacht. Für immer mehr Menschen steht immer weniger fruchtbarer Boden zur Verfügung. Das führte in den Philippinen bereits vor Generationen zu Umsiedlungsaktionen, die die Regierung in Manila förderte. Bewohner der stark bevölkerten Inseln im Zentrum des Landes, den Visayas, zogen gen Süden auf die weniger besiedelte Insel Mindanao. Und das hieß: Christen kamen in großen Scharen in Gebiete, die traditionell von Moslems und anderen nicht-christlichen Minderheiten bewohnt waren.

Welche Mißverständnisse sich aus dieser Begegnung entwickelten, schilderte mir Bischof Claver, der nicht nur Theologe und Jesuit ist, sondern auch promovierter Anthropologe; er hat seine Diözese im Nordteil Mindanaos, Sitz Malaybalay: »Das Problem besteht darin, daß es zwei verschiedene Vorstellungen von Landnutzung gibt. Die Natives, die ursprünglichen Einwohner, gehen von gemeinsamem Landbesitz aus. Wenn sie das Land bebauen, dann besitzen sie es nicht, sondern nutzen es nur – aber solange sie das tun, ist es eben ihr Land. Wenn sie es verlassen und sich an einem anderen Ort ansiedeln, dann bleibt das Land unbestellt zurück und wird wieder Teil des Waldes. Aber dann kamen die Siedler aus anderen Regionen der Philippinen mit einer ganz anderen Definition von Landbesitz, nämlich dem privaten Besitz. Als sie nun kamen und

von den Natives die Erlaubnis erhielten, das Land zu nutzen, gingen beide Seiten von unterschiedlichen Besitzvor-
stellungen aus. Die Siedler nahmen selbstverständlich an,
nun das Land auch als Eigentum zu besitzen. Das hat die
großen Probleme ausgelöst.«

Bei den Moslems wies der Bischof auf einen die Spannungen verschärfenden Aspekt hin: »Wenn es zwischen
den Moslems und den Christen im Zusammenhang mit der
Landfrage Probleme gibt, dann würde ich die Schuld nicht
allein bei den Christen suchen. Ein Teil des Problems ist es,
daß die Christen nicht eigentlich das Land der Moslems ge-
raubt haben. Soweit wir das verallgemeinern können, kamen die christlichen Siedler und bekamen Land von den
muslimischen Führern, den Datus, gegen Bezahlung. Und
eben diese muslimischen Chiefs steckten das Geld in ihre
Taschen. Der einfache Moslem hat davon natürlich nicht
profitiert.«

Daß islamische Fürsten eine unrühmliche Rolle gespielt
haben, gehört zum schillernden Geschichtsbild. Die gegen-
seitigen Vorurteile sind abgrundtief. »Christen sind davon
überzeugt, daß sie den Moslems nicht über den Weg trau-
en können, nie und nimmer. Und auf der anderen Seite, der
Seite der Moslems: Die sehen in den Christen die Landräu-
ber. Wenn da ein Streit über Landfragen ausbricht, so werden die Moslems sofort sagen, der sei von den Christen
angezettelt worden«, so faßte das ein philippinischer Pfarrer in Davao zusammen. Er arbeitet in einem Sozialhilfe-
Projekt, wo von christlicher Seite benachteiligten Menschen geholfen wird: Moslems und Christen und Angehörigen kultureller Minderheiten. Diese Gemeinsamkeit ist ein
wesentlicher Teil ihres Engagements. Denn daß der Chri-
sten-Moslem-Konflikt nur teilweise mit religiösen Fragen zu
tun hat und daß der andere Teil – möglicherweise der be-

trächtlich größere – mit politischer Macht und wirtschaftlicher Bevormundung zusammenhängt, das läßt sich seit Jahrhunderten verfolgen. Auszumachen ebenfalls am Landproblem. Es hat heutzutage Dimensionen angenommen, die weit über die bäuerliche Besiedlung einzelner christlicher Familien in Moslemgebieten hinausläuft.

Es ist die Landnahme durch multinationale Konzerne amerikanischer und japanischer Herkunft. Dazu der Pfarrer aus Davao, der den Autor bat, seinen Namen in diesem Zusammenhang nicht zu nennen: *»Bevor die multinationalen Konzerne hier aufkreuzten, gab es keinen Krieg, wie wir ihn nun haben. Schon vor der Ausrufung des Kriegsrechtes lagen Pläne vor, das hier einzuführen, was wir Agro-Business nennen, also landwirtschaftliche Produktion mit modernster Technologie. Und das setzt große Landflächen voraus und macht den Import von Technologie und Kapital erforderlich. Das führt nun so weit, daß sogar die christlichen Siedler von ihren Ländereien müssen, die sie erst einmal urbar gemacht haben. Das heißt: nicht nur die Moslems haben unter den Multis zu leiden, ebenso die einfachen Bauern christlicher Prägung, die einfachen Fischer, die einfachen Moslems, die einfachen Christen.«*

Das erstarkte Selbstbewußtsein innerhalb der islamischen Länder förderte auch unter den philippinischen Moslems ein entschiedeneres Auftreten. Waffen- und Geldlieferungen aus islamischen Ländern für die MNLF, die Moro National Liberation Front, ermöglichen die Fortdauer des militant behaupteten Aufbegehrens. Einige Anzeichen sprechen allerdings dafür, daß die politische Kraft der MNLF ihren Höhepunkt überschritten hat. Diese militante Gruppierung unter den Moslems hat es nicht geschafft, die verschiedenen muslimischen Stämme in eine Front zu bringen. Wahrscheinlich kann sie dies gar nicht schaffen. Zu

Mindanao: Moslem beim Koranstudium

unterschiedlich verlief die Entwicklung innerhalb der vier großen muslimischen Volksgruppen, zu unterschiedlich sind sie in Lebensweise, Sprachen und Selbstverständnis. Unter den Filipinos bilden die Moslems eine Minderheit von etwa 2,5 Millionen, die hauptsächlich auf den Inseln Mindanao, Palawan und den Inseln der Sulu-See leben. Sie sind durch Geographie und Tradition getrennt.

Vorurteile überwinden; eine gerechtere Verteilung der Reichtümer Mindanaos; das Recht, als Moslem in den Philippinen leben zu können; das sind Stichworte der Hoffnung. Aber der Vorschlag, den ein Mann wie Bischof Francisco Claver macht, einer der kritischsten Köpfe der philippinischen Bischofskonferenz, wird vorerst ein Wunschtraum bleiben. Bischof Claver sagte mir in einem Interview: *»Das Problem sollte von den einfachen Leuten selbst gelöst werden können. Die können das ganz allein tun. Wir haben es doch gesehen: Ganz gewöhnliche Filipinos, Moslems und Christen, sind fähig, in friedlicher Weise zusammenzuleben, Seite an Seite – wenn die Armee nicht eingreift, und wenn Politiker nicht ihren eigenen Vorteil aus diesen Konflikten ziehen.«*

Aber die Verhältnisse sind nicht so. Seit Jahrhunderten. Ein junger Moslem erklärte mir im Süden Mindanaos die Situation aus der Sicht seiner Glaubensbrüder so: *»Unsicherheit – das ist der Schlüsselbegriff hier. Unsicherheit, daß morgen, übermorgen wieder eine neue Unruhe ausbricht. Die meisten Moslems hier planen nichts für ihr eigenes Leben, für ihre private Umgebung. Sie wissen nicht, was morgen sein wird. Das ist hier die Lage.«*

Der junge Mann sagt dies in Zamboanga an der Küste der Sulu-See, wo jene vielen Hundert Inseln verstreut liegen, zwischen denen sich Magellans Männer seit der Flucht von Cebu monatelang verirrt hatten.

Brunei – Urwaldparadies mit Schattenseiten

Irrfahrt durch den Sulu-Archipel

Stochern im Nebel

Als willkommene Gäste waren Magellan und seine Leute auf Cebu empfangen worden. Zur spanischen Kolonialherrschaft, deren erster Anlauf in Blut und Barbarei erstickte, hatte Magellan den Grundstein gelegt. Wahrlich, Geschichte hatte sich ereignet. Aber wie ziehen sie weiter, diese vermeintlichen Halbgötter, denen es die Einheimischen anfangs so leicht gemacht hatten, selbst an ihre Dünkel zu glauben? Als Flüchtende, als Verlierer, um nichts anderes mehr besorgt, als um ihr kümmerliches, nacktes Leben. Die Segel können gar nicht schnell genug gesetzt werden, um nur ja eilends diese Insel Cebu aus dem Blick zu verlieren, die Ort ihrer großen Triumphe und Ort ihres tiefsten Sturzes gewesen ist.

In zwei Wochen hätte die restliche Mannschaft die Molukken erreicht haben können, so nahe waren die märchenhaften Gewürzinseln bereits gerückt. Doch für die sich gehetzt fühlenden Männer, ohne einen Führer, dessen unbeirrbares Zielbewußtsein sich auf die zu Tod erschreckte

Mannschaft übertragen hätte, begannen weitere qualvolle Monate des Umherirrens. Drei Schiffe waren von der Flotte der fünf geblieben, die mehr als zweieinhalb Jahre zuvor aus dem Guadalquivir bei Sanlucar de Barrameda in den Atlantik gesegelt war. Die »Santiago« ein Jahr zuvor zerschellt. Die »San Antonio« desertiert. Und die Zahl der Männer? Als endlich Cebu aus den Augen schwand, wurde nachgezählt. Die Bilanz war niederschmetternd. Von den 265 Männern, die ausgezogen waren, neue Wege auf dem Erdball zu entdecken, sammelte sich in den Maitagen 1521 auf den Decks von »Victoria«, »Concepcion« und »Trinidad« nicht mal mehr die Hälfte. Zwischen 115 und 120 geben die Chronisten an. Genaue Angaben fehlen, aber eines ist klar: Mit dieser Besetzung konnten keine drei Schiffe seetüchtig gehalten werden.

Am 4. Mai wird die »Concepcion«, das schwächste des restlichen Verbandes, aufgegeben. Bewußt und gewollt und als Preis unabänderlicher Zwänge geschieht das, was zu den Alpträumen aller Seeleute gehört, jener auf den hölzernen Seglern des 16. Jahrhunderts ganz besonders: die »Conception« geht in Flammen auf, nachdem zuvor alles noch Verwertbare an Eisen, Planken, Tauen auf die beiden anderen Schiffe gerettet worden ist; angezündet von den Seeleuten. Die Tränen in ihren Augen, die Pigafetta erkennt, als die brennende »Concepcion« davontreibt, geben auch nach fast fünf Jahrhunderten eine Ahnung von der Schicksalsgemeinschaft zwischen Menschen und Schiffen. Kein anderes Schauspiel könnte symbolträchtiger die hoffnungslose Lage dieser Hundertschaft richtungsblinder Männer darstellen als die lodernde Fackel der sinkenden »Concepcion«. Mit ihr scheinen tatsächlich – welch beziehungsvoller Name – auch Idee und Plan des Vorhabens unterzugehen, die so unauflöslich mit dem Mann Magellan verbunden gewesen sind. Fast zur selben Zeit läuft auf der anderen Seite des Globus die abtrünnige »San Antonio« in Sevilla ein, deren Führer im November 1520, kurz vor dem Sieg der gefundenen Passage um Südamerika herum, Magellan die Gefolgschaft verweigert haben und nun, heimgekehrt, alles daransetzen, den Makel der Meuterei von ihren Schilden zu wischen und den Ruf des Generalkapitäns zu schädigen, um dem eigenen zu nützen. Duplizität der dem Ruhm Magellans so abträglichen Ereignisse, wenn sie auch durch Meere und Kontinente getrennt sind.

Seine Männer, die sich durch die Sulu-See treiben lassen, sind auf dem Tiefpunkt menschlicher Existenz angelangt. An einem Strand, wahrscheinlich an der Nordwestküste Mindanaos, sehen sie Bewohner, die ihnen offenbar nicht wohlgesonnen sind. Als drohend beschreibt Pigafetta deren Haltung. Die Europäer bemerken lange Speere. *»Wahrscheinlich hatten die Insulaner schon Kunde davon, daß auch wir verwundbar waren und sterben konnten«*, vermutet der Bordchronist und fügt angstvoll hinzu: *»Wenn diese Nachricht mit uns fuhr, von Insel zu Insel, war das für uns sehr gefährlich.«* Was ist aus der rauhbeinigen Gesellschaft von Eroberern unter dem neuen Führer Carvalho geworden? Als sie ein paar Tage später vor Cagayan-Sulu ankern und einer der Häuptlinge zu ihnen auf die Schiffe kommt, Zeichen seiner Zuneigung erkennen läßt und sogar die Blutsbrüderschaft anbietet, da nehmen sie die Gesten des offenbar harmlosen Mannes erleichtert auf; aber seiner Einladung, ihm im Dorf einen Besuch abzustatten, wagt von den Seeleuten, Soldaten und Kapitänen keiner zu folgen. Zu tief sitzt noch der Schrecken von Mactan und Cebu in den Gliedern. Die Lektion in einheimischer Waffentechnik und mit der praktischen Vorführung tödlich wirkender Pfeile und Lanzen haben sie begriffen. Bloß keine Wiederholungsstunde! *Den* Mann unter ihnen wählen sie zum Abgesandten aus, dessen Schreibkünste dauerhafter die Zeiten überleben sollten, als aller Kanonendonner. Allein und ohne Schutz folgt Pigafetta dem Häuptling ans Ufer, wieder einmal von seiner professionellen Neugier angestachelt, die die Ängste überwindet und einem heutigen Wissenschaftler oder Journalisten zur Ehre gereichen würde. Doch kein Grund zur Sorge. Pigafetta erkennt es schnell. Bis hierher war den Weißen ihr übler Ruf noch nicht vorangeeilt. Ehrlich, freundlich und uneigennützig ist die Gastfreundschaft, die dem Italiener zuteil wird.

Er kommt in ein geordnetes Gemeinwesen, in dem es den Menschen an nichts mangelt, was sie zum Leben brauchen. Der Islam hat sie noch nicht erreicht, zumindest registriert Pigafetta keine derartigen Anzeichen, berichtet aber von Schweinen. Pigafetta scheint sich bei dem allen leiblichen Genüssen so zugeneigten Häuptling sehr wohl zu fühlen; nur dessen Angebot, ihm eine Gefährtin aufs Nachtlager zu schicken, weist der Edelmann zurück – jedenfalls schreibt er es so auf; mit dieser Kunde von der Vielfalt asiatischer Gastfreundschaft bei vielen späteren Touristen anspruchsvolle Erwartungen weckend.

Pigafetta ist der einzige von den beiden Schiffen, der sich überhaupt noch auf solche Entdeckungen unter den Menschen im Sulu-Archipel einläßt. Die anderen Europäer, bei ihrem Chef Carvalho angefangen, fürchten in jedem fremden Gesicht die Miene des potentiellen Feindes und erwarten bei jeder Insel, die sie anpeilen, nur eines: Nahrung, Wasser und Auskunft über den weiteren Weg. Denn daß dies nicht die Molukken sind, in denen sie blindlings kreuzen, und daß sie noch immer keinen Anhaltspunkt haben, der sie diesen seltsamen Inseln näherbrächte, wissen die Männer genau; daß sich ihre beiden Schiffe aber jeden

Tag weiter von den Molukken entfernen, weil die Kapitäne den entgegengesetzten Kurs steuern, wissen sie nicht.

Palawan, die langgestreckte Insel, die die Sulu-See im Nordwesten begrenzt, wird zwischendurch zum gelobten Land. Wieder dürfen die Männer den relativen Überfluß einer kleinen Gesellschaft genießen, die vom Fischfang und bescheidener Landwirtschaft lebt. Auch hier trübt keine Kunde von ihrem skurpellosen Auftreten an anderen Küsten dieser Meere das freundliche Bild. Sie sind willkommene Gäste. Der Häuptling, der sie aufnimmt, bietet als Zeichen seiner Offenheit die Blutsbrüderschaft an. Die Europäer stimmen zu und geben sich bescheiden, weil sie in ihrem Selbstverständnis offenbar schwer angeknackst sind. Tage der Erholung in diesen Wochen des verzweifelten Suchens unter unkundiger Führung. Schon keimen die Gedanken, es ganz und gar aufzugeben mit diesem Stochern im Nebel. »*Wir waren mehrmals daran gewesen, unserer knurrenden Mägen wegen die Schiffe zu verlassen und uns auf irgendeiner Insel niederzulassen, um dort das Ende unserer Tage abzuwarten*«, schreibt Pigafetta. Ein Fluch scheint über ihnen zu liegen, der Fluch, nie mehr an ein Ziel zu gelangen, weder an das der Gewürzinseln, noch an das Ziel der Heimat.

Borneo mit Samt und Seide

Wieder einmal ballt die tropische Natur ihre Fäuste und schlägt mit Orkan, Blitz und Donner zu. Wieder einmal ist die Expedition, die diesen Namen längst nicht mehr verdient, nahe daran, vernichtet zu werden und unterzugehen in Gewässern, die es wohl als ewiges Geheimnis verschluckt hätten, woher diese Schiffe kamen, wohin sie wollten. Pigafetta nennt den Sturm einen der schwersten, den sie erleiden mußten, diesmal den Sternen schon ganz nahe. Zwischen Himmel und Erde, dem Tod enger verbunden als dem Leben, hatten sie nun schon so oft taumeln müssen. Was dem heutigen Autor höchst erstaunlich vorkommt, ist die Tatsache, daß die Karavellen-Fahrer nicht nur mit lederner Zähigkeit allen diesen Stürmen trotzten, sondern auf ihren Nußschalen immer noch soviel aus der Ladung vor den überspringenden Fluten mit dem alles zersetzenden Salzwasser retten können, um an neuen Ufern wieder Handelspartner zu sein und Geschenke parat zu haben. Auch nach dieser neuerlichen Herausforderung der Elemente, die so plötzlich verstummen, wie sie aufgebrüllt haben.

Es ist Anfang Juli. Die Küste, die da backbords erkennbar wird, gehört zu Borneo. Untiefen, Sandbänke und verfilzte Mangrovenwälder an den Ufern vereiteln die Landung. Flußläufe öffnen sich nur dem Kundigen. Da nähern sich einige Boote auf den geglätteten Wellen, allen voran ein mit goldenen Verzierungen geschmücktes Ruderboot. Das Mißtrauen der Europäer, das sie sofort in lauernde Abwehrstellung aufschrecken läßt, ist unbegründet. Sie erkennen Musikanten, Dudelsackspieler, Trommler. Einige der einheimischen Männer machen ihnen Zeichen friedvoller Absichten; den Gesten und Gebärden nach zu schließen, sind es fürstliche Vertreter dieser Insel, von deren gewaltigen Ausdehnungen die Ankömmlinge noch keinen blassen Schimmer haben.

Unbefangen klettern die Borneaner auf die Segelschiffe, bieten Geschenke an – Nüsse, Wurzeln, Nahrungsmittel, Blüten – und machen deutlich, daß es sich dabei um eine diplomatische Kontaktaufnahme handele. Die Weißen scheinen bei dem König da drin, irgendwo in der vermeintlich unpassierbaren Urwaldwildnis, willkommen zu sein. Der

Besuch der Abordnung wiederholt sich. Die ausgemergelten, von so vielen Stürmen gebeutelten Europäer erhalten weitere Lebensmittel. Reiskuchen mit Eiern und Honig vermischt sind dem italienischen Chronisten besonders wert, notiert zu werden. Ihnen wird erlaubt, an Land die Vorräte an Holz und Trinkwasser aufzufrischen. Handel zu treiben. Der Herr, der solche Privilegien erteilt, lädt die Europäer sogar zur Audienz ein.

Welch ein Wechsel über Nacht. Gerade haben die Weltreisenden wieder entsetzt in einen Abgrund blicken müssen, fürchtend, das Ende ihrer Tage erreicht zu haben, da wandelt sich das Tief zum Eingang in eine Welt, die den Männern nach ihrem Elend wie ein Paradies erscheint. Sie kommen ins Sultanat Brunei, neben Malakka eine weitere Hochburg des Islam in Südostasien und neben Malakka einer der wichtigen Knotenpunkte im Handelsnetz jener Jahre.

Als eine Gruppe von »Victoria« und »Trinidad«, die flußaufwärts und seenah am Ankerplatz für größere Schiffe bleiben müssen, mit Praus in die Stadt von Brunei geleitet wird, werden die Gäste vom Prunk geradezu geblendet. Der unwirtlichen Natur mit feuchtheißem Klima und üppig wuchernden Wäldern zum Trotz hat sich hier ein Staatswesen von hohem kulturellen Rang mit streng hierarchischer innerer Ordnung und weit über Borneos Küsten hinausreichenden Beziehungen entwickelt. Pigafetta staunt, daß die meisten der hölzernen Häuser auf Stelzen im Wasser stehen. Auf 25 000 Familien schätzt er die Bevölkerung, was über 200 000 Menschen bedeutet hätte; mit Sicherheit eine zu große Zahl. Möglicherweise hat Pigafetta hundert mit tausend verwechselt (ratus und ribu im Malaiischen). 25 000 Menschen kommt der Wahrscheinlichkeit näher und entspricht vergleichbaren zeitgenössischen Angaben. Eine eindrucksvolle Stadt auch nach dieser Korrektur. Pigafetta ist wieder ganz in seinem Element: beobachten, fragen, aufschreiben.

Ehe die Delegation zum Sultan vorgelassen wird, werden die Männer im Haus eines der Minister bewirtet. Alles, was orientalischen Luxus schillern läßt, ist verfügbar und zu genießen: Porzellan, Seide, Brokat, Goldgefäße, Wohlgerüche, erlesene Speisen aus einer Vielzahl von Fleischsorten und Gewürzen zubereitet. Der Palast des Sultans steht auf festem Boden, ein Haus aus Stein. Geschmückte Elefanten bingen die Gäste dorthin. Zuvor wird den Weißen von den Würdenträgern eingeschärft, in welcher Haltung sie dem Sultan gegenübertreten sollten, nämlich gebeugt und mit gefalteten Händen vor der Stirn; und sprechen von Mann zu Mann dürften sie ihn keinesfalls, das verstoße gegen die Etikette. Was sie dem Herrscher mitzuteilen gedächten, müßten sie untergeordneten Beamten sagen, die es hierarchisch weiterleiteten, bis einer der vornehmsten Offiziere dem Sultan die Botschaft mittels eines Hörrohres antrage. Nein, hier kann den Europäern auch ihre hartnäckigste Arroganz nicht vorgaukeln, bei Wilden gelandet zu sein.

Unter den noch verbliebenen Geschenken werden die ausgewählt, die möglichst Eindruck erwecken sollen: ein Samtkleid, ein Stuhl mit violettem Bezug, rotes Tuch, ein vergoldeter Glaspokal, Papier. Ob der Sultan inmitten von Samt und Seide von den Gaben sehr angetan war, darf bezweifelt werden. Pigafetta beobachtet eine kleine, kaum erkennbare Bewegung seines Kopfes, mit der er jedes dieser Stücke während des Empfanges zur Kenntnis nimmt. Wenn einer der Europäer auch nur entfernt daran gedacht haben sollte, sich hier aufzuspielen wie an den bisherigen Orten, dann wird er diese Regung vor dem Sultan unterdrückt haben.

Von ihren Handelsabsichten und ihrem Friedenswillen lassen sie dem Herrn Kunde geben, der da einige Meter vor ihnen an einem Tisch sitzt, neben sich einen seiner Söhne; im Hintergrund einige Frauen; allesamt bewacht von der Leibgarde mit dem Kris in der Faust, dem flammenförmig gebogenen Dolch der Malaien. Die Europäer berichten, daß sie im Auftrag des spanischen Königs reisen, den sie einen Freund des Sultans nennen. Der nimmt's huldvoll auf, aber offenbar hat der islamische Monarch in Brunei noch nie zuvor von diesem Amtskollegen gehört. Denn Portugiesen sind es ja, keine Spanier, die das befreundete Malakka gestürmt haben, sich dort festgesetzt haben und nun, ein Jahrzehnt nach der Okkupation, auch mit Brunei in Handelskontakt stehen. Die Vermutung ist berechtigt, daß der Sultan in den Weißen da zu seinen Füßen portugiesische Abgesandte vermutet hat, die aus Malakka kommend in seinem Territorium nach Handels- und Stützpunktrechten nachsuchen. Daß diese Zufallsgäste unter einer ganz anderen Flagge segeln und aus völlig anderer Richtung angetrieben sind, dürfte ihn überrascht haben.

Die Weißen schlagen wieder zu

Doch die Europäer sorgten auch in Brunei noch für ganz andere, nämlich blutige Überraschungen. Ihre traumatische Angst vor einem neuerlichen Überfall à la Cebu löste abermals Schrecken aus und kostete einige Dutzend Menschen das Leben. Das Chaos ereignete sich am 29. Juli.

Drei ruhige Wochen waren vergangen. Die Seeleute konnten sich ungetrübter Gastfreundschaft erfreuen und sich an dem friedlichen Ort erholen, der zwei Matrosen der »Victoria« so verlockend erschienen sein mag, daß sie beschlossen, dort ihre weiteren Tage zu verleben und »*zu den Mauren überliefen*«, wie Pigafetta notiert. Die anderen hatten selbstverständlich trotz aller Harmonie keine Minute lang vergessen, daß sie bei genau diesen Mauren zu Gast weilten, bei den Moslems, bei den Glaubensbrüdern derer, die jahrhundertelang Spanien und Portugal besetzt gehalten hatten. Das christliche Mißtrauen wurzelte tief in dieser Geschichte.

Als sich nun am 29. Juli, einem Montag, mehrere hundert kleinere Praus der »Victoria« und der »Trinidad« nähern, löst das Gewimmel auf dem Wasser einen Alarm aus. Flucht ist die Parole. Segel gesetzt und weg. Es kann wieder mal nicht schnell genug gehen. Ein Ankertau muß gekappt werden. Doch dann sind es nicht nur die kleineren Boote ringsum, die in Bewegung geraten sind, sondern auch mehrere Dschunken. Der Weißen Mißtrauen und Ängste schlagen in Angriff um. Wieder donnern ihre Kanonen los, die in den zurückliegenden Monaten seit der Flucht von Cebu geschwiegen haben. Die Folgen sind verheerend. Praus und Dschunken, aus so geringer Distanz beschlossen, sinken. Menschenleiber werden zerfetzt. Schreie. Hilferufe. Am Sultanspalast in der Stadt haben die Europäer eiserne Kanonen entdeckt und hören können, daß diese nicht bloß als eine martialische Zierde herumstehen. Aber draußen auf der Reede, wo die Schiffe ankern, sind die Europäer mal wieder mit ihren Kanonen die Herren des Geschehens. Einige der Dschunken können sich in Sicherheit bringen. Vier werden von den Europäern erbeutet. *Viele* Tote stellt Pigafetta auf seiten der Malaien fest. Keine Chronik registriert, *wie*viele Tote zu beklagen sind. Die Weißen haben wieder zugeschlagen.

Nachdem sich der Pulverrauch verzogen hat und die Schreie der Opfer leiser werden, wird den Europäern klar, daß niemand einen Überfall auf sie beabsichtigt hat. Wenn die Oberschicht Bruneis kriegerische Absichten hege, so läßt der Sultan die Europäer nach der Katastrophe wissen, dann nicht gegen sie, sondern gegen die Nicht-Moslems, die in einer benachbarten Siedlung auf dem Wasser leben. Zu spät. Die Weißen bleiben die Gefangenen ihrer Interventionsgelüste. Das bis dahin freundliche Verhältnis zum Sultanshof ist zerbrochen. Einige Seeleute, die sich vor dem Massaker in der Stadt aufgehalten haben, um Material zur Schiffsreparatur einzutauschen, werden dort festgehalten. Auch der Sohn des Generalkapitäns Juan Cavalho befindet sich noch in der Stadt und in der Gewalt des Sultans. Kategorisch verweigert dieser der Europäer Freilassung.

Auf einer der Dschunken haben die Spanier einen der hohen Offiziere des Sultans festgesetzt, der bei dem Menschenschacher hätte als Geisel und Druckmittel benutzt werden können, um die eigenen Leute herauszuhauen. Aber Cavalho läßt sich heimlich von dem noblen Gefangenen mit Gold bestechen und erlaubt ihm die Flucht, ohne daß es ein anderer von den Europäern bemerkt. Sie stecken wieder in einer Sackgasse, in die sie sich selbst hineinmanövriert haben. Ihre Unfähigkeit zur Diplomatie haben sie hinlänglich bewiesen. Die Befreiung der Kameraden wäre nur mit Gewalt möglich. Aber weder zu Verhandlungen, noch zu einer neuen Attacke kommt es.

Segel hoch und schleunigst ins offene Meer, lauten die Befehle, hinter denen längst nicht mehr der eiserne Wille eines Magellan steht, sondern die Hilf- und Ratlosigkeit einer in sich zerstrittenen Meute von Männern, die mehr und mehr ins Fahrwasser verbrecherischer Delikte gerät. Bei der Flucht aus dem Bereich von Brunei rauben sie wieder Menschen. 16 Männer und drei Frauen müssen als Gefangene die weitere Reise mitmachen, von der niemand weiß, wohin sie führen wird. Es sind Angehörige der Oberschicht, die auf den Dschunken gewesen sind. Die drei Frauen, so verlautet offiziell, sollen nach Spanien mitgenommen und dort der Königin zum Geschenk gemacht werden. »Aber«, so nennt Pigafetta den wahren Sachverhalt, »*Cavalho beanspruchte die Frauen von sehr schönem Wuchs für sich.*«

Luxus im Dschungel

Von Brooke bis Bolkiah

Pigafetta konnte Brunei in einer Blütezeit beschreiben. Der Genuese war aber nicht der erste Europäer, der sein Erstaunen über den Reichtum des Sultanats zu Papier brachte. Sein Landsmann Ludovico Varthema war schon vor ihm aufgekreuzt. Die Annalen des Sultanats datieren seinen Besuch um 1504. Ludovico Varthema? Der Name erschien doch schon in anderem Zusammenhang. Stimmt. Es ist derselbe Mann, dessen phantasieanregende Schilderungen über Malakka der Portugiesen Begehr genährt hatten, sich das Juwel anzueignen. Von Calicut aus war der Abenteurer in die Inselwelt Südostasiens vorgedrungen. Von wohlgeordneter Justiz, von Menschen guten Willens mit hellerer Hautfarbe als die ihrer asiatischen Nachbarn und vom Hauptausfuhrprodukt Kampfer schrieb Varthema, als er die Insel Borneo erwähnte, deren Name zu jener Zeit mit dem Sultanat gleichgesetzt wurde.

Die Europäer standen damals so sehr im Bann Malakkas, daß sie sich für das noch weiter entfernte Brunei kaum interessierten. Merkwürdigerweise waren es die Portugiesen, die ursächlich aber ungewollt den Aufschwung Bruneis förderten. Mit der Eroberung Malakkas hatten die Portugiesen die Drehscheibe an der malaiischen Westküste aus dem Zenit ihrer handelspolitischen Bedeutung gestoßen. Andere Umschlagplätze zwischen dem chinesischen Festland und dem Indischen Ozean profitierten von der Neuorientierung der asiatischen Händler, der islamischen im besonderen. Brunei gehörte zu den Gewinnern.

Bei der Ankunft der spanischen Schiffe in Brunei war seit

dem Fall Malakkas bereits ein Jahrzehnt vergangen. Das Sultanat hatte sich zur wichtigen Zwischenstation der ost-westlichen Handelswege entwickelt. Mit den Monsunwinden dauerte es beispielsweise einen Monat, um nach Malakka zu kommen. Den dort herrschenden Portugiesen war sehr an dem guten Einvernehmen mit Brunei gelegen. Der Chronist Tomè Pires, der am portugiesischen Gewürzhandel in Malakka zwischen 1512 und 1515 unmittelbar beteiligt war, schreibt darüber ausdrücklich in seinem Werk »Suma Oriental«, in dem es heißt: *»Es scheint, daß die Menschen von Borneo/Brunei friedlich sind.«*

Zu jener Zeit hatten die Sultane von Brunei weiten Einfluß und das Recht, Tribute zu fordern, in Gebieten, die den nordwestlichen Teil Borneos und die südlichen Inseln der heutigen Philippinen einschlossen. Weder das Vorrücken der Portugiesen, noch das Gastspiel der Spanier aus Magellans restlicher Mannschaft änderten etwas an diesem Machtbereich. Es kam zwar später zu Scharmützeln mit den Spaniern, die sich nach 1565 auch dort festsetzten, wo bis dahin dank islamischer Familienbeziehungen die Brunei-Herren ein Wort mitzureden hatten, nämlich in der Region von Manila, aber der folgenschwere Fremdeinfluß, der die Geographie und Politik bis auf den heutigen Tag bestimmt, ist erst knapp drei Jahrhunderte danach auszumachen.

Als Mitte des 19. Jahrhunderts der herrschende Sultan von Brunei dem englischen Abenteurer James Brooke für dessen Hilfe bei der Niederwerfung eines Aufstandes ein Stück Flußland südlich des heutigen Bruneis als persönliches Eigentum übermachte, ahnte der Borneo-Fürst sicher nicht, daß er damit einen Großteil seiner Macht verschenkte. Brooke gründete nämlich mit britischer Rückendeckung ein eigenes Königreich, das immer mehr vom Herrschaftsgebiet der Brunei-Sultane abschnitt und später die Basis für den heutigen malaysischen Bundesstaat Sarawak bot. Das politische Zentrum ist die Stadt Kuching geworden. In den Morgenstunden wird dort das Erbe der »weißen Rajahs« auf Hochglanz gebracht.

Fast liebevoll polieren Männerhände das kupferne Schild, das an »*Charles Brooke G. C. M. G. 2nd Rajah of Sarawak*« erinnert. Vor dem Gerichtsgebäude in Kuching aus dem Jahr 1874 steht ihm zu Ehren ein steinerner Obelisk. Sein Profilporträt strahlt in weißem Marmor. Der bohrende Blick kündet vom Tatendrang des Abendlandes. Auf kupfernen Flachreliefs daneben halten martialische Krieger Sarawaks die symbolische Wache: die kantigen Gesichter voller Stolz und Mannestugend, im Gürtel den Kris, in den Händen Blasrohr und Speere. Die städtischen Bediensteten von Kuching wischen den Staub aus den Falten des blinkenden Metalls. Grünspan hat keine Chance. Zu viert sind sie tätig mit Lappen und Politur.

Das Erbe der »weißen Rajahs« lebt in Sarawak, obwohl die Engländer längst verblichen sind, die einst in diesem Teil Borneos wie Könige regiert haben. Sarawak, dreimal so groß wie die Schweiz, zu drei Vierteln mit tropischen Regenwäldern bedeckt, gehört seit 1963 als Bundesstaat zur Föderation Malaysia. Keine andere Region Südostasiens wurde von einer einzigen englischen Familie so nachhaltig geprägt wie diese. Das heutige Sarawak gäbe es ohne die »weißen Rajahs« gar nicht. James Brooke war der erste. Eine Figur, die in Abenteuerromanen ebenso wie in seriösen Geschichtsbüchern ihren Mann steht. Ein Kind des Kolonialismus. 1803 in Benares (Indien) geboren, Sohn eines Richters in Diensten der British East India Company. Brooke kämpfte für Britanniens Interessen, erbte von seinem Vater ein Vermögen, kaufte sich ein Segelschiff, wollte Handelsfahrer werden – und wurde Staatsgründer von Sarawak.

Als James Brooke 1839 in Kuching einfuhr, einer kleinen Stadt von damals nicht mehr als tausend Einwohnern, bat ihn der vom Sultan abgesandte Rajah Muda Hassim um Unterstützung im Kampf gegen Abtrünnige. Brooke zögerte. Ein Jahr später griff er mit seinen Männern ein, vertrieb die Rebellen und wurde 1841 zum Dank dafür vom Sultan mit dem Titel Rajah belohnt und als Gouverneur von Sarawak eingesetzt. Es war der Anfang vom Ende der Brunei-Sultane mit ihrer Borneo-Macht. Brooke weitete seinen Einfluß immer mehr aus, baute eine Verwaltung nach westlichem Muster, gründete einen modernen Staat. In einem Brief schrieb der Mann: »*Ich bin von einer Idee besessen – und die heißt Borneo.*« Nach drei Jahrzehnten vererbte James Brooke, unverheiratet, kinderlos, seinem Neffen Charles Brooke ein funktionierendes Staatsgebilde, ein privates Königreich, das der Nachfolger ein halbes Jahrhundert regierte und dann seinem Sohn Charles Vyner Brooke übergab. Er wurde 1917 dritter und letzter »weißer Rajah« in Sarawak.

Die Atmosphäre im heutigen Kuching mit mehr als 100 000 Einwohnern, Chinesen zumeist, ist heiterer als in den übrigen Teilen des einstigen britischen Borneo. Gondeln pendeln über den Fluß, kleine überdachte Boote mit einem Mann, der an der Spitze steht und kreuzweise die Paddel ins Wasser taucht. Noch stört kaum der Lärm vereinzelter Motorboote die Harmonie eines milden Abends, wenn hinter der Silhouette der Kuchinger Hausberge die Sonne versinkt, Fluß und Stadt in Gold tauchend. Danach zaubern die angestrahlten Kuppeln der Mesjid Negara, der Moschee, Bilder aus Tausendundeiner Nacht hervor. Auf der anderen Flußseite ragt das moderne Selbstverständnis vom malaysischen Fortschritt mit zwanzig Stockwerken in den Himmel. Dort stehen Parlament und Regierungsgebäude im Brasilia-Look: einsam und steril Modernität in die karge, dem Wald entrissene Landschaft streckend.

Die Astana, das Gouverneursgebäude aus der Zeit des Charles Brooke am Sarawak-Fluß, wirkt dagegen wie eine freundliche Landvilla, ebenso ein paar Steinwürfe weiter das Fort Margherita aus dem Jahr 1841. Es gehört zu den Besonderheiten Sarawaks, daß dieses architektonische Erbe sorgsam gepflegt und erhalten wird. Genauso wie die kupfernen Platten am Brooke-Denkmal, die zu morgendlicher Stunde von Männerhänden blitzblank gerieben werden – ähnlich den Namensschildern an den Villen reicher Engländer im weit entfernten Großbritannien, dessen Größe arg geschrumpft ist, aber auf Borneo noch immer Ableger hat.

1888 geriet das Sultanat Brunei unter britisches Protektorat. 1906 zog der erste britische Resident ein. Die unzugängliche Außenstation hatte alle Qualitäten für eine Strafversetzung. Erst als in den 20er Jahren Öl entdeckt wurde und der britisch-holländische Shell-Konzern das Bohr-Monopol erhielt, rückte Brunei zum lukrativen Posten im Empire auf.

Das britische Weltreich ist längst in die Binsen gegangen, aber Brunei hat noch immer einen Status, der die Vereinten Nationen zu Protest veranlaßt hat. Der Entkolonialisierungs-Ausschuß hat freie Wahlen in Brunei gefordert, den Abzug der Briten und die staatliche Selbstbestimmung. Hinter dem UN-Vorstoß stecken die Nachbarn Indonesien und Malaysia, denen das bisherige Brunei ein Pfahl im Fleisch ist.

Nach den Plänen Londons hätte sich Brunei der malaysischen Föderation anschließen sollen, die 1963 gegründet wurde. Aber der damals regierende Sultan Sir Omar Ali Saifuddin weigerte sich – nicht zuletzt unter dem Eindruck der gerade im Jahr zuvor niedergeschlagenen Revolte politischer Gegner im eigenen Ländchen. Bei den ersten und einzigen Wahlen konnte 1962 die Volkspartei (PRB) alle 16 wählbaren von 32 Sitzen der sogenannten Volksvertretung erringen. Als die PRB-Repräsentanten daraufhin Einfluß bei den Regierungsgeschäften verlangten und dies der Sultan verweigerte, eskalierten die Spannungen bis zur blutigen Rebellion. Die PRB erhielt Hilfe von Indonesien, dessen Präsident Sukarno auf dem Höhepunkt seiner Konfrontationspolitik gegen Malaysia war und eine Neuordnung Südostasiens, bei der die Briten die Weichen stellten, hart bekämpfte. Die Briten waren es, die dem bedrängten Sultan und den Seinen zur Seite standen, Tausende von Soldaten aus Singapur einflogen und den Aufstand beendeten. Die Zahl der Toten blieb im Dunkeln. Bis auf den heutigen Tag sitzen PRB-Mitglieder im Gefängnis von Brunei; einige konnten in der Zwischenzeit dank malaysischer Unterstützung flüchten und leben heute im malaysischen und indonesischen Exil.

Die Sultansfamilie setzte weiterhin auf den britischen Schutz, was formal zur Umkehrung nachkolonialer Fronten führte. Die Briten – de jure abzugsbereit – wurden genötigt zu bleiben. Verträge von 1959 und 1971 regelten die innere Autonomie, aber das Vereinigte Königreich behielt die Oberaufsicht. Als das britische Gurkha-Regiment aus finanziellen Gründen abgezogen werden sollte, übernahm der Sultan die Kosten. 1967 dankte der Alt-Sultan zugunsten seines Sohnes Sir Hassanal Bolkiah (Jahrgang 1946) ab, blieb aber die einflußreiche Figur im Hintergrund. Ende 1978 wurde der neue Vertrag ausgehandelt, der von 1984 an die vollständige Selbständigkeit Bruneis als Sultanat regelte.

Das Kuwait Asiens

Brunei gehört dank Erdöl und Erdgas zu den reichsten Regionen Südostasiens.

Auf der Landkarte sieht es aus wie ein dickes B. Seine Bäuche schieben sich als Enklaven zwischen die malaysischen Teilstaaten Sabah im Norden und Sarawak im Westen Borneos. Das B, nur doppelt so groß wie das bundesdeutsche Saarland, hat 200 000 Einwohner.

Wenn das Fährschiff von der Insel Labuan die Südchinesische See verläßt und in das Labyrinth der Flußläufe vor Brunei dringt, meint der späte Entdecker jenes Borneo wiederzuerkennen, das von den Männern Magellans kaum anders gesehen und von Schriftstellern wie Joseph Conrad und Somerset Maugham schließlich literarisch salonfähig gemacht worden ist. Das Schiff taucht ein in das verästelte Gewirr der Wasserarme, die sich um verfilzte Ufer winden. Gelegentlich gleitet ein Ruderboot vorbei, das irgendwo in einer Ritze des Mangrovendickichts verschwindet, hinter dem das unergründliche Borneo zu beginnen scheint. Ein paar Holzhäuser krallen sich mit Pfählen in den morastigen Boden. Graugrüne Monotonie ringsum. Die Mitreisenden geben Farbe. Eine Gruppe muslimischer Männer steht an der Reling, knöchellang in dunkelgrünes Tuch gewandet, auf dem Kopf die weiße Kappe der Hajis, der Mekkapilger. Einige Engländer daneben, ebenso in bunte Hemden gekleidet wie die Mehrzahl der anderen Fahrgäste, die das Bild asiatischer Rassenvielfalt bieten. Alle zusammen sind bereits ein Stück von Brunei, das sich allmählich den Blikken öffnet.

Am rechten Ufer ist eine Straße erkennbar, einige Autos,
vereinzelte Villen am Hang – gleichsam als Ankündigung jener anderen Welt, die sich plötzlich eine Flußbiegung weiter
präsentiert. Die goldene Kuppel einer Moschee ragt über
das Wasser; daneben weist der Zeigefinger des Minaretts
aus der Silhouette weißer Häuser. In der Wüste würde diese Erscheinung Fata Morgana genannt; im Nordosten Borneos aber, inmitten von Urwald und Wasser, fehlt das treffende Wort. Literarische Vergleiche verschwimmen. Romantische Borneo-Beschaulichkeit kommt gar nicht erst
auf im Gedröhn der schweren Außenbordmotoren amerikanischer und japanischer Machart, die kleine Boote zwischen den Pfahlhäusern der Wassersiedlung von der einen
Seite zur steinernen Stadt auf der anderen Seite des Brunei-Flusses hin und her schießen lassen, zwischen Kampung Air und Bandar Seri Begawan. Da ist bis spät in die
schwüle Nacht hinein ein Wettrennen im Gang; es geht um
den Großen Preis des Fortschritts. Die Teilnehmer, deren
Vorfahren noch einen sehr dehnbaren Begriff von Zeit gehabt haben, scheinen von der Angst besessen zu sein, den
Anschluß an das von Otto-, Diesel- und Wankelmotoren angetriebene letzte Drittel des 20. Jahrhunderts zu verpassen.

Kaum hat sich der Ankömmling durch das Menschengewühl vor den Schaltern des Zolls und der Polizei gedrängt
und hat die Einreiseerlaubnis für das Sultanat im Paß – weil
er weder lange Haare besitzt, noch Pornos, kommunistische Schriften oder Drogen im Gepäck mit sich führt (alles
streng verboten!) –, da umbrandet ihn erneut der motorisierte Wahn. Auf den asphaltierten Straßen rollen die modernsten Modelle der japanischen Luxusklasse, kaum ein

Kleinwagen dazwischen. Das Wort Fahrrad kommt einer Beleidigung gleich. Jedermann des Ministaates rast mit in der einzigartigen Brunei-Rallye. Die Energiesparappelle der Industriestaaten haben in Brunei kein Echo. Warum auch! Noch sprudelt das Erdöl aus dem eigenen Boden. Gemessen an arabischen Golfemiraten mag die tägliche Fördermenge bescheiden sein, aber aus Brunei hat das flüssige Gold einen Wohlfahrtsstaat gemacht. Das Kuwait Asiens. In den drei Städtchen des Landes besitzt fast jede Familie ein Auto, ein Farbfernsehgerät und andere materielle Güter industrieller Massenfertigung. Die Bürger Bruneis brauchen keine Steuern zu bezahlen. Die Altersversorgung wird aus der Staatskasse bestritten. Medizinische Betreuung ist kostenlos. Ein Paradies aus Islam und Öl.

Am 1. Januar 1984 wurde Brunei in die staatliche Selbständigkeit entlassen. Damit ging offiziell ein weiteres Kapitel der Kolonialgeschichte zu Ende. Großbritannien räumte seinen neben Hongkong vorletzten Stützpunkt »East of Suez«. Während prunkvoller Feierlichkeiten wurde am 23. Februar der britische Union Jack eingezogen. Als sechstes Mitglied schloß sich der neue Mini-Staat der Gruppe der südostasiatischen Nationen, der ASEAN an, die von Indonesien, Singapur, Malaysia, Thailand und den Philippinen begründet worden war. Innenpolitisch hat sich seit der Unabhängigkeit wenig verändert. Der Sultan herrscht in absolutistischer Machtfülle. Kritik an der Regierungsweise ist tabu. Da hat sich seit Magellans Zeit nichts wesentlich verändert, wenn man von der fortbestehenden Präsenz der Ausländer absieht. Die von britischen Offizieren beratene Armee, die Polizei und der Geheimdienst sind des Sultans wichtigste Stützen. Mehr als ein Drittel des Staatsbudgets werden dafür verwendet.

Ganz auf sich allein gestellt wären die Brunei-Bürger

auch nach dem historischen 1. Januar 1984 nicht in der Lage gewesen, ihren Reichtum abzubauen und ihr Land zu verwalten. Der lokale Handel ist fest in Händen der chinesischen Minderheit, die immerhin ein Viertel der Bevölkerung ausmacht. Etwas mehr als die Hälfte sind Malaien und Dayaks, die auch hier – wie in Malaysia – offiziell als die eigentlichen Hausherren gelten. Aber an den Schaltstellen von Big-Business, Politik und Militär sitzen die Europäer, vor allem Engländer, mehr als 10 000 an der Zahl. Rund um Seria und Kuala Belait, den beiden Ölzentren, breiten sich über Quadratkilometer die gepflegten Häuser der Experten aus. Zu den Engländern haben sich in den vergangenen Jahren die Japaner gesellt. Zweite Einnahmequelle ist der Welt größte Gasverflüssigungsanlage im westlichen Teil Bruneis, in Lumut. Neben Shell ist daran der Mitsubishi-Konzern beteiligt.

Im Royal Brunei Yacht Club wird die Erinnerung an englische Literatur wieder wach. Da haben sich Typen und Atmosphäre erhalten, ganz so, als sei die Welt noch immer in Ordnung wie zu Maughams Zeiten der Kolonialepoche. Die Brunei-Elite und die europäischen Experten verkehren mit britischer Etikette. Members only. Und im neuen Viertel von Bandar Seri Begawan, wo Regierungsgebäude mit phantasievollem Schmuck arabischer Prachtentfaltung stehen, wird einem Repräsentanten britischer Lebensart in Bronze gehuldigt.

Unverkennbar: die rechte Hand zum siegessicheren V erhoben; im Mund die Zigarre; ein Bowler auf bulligem Kopf. Er ist's. Wer noch Zweifel hegt ob dieses schwergewichtigen Europäers auf marmornem Sockel, den klären eingemeißelter Name nebst Blut-und-Schweiß-und-Tränen-Zitat auf. Jeder Zoll ein Klischee. Jedes Gramm Bronze ein Symbol. Die zum Denkmal erstarrte Verkörperung eines vergangenen Weltreiches steht da überlebensgroß: und hinter dem Mann preist seinen Ruhm ein ganzes Museum, das eigens ihm gewidmet ist: Sir Winston Churchill.

Draußen benzinstinkender Autoverkehr, drinnen sakrale Feierlichkeit. Wenn er aus schwüler Tropenluft kommt, umfängt den Besucher klimatisierte Heldenverehrung. Indirektes Licht. Raum für Raum eine inszenierte Lebensstation. Das Kind, die Familie, das Genie, das Empire. Weltgeschichte in einer Biographie. Eine Biographie wird zur Weltgeschichte. Raffiniert werden Mann und Epoche ins Bild gebracht. Sogar die Stimme dieses Herrn ertönt, und die eines seiner Widersacher auch. Wenn sich der Betrachter neugierig seinem Konterfei nähert, setzt eine Lichtschranke ein Tonband in Bewegung. Bei Hitler derselbe Mechanismus, nur beträchtlich lauter. An authentischen Stücken ist wenig zu erblicken, doch geschickte Museums-Dramaturgie fügt Fotos, Dioramen, kopierte Dokumente, Fahnen und Gemälde zu einer Schau zusammen, die in Südostasien ihresgleichen sucht. Der europäische Gast wundert sich. Ringsum in den Nachbarstaaten werden nationalistische Töne angeschlagen. Die koloniale Vergangenheit und deren weiße Repräsentanten stehen fast überall in geringem Ansehen. In Brunei jedoch preist ohne Wenn und Aber eine wohltemperierte Gedenkstätte Winston Superstar der einheimischen Jugend als Vorbild. Der Christenmensch an solch exotischem Ort zum Idol stilisiert, überrascht um so mehr, als strenger Islam das öffentliche Leben des Sultanats bestimmt. Straßenschilder sind in malaiischer und arabischer Sprache verfaßt. Die prachtvolle Omar-Ali-Saifuddin-Moschee beherrscht das Bild von Bandar Seri Begawan; sie erhebt sich über einem Rundteich, in dessen spiegelglattem Wasser eine steinerne Barke liegt. Nachts übergießen Scheinwerfer die Prunkbauten mit Brausepulverfarben. Überall in Asien liegen während der Gebetsstunden vor den Toren die Plastiksandalen der Moscheebesucher. In Brunei stehen dort Schuhe, solide, feste Schuhe – Hinweis auf die ölhaltigen Einkommensverhältnisse, die sogar Britisches in Bronze kleiden.

In den Restaurants fehlen die Poster für Bierwerbung, wie sie im ebenfalls islamisch beeinflußten Sabah und Sarawak zu sehen sind. Auf dem zentralen Markt, wo die Lebensmittel verkauft werden, die Brunei mangels eigener Produktion zu 80 Prozent einführen muß, wird die Hausfrau vergebens nach Schweinefleisch suchen. Dies gibt es einige hundert Meter weiter, für die Blicke vorübergehender Passanten verborgen, an einem Extra-Stand.

Bei der Fahrt über Land, über die 1 200 Kilometer asphaltierter Straßen, fällt die Zahl der vielen neuen Moscheen auf. In deren Bau und Unterhalt fließt ein Teil jenes Ölstromes, der Brunei zu dem gemacht hat, was es heute ist. Der Islam schafft eine Art Gegengewicht zum totalen Einbruch westlich-materieller Werte, deren Besitz und allgemeine Verbreitung unter der Mehrheit der Brunei-Bürger dem Sultans-Thron bislang wirksamere Absicherung gebracht hat als das mit modernster britischer Technik ausgestattete Militär. Zweifellos: eines der seltsamsten Staatsgebilde der Welt, dem modernen Besucher so exotisch, wie es den ersten europäischen Gästen erschienen sein mag.

Weiter mit Gewalt

Piraten, Diebe, Mörderbande

Nichts Heroisches war mehr an diesen heruntergekomme-
nen Männern zu erkennen, die ihre hundertmal geflickten
Segel aufzogen, um Bruneisches Einzugsgebiet schleunigst im Kielwasser zu lassen. Weiteres Umherirren im Sulu-Archipel. Bei der verzweifelten Suche nach den Gewürzinseln wußte niemand mehr, ob diese Molukken nicht letzten Endes ein pures Phantasiegebilde sind, unerreichbar
und denen Tod und Untergang bereitend, die dem Wahn
nachjagen. Skrupel, Hemmungen, Glaube, Stolz, Mut, Vertrauen – all so etwas war längst über Bord gefegt worden.
Während der folgenden drei Monate nach ihrem Fiasko in
Brunei sanken die Europäer vollends auf die Stufe von Piraten, Dieben und Mörderbanden. Keine Begegnung mit den
einheimischen Menschen ging während dieser Zeit ohne
Blutvergießen, ohne Tränen und Gewalt ab.

Anfang August 1521. Kaum sind »Victoria« und »Trinidad« dem Sultanat Brunei entflohen, haben offenes Gewässer unter den Planken und die Besatzung fühlt sich vor
möglichen Verfolgern sicher, da überfallen die Männer eine
Prau. Im Verband mit drei anderen Schiffen steuert sie Kurs
Brunei. Als Ladung türmt sich ein Berg von Kokosnüssen
auf dem malaiischen Boot. Dessen Mannschaft kann sich
auf eine kleine Insel retten. Die Angreifer machen sich über
die Nüsse her. Auch diese Attacke hat den Europäern gezeigt, wie wenig sie sich noch auf ihre eigenen Schiffe verlassen können. Es sind schwimmende Wracks geworden,
die bald nicht mal mehr schwimmen, wenn nicht gründliche
Reparaturen erfolgen.

Ein Landplatz wird gesucht. Besorgt vermeiden es die Seeleute, an bewohnten Küstenstrichen ihre Schiffe aus dem Wasser zu ziehen. Bloß keine Auseinandersetzungen mehr an Land! Der Platz schließlich, der sich heute nicht mehr lokalisieren läßt, ist daher von Menschen unberührte Natur, die die Ausbesserungsarbeit aufreibender macht, als es wahrscheinlich in der Nachbarschaft einer Siedlung der Fall gewesen wäre. Woche um Woche plagen sich die Männer ab, mit unzureichenden Werkzeugen und mangelhaftem Material aus ihren wurmstichigen Fahrzeugen wieder halbwegs seetüchtige Schiffe zu machen. Der Urwaldboden ist mit Dornen und rissigem Gestrüpp gespickt; kein Schuh schützt mehr die Füße der verwahrlosten Gesellen. Sie jagen Wildschweine und Schildkröten. Krokodile lauern als gefürchtete Bestien in Sichtweite. Insekten machen die Nächte zur Hölle, die die Männer Port Santa Maria nennen. Wieder einmal schiebt sich die Erinnerung an die schmerzhafte Niederlage von Mactan über die Nöte des Tages. Einer ihrer Kameraden, der beim Kampf gegen Lapulapu und dessen Krieger verletzt worden ist, stirbt nun, drei leidensreiche Monate danach, an den Folgen. Wieder zwei Hände weniger, die so notwendig gebraucht würden bei der Reparatur. Keiner kann sich drücken. Nur der Tod entschuldigt. Sechs Wochen währt die Tortur.

Als am 27. September die »Victoria« und die »Trinidad«, gestärkt mit den Hölzern, die so mühevoll dem Urwald abgerungen worden sind, in die Wellen gelassen werden, führen zwei neue Männer das Kommando: Gonzalos Gomes de Espinosa als Generalkapitän, Juan Sebastian Delcano als Kapitän der »Victoria«. Vorgänger Cavalho ist abgelöst worden; seine Eigensucht und seine Unfähigkeit als Führer hat zur Umbesetzung geführt, die von Cavalho offenbar ohne Widerstand hingenommen worden ist. Doch dieser Coup ändert nichts am schändlichen Treiben.

Eine Dschunke wird nächstes Opfer. Die Europäer brüllen ihr zu, beizudrehen. Keine Reaktion. Dann folgt der Angriff. Die unbewaffnete Dschunke wird besetzt. Als einige der Männer hinüberspringen, erkennen sie vertraute Gesichter. Persönlichkeiten von Palawan befinden sich an Bord, Angehörige jener Volksgruppe, mit denen die Europäer ein paar Wochen zuvor Blutsbrüderschaft geschlossen und sie freundlich bewirtet haben. Doch nun fordern die Weißen. Die Formel ist einfach, kein Dolmetscher Enrique vonnöten: Nahrungsmittel oder Leben. Eine Woche wird Zeit gegeben, um die enormen Mengen von je zwanzig Schweinen und Ziegen und hundertfünfzig Hühnern und einigen Zentnern Reis herbeizuschaffen. Die noblen Leute von Palawan bleiben als Geiseln bis zum Ablauf des Ultimatums. Sie fügen sich der rohen Gewalt.

Auch bei diesen Akten der Erpressung sehen sich die Europäer nicht als eigenverantwortliche Individuen, die Unrecht tun, sondern als Männer im Auftrag des spanischen Königs, was ihrem Handeln aus ihrer Sicht die Legitimation verleiht. Die Forderungen an die Bewohner von Palawan werden als Tribut an den Monarchen im fernen Europa deklariert. Vermutlich beeindruckt dies die armen Teufel sehr viel weniger als die Angst um ihr Leben. Pigafetta vermerkt, daß deren Schiffe nach einigen Tagen sogar mehr Lebensmittel heranbringen als gefordert worden sind. Die Europäer spendieren als »Geschenke« eine Fahne, ein Kleid aus gelbem Damast, Leinwand und einen blauen Mantel – für Menschen in tropischem Klima, die fast nackt sind, überaus nützliche Präsente. Pigafetta leitet von dieser Morgengabe die Behauptung ab: *»Wir schieden als gute Freunde von-*

einander.« Die Freundschaft dürfte ziemlich einseitig gewesen sein.

Ist es bei diesem Überfall ohne Tote abgegangen, so ändert sich das Bild beim nächsten Anschlag brutal. Die Küste Borneos verschwindet weit hinter dem Horizont im Westen. Die Europäer segeln wieder ostwärts, wieder in die Richtung, aus der sie gekommen sind. Irgendwo vor Mindanao wollen sie neue Informationen über die Molukken einziehen. Eine Prau wird gesichtet. Keine langen Überlegungen. Kein Versuch, mit friedlichen Mitteln einen Kontakt aufzunehmen. Attacke! Diesmal stoßen die Europäer auf Widerstand. Die überfallenen Männer von Mindanao wehren sich erbittert, sind aber der Übermacht nicht gewachsen. Sieben Tote zählt Pigafetta. Die anderen werden als Gefangene auf »Victoria« und »Trinidad« verteilt, wo bereits die in Brunei gekidnappten Männer und Frauen hocken.

Unter den Leuten von Mindanao ist einer, der angeblich weiß, wo die Molukken zu finden sind, ja mehr noch, der sogar schon mal im Haus des Portugiesen Francisco Serrao auf Ternate gewesen sein will. Welch eine Nachricht! Sollte denn das so oft verfehlte Ziel wirklich existieren? Sichtbar, greifbar, erreichbar? Die Worte müssen wie eine Injektion gewirkt haben, wie eine Spritze voller Lebensgeister, direkt in die Blutbahnen der weißen, bärtigen Männer geleitet. Kurswechsel. Nun geht es nach Südosten.

Aber die vage Auskunft reicht nicht aus. Ortskundige Lotsen werden gebraucht, um die vielen Inseln unbeschadet zu passieren, die nun ins Blickfeld geraten. Hinter jedem Eiland zeichnet sich die Silhouette eines weiteren ab. Auf einer der Sangir-Inseln zwischen Sulawesi und Mindanao verlassen sich die Europäer wieder mehr auf ihre Fäuste als auf ihre Zunge. Zwei Männer werden gewaltsam an Bord geschleppt und gezwungen, als Lotsen auf dem weiteren Wege in die Molukken zu dienen. Den Muskeln und Gewehren ihrer Bedränger fügen sie sich; einer von ihnen aber nutzt ein paar Tage später die Gelegenheit eines Sturmes, um über Bord zu springen. Einer der Mindanao-Männer folgt dem Beispiel.

Ein Lotse bleibt. Am 6. November, einem Mittwoch, zeigt der Mann auf einige Inseln, deren Vulkankegel sich deutlich über den Wellen abheben. Der einheimische Kenner der Region sagt nur ein Wort, aber dieses eine faßt eines der qualvollsten und folgenschwersten Unternehmen der Menschheitsgeschichte zusammen. Dieses eine Wort genügt, um die ausgezehrten, so oft enttäuschten Männer, die sich in ihrer ramponierten Moral vom zerrütteten Zustand ihrer Schiffe kaum unterscheiden, in Jubel und Dankesgebete ausbrechen zu lassen. Molukken heißt dieses Wort. Geschützdonner zerreißt die Stille des Meeres. Allen soll es in den Ohren dröhnen. Die Europäer kommen! Und sie kommen aus einer Richtung, aus der nie zuvor Europäer gekommen sind.

Die Molukken

Magellans Männer werden sanftmütig

Willkommen auf Tidore

Keine Fata Morgana, die sich im Nebel auflöst, kein Spuk, der die überreizten Nerven narrt, kein bloßes Wahngebilde, das europäischer Habgier entsprungen ist, nein, da sind sie wirklich und wahrhaftig: die Gewürzinseln, die Inseln abendländischer Träume, das Ziel, um dessentwegen 265 Männer Kopf und Kragen riskiert und bereits mehr als die Hälfte von ihnen Kopf und Kragen verloren haben.

8. November, ein Freitag. Seit 27 Monaten sind die Überlebenden der Magellanschen Mannschaft auf unbekannten Meeren unterwegs. Die Männer blicken gebannt hinüber. Vollendet geformte Vulkankegel ragen aus dem tiefblauen Wasser. Ternate. Tidore. Alle haben sie diese Namen schon einmal gehört.

Wie werden sie nun aufgenommen? In welchen Machtbereich laufen da ihre Schiffe? Lauern die Portugiesen bereits im Hinterhalt, die Konkurrenten und Gegner?

Noch ehe »Victoria« und »Trinidad« vor Tidore ankern, zerplatzt eine von den Portugiesen Jahre zuvor verbreitete Propagandalüge wie eine Seifenblase, eine Lüge, die die spanischen Mitbewerber um der Molukken reiche Beute hatte abschrecken sollen: Weder gefährden Untiefen die Segelmanöver, noch sind die Inseln beständig von dunklen Nebeln umhüllt. Und Süßwasser, so wird bald festzustellen sein, gibt es entgegen der portugiesischen, eigennützigen Fehlinformation reichlich. Überhaupt: Alles vollzieht sich nach Wunsch während der folgenden sechs Wochen. Das Tor ins nach Gewürzen durftende Paradies wird weit, ganz weit aufgetan.

Von Tidore rudern Abgesandte des Königs zu den gerade eingelaufenen Schiffen herüber; am nächsten Tag kommt er selbst, ein stattlicher Mann, von seidenem Schirm vor der Sonne geschützt, von seinem Sohn mit dem Kris als Zeichen seiner Macht begleitet, von seinen Beratern umgeben, die ihm zur Handwäsche stets ein mit Wasser gefülltes goldenes Becken bereithalten: ein islamischer Sultan. Er heißt die fremden Männer willkommen und teilt ihnen eine Geschichte mit, die die Gäste verblüfft und ihre Bedenken zerstreut: Solche Schiffe wie die ihren seien dem Sultan bereits im Traum erschienen, die Ankunft habe er erwartet und betrachte die Männer als seine Freunde.

Bei der Begrüßungszeremonie stellen ihm die Ankömmlinge einen Stuhl mit rotem Samt hin, überhäufen den Sultan mit Geschenken, ahnend, daß sie der Zufall an den richtigen Mann geführt hat, an den Herrscher, den es zu umwerben und zu umgarnen gilt. Brokat, Leinwand, Damast, golddurchwirkte Stoffe aus Indien, Messer, Spiegel, vergoldete Glasschalen, Kämme, Scheren – immer neue Gaben kramen die Europäer aus den Bäuchen ihrer Schiffe, fest darauf bauend, daß diese Investitionen später reiche Ernte abwerfen werden: Gewürze in Massen. Ohne Gespür für Relationen scheinen sie damit fast des Sultans Unwillen zu provozieren.

Die Molukkeninsel Ternate

Genug, bekundet er, offenbar beschämt, denn er macht klar, daß er sich gar nicht angemessen revanchieren könne bei ihrem König, dem von Spanien. Außer seiner eigenen Person könne er dem fernen Herscher gar kein würdiges Geschenk machen. Der Sultan weiß nicht nur, daß es Portugiesen und Spanier gibt, er weiß auch von deren Rivalität. Der orientalische Überschwang scheint mit dem Mann durchzugehen. Tidore, so erklärte er, solle von nun an einen neuen Namen erhalten: Kastilien soll die Insel heißen. *»Auf diese Weise wollte er zum Ausdruck bringen, wie sehr er dem König von Spanien, unserem Herrn, anhing«* interpretiert Pigafetta diese Geste.

Doch der Sultan ist kein gefühlvoller Schwätzer, sondern ein Herrscher, der sehr wohl seine Absichten verfolgt. Die Erklärung ist naheliegend: Mit dem Sultan auf der Nachbarinsel Ternate liegt er in Fehde; Ternate aber hat sich zu jener Zeit mit den Portugiesen eingelassen. Wenn er nun deren Feinde, die Spanier, auf seiner Seite habe, könne das seine Position gegenüber dem Ternate-Sultan stärken. Freudig stimmen die Spanier seiner offenkundigen Parteinahme für sie zu.

Eine äußerst verwickelte Politik von asiatisch-europäischen Bündnissen, bei denen beiderseitige Rivalitäten dem jeweilig eigenen Nutzen dienen sollten, nahm ihren Anfang in jenen Tagen; eine Politik, die unendliches Leid über die Molukken bringen sollte. Doch wer ahnte das in diesem nicht endenwollenden Austausch von Höflichkeiten an jenem Tag im November 1521? Alle erwünschten Rechte räumt der Sultan den Männern unter spanischer Flagge ein. Der Herrscher selbst zieht mit seiner Prau los, um von entfernteren Inseln seines Einflußbereiches die begehrten Gewürznelken zu beschaffen, die in solchen Mengen, wie sie »Victoria« und »Trinidad« aufnehmen können, gar nicht auf Tidore lagern.

In der rasch gezimmerten Lagerhütte am Strand stapeln sich bald die Säcke mit Gewürznelken und Muskatnüssen. Nachdem der Sultan für Nachschub gesorgt hat, dürfen auch die einfachen Leute mit den Europäern handeln. Ein Rausch erfaßt sie. *»Wir kauften wie die Verrückten«,* bekennt Pigafetta. Mit den Händen durch die gehäuften Berge von Gewürznelken zu greifen, wird zur lustvollen Betätigung. Und je höher dieser so verführerisch duftende Reichtum wächst, desto mehr sinkt der Preis. Immer neue Ladungen schaffen die Einheimischen herbei und werden sogar zornig, wenn die Seeleute allmählich den Kopf schütteln und zu verstehen geben, daß es bald reicht. Sie haben ja kaum mehr etwas, das sie anbieten können. Jeder einzelne von der Mannschaft versucht, für sich den großen Reibach zu machen. Den letzten Mantel, das löchrigste Hemd, die zerschlissenste Hose halten sie den Leuten von Tidore hin. Fadenscheiniges Tuch für Gewürze, deren Wiederverkauf im fernen Europa den Erwerb der edelsten Gewänder ermöglichen wird.

Über dem Handel wacht zustimmend das Auge des Sultans. Die Europäer tun alles, um sein Wohlwollen zu erhalten. Bereitwillig liefern sie ihm die meisten ihrer Gefangenen von Brunei und Mindanao aus, auch die drei Frauen, die nun als besonderes Geschenk offeriert werden. Pigafetta vergißt nicht, ausführlich vom Harem des islamischen Herrschers auf Tidore zu berichten. Sogar dessen Wunsch, ihre Schweine zu schlachten, erfüllen die Europäer; auf den Schiffen werden die Tiere getötet, um so den Blicken der Moslems verborgen zu bleiben. Als eine Abordnung auf einer Prau von Ternate herüberpaddelt, um mit den Europäern in Kontakt zu kommen, da vergewissern diese sich erst einmal beim Sultan von Tidore, ob sie diese Verbindung überhaupt aufnehmen dürfen. Längst haben sie von den Streitigkeiten zwischen beiden Inseln gehört. Das Mactan-Abenteuer ist unvergessen. Angesichts der kostbaren Ladung, die es nun so schnell wie möglich nach Spanien zu verfrachten gilt, will sich kein Europäer mehr in einen lokalen Streit einlassen.

Wie brisant ihre eigene Lage ist, erfahren die Männer ohnehin deutlich genug. Aus portugiesischem Mund hören sie, wie weit gespannt das Netz ausgelegt ist, das die spanischen Wilderer in portugiesischen Jagdgründen einfangen soll. Pedro Affonso de Lorosa erzählt davon. Der Portugiese lebt seit einem Jahrzehnt auf den Molukken als ein Außenposten des Gewürzhandels unter portugiesischer Flagge. Daß ein gewisser Magellan von Spanien westwärts gesegelt war, um zu diesen Inseln zu gelangen, hatte de

Lorosa längst erfahren. Er berichtet darüber den Spaniern ebenso wie von den portugiesischen Geschwadern, die ausgesandt sind, ihnen am Kap der Guten Hoffnung, in mittelamerikanischen Gewässern und sogar in den Molukken aufzulauern. Wieder einmal spüren die Spanier, daß sie die Erde umrundet haben. Nach all den Widrigkeiten der zurückliegenden Jahre, nach der bereits an dieser Stelle zu dieser Zeit längsten Seefahrt, die Menschen bis dahin je unternommen hatten, waren sie, obwohl noch weit von Europa entfernt, schon wieder vollkommen in die Gefahren geraten, die dieser Kontinent über den gesamten Globus ausbreiten sollte.

Doch Pedro Affonso de Lorosa erzählt nicht nur von den ausgeschickten Häschern, sondern auch von dem Mann, der ursächlich daran beteiligt gewesen war, daß diese erste Weltumsegelung nun Wirklichkeit hatte werden können. Richtig: Serrao. War das nicht derjenige, der ihrem früheren Generalkapitän die Briefe geschrieben hatte, die ihm die Molukken so vertraut werden ließen? Ein Jugendfreund Magellans, der von Malakka aus in die Molukken weitergesegelt war und auf Ternate ein neues Leben begonnen hatte? Die Spanier erinnern sich. Was ist aus ihm geworden?

Herr de Lorosa kann nur dessen Tod vermelden. Acht Monate ist es her. Also etwa zur selben Zeit, da Magellan vor Mactan seinen Geist im Uferschlamm aushauchte? Ja, etwa zur selben Zeit. Genaueres über die Todesursache Serraos vermag auch de Lorosa nicht zu sagen. Wahrscheinlich wurde der Mann, der militärischer Berater des Sultans von Ternate geworden war, vergiftet. Ein Opfer lokaler Streitigkeiten, deren Fronten so oft wechseln und von Intrigen und von Familienzwisten genährt werden. Serrao war mit einer einheimischen Frau verheiratet, möglicherweise einer Frau von Java, das im Zwischenhandel der Gewürze eine wichtige Rolle spielte. Aber auch diese Version taucht in den Chroniken auf: Serrao sei nach Indien zurückbeordert worden, weil er den Portugiesen im abgelegenen Ternate zu einflußreich erschienen war. Doch eines steht fest: Für Serrao war der Osten ebenso zum Schicksal geworden wie für Magellan.

De Lorosa, seit 16 Jahren im fernen Asien, seit einem Jahrzehnt auf den Molukken, war die meisten dieser Jahre portugiesischer Interessenvertreter auf der Insel Banda. Nach Serraos Tod wurde er auf Ternate versetzt. Der Portugiese macht keinen Hehl daraus, daß sein König die Molukken bereits seit einem Jahrzehnt als Besitz Portugals betrachte. Ein von den Monsunwinden regelmäßig begünstigter Handel war in Gang gekommen. Von Malakka aus liefen die im portugiesischen Auftrag segelnden Schiffe die Insel Banda an, um dort Muskatnüsse zu laden; dann fuhren sie nordwärts, um auf Ternate die Fracht mit Gewürznelken zu bereichern. Die Spanier sperren die Ohren auf. Hatten die Portugiesen hier bereits das Rennen gemacht? War deren Einfluß schon so gefestigt, daß die Spanier mit ihrem Aufkreuzen aus der anderen Himmelsrichtung zu spät kamen? Fragen, die ihre Wachsamkeit schärften, aber ohne Anwort blieben. Wichtig war jetzt nur eines: Ladung fassen und von den portugiesischen Konkurrenten unbemerkt nach Spanien segeln.

Trotz aller lokaler Querelen trifft in jenen Jahren die Bewertung der politischen Großwetterlage für die Molukken gewiß zu, die ein Mann fern dieser Inselgruppe zu Papier bringt. *»Ruhe und Frieden«* konstatiert Maximilianus Transylvanus, Geheimschreiber am Hofe Karls V. Der scharfsinnige Kommentator, gewissermaßen ein Leitartikel-Autor seiner Zeit, bildete sich sein Urteil aus den Informationen, die er aus Gesprächen mit den Überlebenden der Magellan-Expedition nach deren Rückkehr in Valladolid gewinnt. Die Worte »Ruhe und Frieden« als Zustandsbeschreibung der Molukken Anfang des 16. Jahrhunderts stehen in Maximilianus Transylvanus' Bericht an den Kardinalerzbischof Matthias Lang in Salzburg; und einen bemerkenswerten Nachsatz fügt der Verfasser in Valladolid an: *»Ruhe und Frieden sind die besten und edelsten Güter, die sich dank der Gottlosigkeit unserer Zeit von unserem Erdteil nach dem ihrigen* (dem asiatischen, gemeint sind die Molukken) *zurückgezogen haben. Uns treiben nur Habgier und die Sucht nach den wertvollen Gewürzen in diese unbekannte friedliche Welt.«*

Welch klare Erkenntnis im Jahr 1522. Diese europäischen Triebkräfte waren es, die auch in den Molukken »Ruhe und Frieden« so dauerhaft zerstört haben, daß die Folgen bis in die Gegenwart reichen.

Gewürze, die Geschichte machten

Kreuz und Kommerz

Damit keine Mißverständnisse aufkommen: Es wäre allzu schwärmerisch und historisch unzutreffend, auf den Molukken vor der Ankunft der Europäer das Paradies anzusiedeln. Fischfang und die Früchte einer nicht gerade verschwenderischen Natur ermöglichten nur ein Leben von der Hand in den Mund. Bevor die Gewürze in aller Welt ein begehrtes Handelsgut wurden, bedeuteten sie den Menschen der Molukken nicht viel. Muskatnüsse und Nelken machen nicht satt. Es gab keine die Region überspannenden Reiche, sondern die sich selbst versorgenden einzelnen Inseln und Inselgruppen, deren Obere immer wieder in rivalisierendem Hader miteinander lagen. Überfälle, Scharmützel, Sklavenfang zwischen benachbarten Eilanden gehörten gewissermaßen zum Alltag. Aber es war der lokalgeprägte Alltag mit Werten und Regeln, die aus der Region geboren waren. Die Welt der Molukken stimmte in sich. Erst mit dem aus weiter Ferne herangewehten Interesse an den Gewürzen und mit dem damit verbundenen Import des Islam und dem später folgenden Auftritt der Europäer kamen die tiefgreifenden Veränderungen auf den Molukken.

Javanische Händler waren die ersten, die den Zwischentransport der edlen Gewürze übernommen hatten und die gewinnbringende Fracht beispielsweise nach Malakka brachten. Als Tauschware lieferten die Javaner das Nahrungsmittel auf die Molukken, das dort auch heutzutage kaum angebaut, aber hoch geschätzt wird: nämlich Reis. Als Zugabe brachten die Javaner den Islam mit. Ende des 15. Jahrhunderts (wahrscheinlich um 1497) war die Religion bereits zu einer politischen Kraft geworden. Die Fürsten von Ternate und Tidore übernahmen die Lehre von dem einen Allah, dem zu dienen sie und ihre Untertanen gelobten. Insulare Sultanate bildeten sich. Die streng auf den jeweiligen Sultan ausgerichtete Gesellschaftsform stand bereits in Blüte, als die ersten Europäer, die Portugiesen, nach der Eroberung Malakkas in die Welt der Gewürzinseln vordrangen. Die Handesbeziehungen mit Java waren bis dahin eine asiatische Familienangelegenheit gewesen. Auch die Vermittlung des Islam durch Javaner war auf asiatische Horizonte beschränkt. Der Islam bedeutete Neues, aber nichts Befremdendes. Während des weiten Weges aus den arabischen Ursprungsregionen über Meer, Küsten und Kontinente war die Lehre vielfach gefiltert und einheimischen Bedürfnissen angepaßt worden. Die javanischen Geschäftspartner und Überbringer des Islam ließen sich als Siedler nieder, heirateten in lokale Familien ein, wurden aufgenommen als Angehörige einer für beide Seiten überschaubaren Welt. Weder Handel noch Islam waren auf eine jenseits dieser Welt existierende und Forderung stellende Metropole ausgerichtet. Kein islamischer Herrscher, kein oberster Hüter des Islam hatte je beschlossen, seine Religion auf die Molukken bringen zu lassen, wo fürderhin die Menschen nach seiner, in einem weit entfernten Land gültigen Façon selig zu werden hätten.

Dies klar zu erkennen ist erforderlich, um die Tiefe des Einschnitts in das Weltbild und Gesellschaftsgefüge ermessen zu können, den das Auftreten der Europäer bewirkte. Was die ersten Segel signalisierten, die da von Malakka kommend 1511 auf den Molukken gesichtet wurden, läßt sich mit keinem anderen Ereignis ihrer bisherigen Geschichte vergleichen. Beispiellos: Die Europäer auf ihren Karavellen handelten im Auftrag einer für die Menschen der

Molukken fremden Macht; diese Weißen traten nicht nur als Repräsentanten dieser Macht auf, sondern beabsichtigten, skrupellos selbst an Ort und Stelle Macht auszuüben; sie verlangten Unterwerfung unter Krone und Kreuz. Die bärtigen Männer landeten auch dort nicht als Vermittler zwischen West und Ost, nicht als Boten des Ausgleichs, sondern als Herren des Anspruchs. Ihr Denken und Trachten richtete sich an Europa aus. In ihrem Gepäck führten sie das christliche Kreuz mit sich, das sie überall aufzustellen gedachten. Es war das unübersehbare Symbol ihrer Anmaßung, in dem sich alles wiederfand, was das Abendland auch bis in die abgelegenen Winkel der Molukken verbreitete.

Den Portugiesen fiel bei dieser europäischen Eroberung des südöstlichen Asiens nur die Rolle der Wegbereiter zu. Ihnen gelang es, sich an einigen Orten festzusetzen, Festungen zu bauen, Niederlassungen zu gründen, Handel zu treiben und Handelswege gewinnbringend zu kontrollieren. Aber die eigentlichen Herren vermochten sie in dieser Weltecke ebensowenig zu werden wie die Spanier, die verhaßten Konkurrenten. Schutzverträge mit den untereinander zerstrittenen regionalen Fürsten sicherten Einflußbereiche. So war beispielsweise Ternate den Portugiesen verbunden, als die Männer Magellans auf Tidore landeten. Doch solche Verträge und Allianzen waren in vielen Beispielen kurzlebiger als das Pergament, auf dem sie geschrieben standen.

Die bloße Zahl der Portugiesen hielt sich in so bescheidenen Grenzen, daß es ihnen nie gelang, die traditionell den Gewürzhandel beherrschenden Javaner, Chinesen, Siamesen und Araber aus dem Rennen zu schlagen. Die Portugiesen hatten das Konzept der Entdeckung entwickelt, sie hatten Ansätze der Eroberung verwirklicht, aber sie schafften es in dieser Weltecke nicht, so dauerhaft und so gewinnbringend Fuß zu fassen wie die Spanier auf den Philippinen oder die Nation, die schließlich im Kampf um die Molukken als Sieger an allen Fronten hervorgehen sollte: Holland.

Die Holländer waren während der historischen Phase der weltweiten Entdeckungen selbst noch in einem Stadium der nationalen Selbstfindung gewesen, und ihre maritimen Aktivitäten hatten sich auf europäische Küsten beschränkt. Aber im 16. und 17. Jahrhundert bereicherten sie die europäischen Globalgelüste um ein neues Macht-Instrumentarium, das nicht nur eine Politik der Stützpunkte erlaubte, sondern die monopolistische Durchdringung eines gesamten Archipels und die allmähliche Anpassung dessen Wirtschaftsstruktur an die holländischen Wünsche. »Vereenigde Oostindische Compagnie« hieß dieses neue Konzept der Macht, Vereinigte Ostindische Kompanie. Deren Signum – VOC – gewann einen ähnlichen Gehalt an Symbolischem wie das Kreuz.

Als die Holländer auf den Molukken eintrafen, sahen sich ihre Kapitäne und Handelsbosse denselben Schwierigkeiten ausgesetzt wie die Portugiesen, Spanier und Engländer, die sich 1579 in Gestalt des weltumsegelnden Francis Drake hatten blicken lassen. Allesamt waren vom Reichtum der Gewürze angelockt worden wie Motten vom Licht. Aber keinem der europäischen Abgesandten gelang es, sich nicht bloß gelegentlich an diesem Licht erwärmen zu können, sondern das Licht in seinen Besitz zu bringen. Auch die Holländer schlossen in Divide-et-impera-Manier immer neue Verträge mit einheimischen Herrschern ab, um sich Handelsrechte zu sichern und durchzusetzen, daß nur sie und keiner der Konkurrenten mit den Gewürzen beliefert werden dürfen. Solange die Schiffskanonen der Holländer auf die jeweiligen Anlegestellen, Siedlungen und deren Bewohner gerichtet waren, konnten sich die Bedränger im Bewußtsein alleiniger Macht sonnen. Kaum lichteten ihre Schiffe die Anker, waren aber die Verträge nicht mehr viel wert.

Mit der Gründung der VOC im Jahr 1602 und mit der holländischen Niederlassung in Batavia, dem Hafen an der nordöstlichen Küste Javas, im Jahr 1619 begann das neue Kapitel in der Unterwerfung Südostasiens durch eine europäische Vormacht. Holland verfügte nun über einen Handelskonzern, der alle Bereiche umfaßte: vom Transport und dessen militärischer Sicherung bis zur Verwaltung im Erzeugerland und der Vermarktung in Europa. In Batavia hatten die Holländer ein Zentrum, von dem aus die vielfältigen Fäden dieses Unternehmens fest zusammengehalten werden konnten. Mit dieser Konzentration der Handelsinteressen, der militärischen Macht und der Verwaltung war die Voraussetzung geschaffen, das Wirtschaftsmonopol auch gewaltsam durchzusetzen; mehr noch: Mit diesem Instrumentarium war die Basis gelegt, auf der später das holländische Kolonialreich Ostindien entstehen konnte.

Die Weltgeschichte war über Verträge à la Tordesillas hinweggegangen. Was nun zählte, war nicht mehr die fiktive Teilung des Globus durch das Oberhaupt der einen katholischen Kirche, sondern die macht- und wirtschaftspolitische Durchdringung der eroberten Gebiete. Dabei gingen die Holländer als Angehörige einer neuen, nämlich der protestantischen Kirche, sehr viel rationaler zu Werk als ihre portugiesischen und spanischen Vorreiter. Auch die Holländer traten als Christen auf, aber Missionierung und Eroberung hatte für sie keinesfalls mehr denselben, gleichwertigen Rang. Zahlen bedeuteten ihnen weitaus mehr in ihren Kontorbüchern als in den Taufstatistiken.

Grabplatte aus der holländischen Kolonialzeit im Museum von Jakarta

Die VOC brachte eine folgenschwere Komponente in die asiatischen Breiten, die dem beginnenden Zeitalter des europäischen Kapitalismus entstammte: Nicht einfach mit Waren zu handeln und aufzukaufen, was die lokalen Märkte zu bieten hatten, und sich auch nicht bloß zu Herren dieser Märkte zu machen, mehr oder weniger den Launen der Natur und den Zufällen einheimischer Interessenlagen ausgeliefert, war der Holländer Absicht. Sie wollten, mit dem Blick auf die Gewinne in Europa, bereits in den Anbaugebieten nach ihren Wünschen eingreifen. Seit den ersten Jahrzehnten des 17. Jahrhunderts begnügten sich die Holländer nicht mehr mit der Rolle der Zwischenhändler, sie begannen das Wirtschaftsgefüge nach ihren Profiten zurechtzustutzen. Was die Bäume der Gewürznelken und der Muskatnüsse betraf, so ist das wörtlich zu verstehen. Die Zahl wurde festgelegt. Kein Bewohner der Molukken durfte mehr nach eigenem Ermessen pflanzen und ernten. Der Preis der Gewürze wurde mit dem Beil nach den holländischen Bilanzen korrigiert. Um ein Überangebot zu verhindern, das die Profite gedrückt hätte, mußten nicht lizenzierte Bäume gefällt werden. Das einzige, was die Bewohner der Molukken als einträgliches Gut über ihre Inseln hinaus zu verkaufen hatten, war ihrer Entscheidung und Verfügbarkeit entzogen worden.

Der Reichtum der Region wurde ihren Bewohnern zum Fluch. Der interinsulare Handel mit Java, der den lebenswichtigen Reis auf die Molukken gebracht hatte, kam mehr und mehr zum Erliegen. Hungersnöte waren die Folge. Ohne die Gewürze, um derentwegen sich die europäischen Mächte in einen Wettlauf um den Erdball eingelassen hatten, wäre die Geschichte der Molukken, wäre die Geschichte Südostasiens anders, wahrscheinlich ruhiger verlaufen.

Die Menschen der Molukken ertrugen die eiserne Hand der Holländer nicht etwa widerspruchslos. Revolten flammten auf. 1635 beispielsweise, von der Insel Seram im Süden der Molukken ausgehend. Haß auf die europäischen Ausbeuter mischte sich mit islamischem Glaubenseifer. Dieser Aufstand wurde ebenso im Gewehr- und Kanonenfeuer der Holländer erstickt wie andere auch. Diese Vertreter Europas hatten ziemlich spät ihre Hände nach den Pfründen Asiens ausgestreckt, aber sie waren es schließlich – wenn man von dem Schattenregiment absieht, das die Portugiesen bis in die 70er Jahre dieses Jahrhunderts auf Ost-Timor aufrechterhalten konnten –, die länger an den Hebeln lukrativer Macht bleiben konnten als alle anderen Europäer.

Pattimuras Nachfahren

Die Buchstaben VOC sind noch gut zu erkennen. Holländische Waffenschmiede haben das Signum vor zwei Jahrhunderten in die Kanonenrohre geprägt, die heute als museale Überbleibsel auf der Insel Ternate an koloniale Zeiten erinnern. Die Kanonen, die auf dem stabilen Gemäuer des Forts Oranje noch immer ihre Schlünde aufs offene Meer richten, haben Rost angesetzt. Wo ehedem die Holländer ihr Handelsmonopol mit derartigen Waffen wahrten, ist nun eine Einheit der indonesischen Armee stationiert. Über der Grabplatte eines 1667 verschiedenen Kommandeurs in niederländischen Diensten werden Gewehre neuerer Bauart gestapelt. Auf dem Paradeplatz, wo einst holländische Befehle ertönten, hallen Kommandos in indonesischer Sprache wider. 70 000 Menschen hat die Polizei auf dem Eiland registriert. Ihre Siedlungen gruppieren sich rund um den Vulkan, der sich im Mittelpunkt der Insel erhebt – ein Stumpfkegel, der 1980 wieder einmal ausbrach. Nur neun Kilometer mißt die Insel von einer Seite zur anderen. In knapp zwei Stunden Autofahrt über holprigen Asphalt hat der Reisende Ternate umkreist. Hinter jeder Wegbiegung erblickt er ein neues Postkartenmotiv: Umrahmt von den Scherenschnitten der Palmen, die sich gegen das Meer abheben, segeln die Praus über die Wellen. Von Ternate schwimmen sie zu den Nachbarinseln Tidore und Mare, deren Vulkane sichtbar sind und schon Magellans Seefahrern den Kurs wiesen.

Bei seinen Streifzügen auf den Molukken fühlt sich der

Ternate: Soldaten im Fort Oranje

europäische Reisende immer wieder in die Vergangenheit versetzt. Nie ist er sich sicher über die Grenzen zwischen dem Gestern und dem Heute. Auch davon kündet Ternate, wo neben der lokalen Radiostation des staatlichen Rundfunks RRI der ehemalige Sultanspalast erhalten ist. Ein großräumiger Bau, der leer steht wie eine Kulisse – übrig geblieben aus einer Vorstellung, die schon lange vom Spielplan abgesetzt worden ist. Ein paar kümmerliche Reste vom Hofstaat des letzten Sultans geben Hinweise auf dessen Repräsentation: silbern ziselierte Helme mit arabischen Schriftzeichen, die von den Wächtern getragen worden waren, Säbel, eine Rüstung. Eindrucksvoller als das, was Generationen von Sammlern und Dieben hinterließen, ist die Beobachtung, die der Jenaer Forschungsreisende

Professor Willy Kükenthal 1896 machte, als es noch einen Sultan gab: »*Ein machtloser Herrscher, eine Puppe in den Händen der holländischen Regierung; eine armselige, verkommende Bevölkerung, das Aufhören jeglichen Handels, das sind die Segnungen, welche die europäischen Eroberer über die einst so glückliche Insel gebracht haben!*« Lokaler Widerstand jener frühen Jahre wird heute zur Heldenverehrung stilisiert. Schild und Schwert in Drohgebärde, jeder Zoll ein Rebell, so steht Pattimura als symbolträchtiges Denkmal mitten in Ambon. Seinen Namen tragen viele Wege auf der Hauptinsel der Molukken im südlichen Bereich. Der Flughafen ist nach Pattimura benannt, die Universität, die regionale Armee-Einheit; Straßen und Plätze heißen so. Die Nachfahren erinnern sich offenbar gern an den aufsässigen Mann von der Insel Saparua. Dort hat er im vorigen Jahrhundert aufbegehrt gegen die rigorosen Maßnahmen der Holländer zur Erhaltung ihres Gewürzmonopols. Sie hatten auch Pattimuras Nelkenbäume fällen lassen, um die Weltmarktpreise zu halten. Pattimura entfachte einen Aufstand – ein früher Guerillero, ein Bruder im Geist des Lapulapu, der den Kolonialherren jahrelang zu schaffen machte und schließlich während der Friedensverhandlungen, denen er sich leichtsinnigerweise gestellt hatte, öffentlich gehenkt wurde.

Sein Vorbild wird heute dankbar beschworen, wenn das nationale Bewußtsein gepflegt werden soll, das Historiker in allen Regionen der Republik Indonesien mit den mehr als 13 000 Inseln auf die Suche nach Helden von gestern gehen läßt. Doch Pattimura ist weniger für ein indonesisches Nationalgefühl symptomatisch, sondern mehr für molukkische Dickköpfigkeit. Mut und Gerechtigkeitssinn sind zwei Eigenschaften, die die Inselbewohner für sich in Anspruch nehmen; Draufgängertum ist dabei eine Spielart. »Wenn Sie das nicht verstehen, werden Sie auch nicht die Ausdauer verstehen, mit der junge Ambonesen in Holland für die RMS – die Republik der Südmolukken – kämpfen«, erklärte mir ein Staatsbeamter in Ambon. Jedermann in der weitflächigen Inselwelt der Molukken weiß von den Aktionen der Landsleute, die im mehr als 17 000 Kilometer entfernten Holland zwischen die Stühle der Geschichte geraten sind. Die Nachrichten von Anschlägen und Zugbesetzungen und vom Überfall auf das indonesische Generalkonsulat in Amsterdam, was alles in dramatischer Weise auf ein ungelöstes Kolonialerbe verweist, dringen bis in abgelegene Dörfer der Molukken. Die familiären Bande sind nicht zerrissen, vergangene Zeiten nicht vergessen.

Als noch die Holländer in Indonesien herrschten, waren die Soldaten von den Molukken besonders treue Streiter in der KNIL, der Königlich Niederländisch-Indischen Armee. Daß sie es waren, die kompromißlos die Interessen der Kolonialherren gegen indonesische Nationalisten verteidigten, ist bis auf den heutigen Tag gut im Gedächtnis der Nicht-Molukker, der Javaner vor allem, die vor fast vier Jahrzehnten ihr Leben für eine selbständige Republik Indonesien riskierten. Am 17. August 1945 war sie von Hatta und Sukarno in Jakarta proklamiert worden. Gegen den Willen der holländischen Regierung, die in dem von Japan besetzten Indonesien keine Macht mehr hatte. Nach dem Zweiten Weltkrieg versuchte sie zu retten, was zu retten war. In bewährter Teile-und-herrsche-Politik setzten die Holländer 1949 ihre Vorstellung von den Vereinigten Staaten Indonesiens durch. Sechzehn Mitglieder hatte diese Föderation. Auch die Südmolukken waren ihr beigetreten.

Nachdem freilich der holländische Einfluß zurückgegangen und der zentralistische Machtanspruch Jakartas mit Präsident Sukarno an der Spitze gewachsen war, fürchte-

Junger Mann von Ambon

ten die Politiker der Molukken um ihre Eigenständigkeit. Am 25. April 1950 riefen sie in der Stadt Ambon die Republik Südmolukken (RMS) aus. Den Haag gab moralische Rückendeckung. Doch Jakarta, mit allen Mitteln um den indonesischen Einheitsstaat bemüht, duldete die Sezession nicht. Den Truppen der Zentralregierung war der Widerstand der Molukker nicht gewachsen. Ende 1950 brach er in Ambon zusammen. Schon vorher war die KNIL aufgelöst worden. 4 000 ihrer Soldaten mit 12 500 Familienangehörigen von den Molukken wurden 1951 nach Holland gebracht. Im Innern der Insel Seram ging der Guerillakampf um die RMS unter dem Führer Soemokil bis in die 60er Jahre weiter. Dann verlagerte er sich ins einstige Mutterland. Die Nachkommen jener KNIL-Soldaten, die vor drei Jahrzehnten nach Holland verfrachtet worden waren, erinnerten die Weltöffentlichkeit mit spektakulären Anschlägen an ihren Traum von der RMS.

Vor Ort ist dieser Traum schon ausgeträumt. Ich fragte beispielsweise auf Seram danach.

Satelliten und die neue Zeit

Er ist so alt wie dieses Jahrhundert. Wenn der Mann spricht mit zahnlosem Mund, läßt sich die brüchige Stimme nur leise vernehmen. Das Lächeln auf dünnen Lippen bleibt bloße Andeutung. Aber die große, hagere Gestalt ist ungebeugt, das soldatische Ebenmaß auch beim Greis noch erkennbar. Die Körpergröße mochte einst den holländischen Vorgesetzten gefallen haben. Der Alte, den ich auf der Insel Seram im südwestlichen Küstendorf Rumahkai treffe, ist Soldat der KNIL gewesen. Bis zum Korporal hat er's gebracht. Heute blicken seine Augen müde in eine Welt, deren Probleme nicht mehr die seinen sind.

Der Alte in Rumahkai schweigt auf meine Frage, ob er denn noch immer dieser RMS anhänge. Er weist nur darauf hin, daß ihm der indonesische Staat eine monatliche Rente zahlt, die beträchtlich unter dem Pensionsgeld liege, das ehemalige KNIL-Soldaten in Holland erhalten. Die asketischen Gesichtszüge des Greises geben keine Gefühle wider. Der Schwiegersohn ist gesprächiger; ein Ambonese in den 50ern, pensionierter Zollbeamter, der nach zwei Jahrzehnten Dienst auf Java im Heimatdorf der Frau sein Rentnerdasein fristet; seit einem Jahr steht die Pension aus; aber das, so sagt er, sei in Indonesien nirgends etwas Ungewöhnliches. Drüben in der kleinen Stadt Tulehu auf Ambon kenne er eine Krankenschwester, die habe auch seit einem Jahr weder Geld noch Lebensmittel vom Staat bekommen. Gerade berichtete »Nasional«, die lokale Zeitung von Ambon, daß sich Lehrer beim Gouverneur beklagt hätten, weil ihnen seit elf Monaten der zum Gehalt gehörende Reis nicht mehr geliefert worden war.

»Fällt Ihnen auf, daß in unserem Dorf nur zwei, drei Läden sind?« fragt der Pensionär ohne Pension. »In diesem Jahr war die Ernte schlecht, auch die Nelkenbäume tragen kaum. Da kommt kein Händler von außerhalb. Ist ja nichts zu holen bei uns.«

Die Häuser in Rumahkai auf Seram sind aus Holz gebaut und mit Palmblättern gedeckt; nur wenige haben Steinmauern und zementene Böden. Einen Farbanstrich können sich die Bauern nicht leisten. Einer freilich hat bunte Fassaden, seine Wände sind stabiler als die der Nachbarn. Der Besitzer ist nicht wohlhabender als sie. Aber er hat spendable Verwandte in Holland. Das sieht man.

Zur RMS antwortet der Ex-Zöllner ausweichend: »Merdeka, die Freiheit, ist eben für das gesamte Indonesien erkämpft worden«, sagt er, »nicht nur Merdeka für die verschiedenen einzelnen Regionen«. Sicher, es gebe noch Leute, die die Inseln der südlichen Molukken – Buru, Ambon und Seram als die wichtigsten – gern als selbständigen Staat sähen und nicht als Teil einer Provinz der Republik Indonesien. »Aber solche Leute haben Angst«, meint der Pensionär. »Die Armee auf Ambon ist stark – sehr stark.«

Nach dem javanischen Sieg über den Molukker-Ausbruch aus dem Indonesischen Einheitsstaat hat der lange Arm Jakartas die Waffen nicht mehr abgegeben. Die Provinz, die im Norden und Süden weit über die Grenzen der kurzlebigen RMS hinausreicht, ist militärisch fest in den nach Jakarta ausgerichteten Staat eingebunden. Tausend

Inseln gehören zu dieser Provinz. Die geographische Zerissenheit ist eines der Entwicklungsprobleme. Zwischen einigen der Städte sind zwar Flugverbindungen eingerichtet worden, der regionale Schiffsverkehr aber – wichtigster Transport für Menschen und Güter – ist noch bescheiden und für europäische Augen in einer nostalgisch-romatischen Art von gestern. Segelschiffe bestimmen das Bild des Meeres; mit diesen malerischen Fahrzeugen ist auch hier eng der Name der Buginesen vom Süden Sulawesis verbunden. Die meisten der Segler werden in ihren Werften entlang der südlichen Küsten von Sulawesi und Kalimantan (dem indonesischen Teil von Borneo) gebaut, wo sich die Arbeit seit Menschengedenken wenig verändert hat.

Die Praus entstehen in kleinen Familienbetrieben. Aus dem unverwüstlichen Eisenholz der Region werden in monatelanger Handwerksarbeit der Rumpf und die Aufbauten gefertigt. Zwischen 14 und 30 Meter sind die Schiffskörper lang. Wer Pläne und Papiere sehen möchte, würde vergeblich danach suchen. Die Kunst des Schiffsbaues wird von Generation zu Generation vererbt. Zeichnungen sind dazu nicht vonnöten. Dieselmotore sind das Zugeständnis an die Neuzeit. Der Wind wird genutzt, und, wenn er günstig bläst, legt ein solches Schiff um die dreihundert Kilometer am Tag zurück. Wieviele dieser größeren Praus auf indonesischen Wellen kreuzen, weiß niemand genau. Mehr als zehntausend sind es bestimmt. Sie verkehren nach keinem Fahrplan, sondern als Trampschiffe, also nach dem Anfall von Ladung, von Auftrag zu Auftrag, von Hafen zu Hafen.

Straßen verlaufen nur auf wenigen Inseln der Molukken. Von den 170 Millionen Indonesiern leben dort nicht mal zwei Millionen: ein buntes Gemisch malaiischer Völker in den Städten und Küstenzonen sowie eine mit dem Sammelbegriff Alfuren bezeichnete Urbevölkerung im Innern einiger Inseln, Bauern und Fischer die meisten; arm fast alle, doch Bettler sind nirgends zu sehen.

Die Identitäts-Sorgen der unangepaßten Landsleute in Holland sind den einfachen Menschen der Molukken nicht nur räumlich sehr weit weg. Ihr täglicher Kampf ums Überleben wird in den Dörfern nicht gegen die javanische Bevormundung ausgetragen, sondern gegen eine Natur, die nur in europäischen Augen paradiesische Züge trägt. In den ländlichen Regionen, wo die Felder mühsam in uralter Brandrodungs-Technik aus der Wildnis geschlagen werden, hat sich seit Generationen kaum etwas verändert. Was auf den Molukken an mineralischen Bodenschätzen verborgen sein mag, weiß bis heute niemand ganz genau zu sagen. Erdöl, Nickel, Mangan werden bereits gewonnen. Die Erforschung und Verwertung steckt in den Anfängen. Der Fischreichtum wird ebenfalls nur in begrenztem Umfang und mit traditionellen, weniger ertragreichen Methoden betrieben.

Sago bildet das Grundnahrungsmittel auf den Molukken. In langwieriger Arbeit wird das körnige, weiße Sago aus dem Innern des halbierten Stammes der gleichnamigen Palmenart herausgeschlagen und mittels Wasser ausgeschwemmt, ehe es mehlig zu Brot gebacken werden kann. Reis, in der Volkseinschätzung begehrter und beliebter, muß eingeführt werden und ist dementsprechend teuer – ein Genuß für den Sonntag.

Dieser Tag wird vielerorts geheiligt. Die christliche Mission der wechselnden Imperialmächte trug Früchte. Schon dem erwähnten Jenaer Willy Kükenthal fiel 1896 auf: *». . . viele in lange Taffetkittel gekleidete Frauen, sogenannte ›Christinnen‹, die in der farbenfreudigen Umgebung geradezu störend wirkten. Etwas Lächerlicheres und Abgeschmackteres konnten sich die betreffenden ambonesischen Geistlichen oder Missionare, denen diese Kleider-*

ordnung wohl zuzuschreiben ist, kaum aussinnen.« Das Bild hat sich bis heute nicht gewandelt. Die Kirchen sind mit Gläubigen gefüllt. Auf den Molukken hat sich ein Christentum erhalten, das in Europa längst vergessen ist.

Neben den christlichen Kirchen hat der Islam auf den Inseln tiefe Wurzeln geschlagen. Offenkundig erfährt er sogar eine Belebung: Überall werden neue Moscheen gebaut oder alte restauriert. Weithin leuchten die Kuppeln aus verbeultem Kanisterblech in den Dörfern.

Zwei verschiedene Geruchswolken schweben über den Molukken: schwer und faulig-fett die Dünste der Kopra, dem weißen Fruchtfleisch der Kokosnüsse – über dem Hafen von Tobelo beispielsweise, im Norden der Insel Halmahera; eher eine Beleidigung der Nase denn eine Anregung des Geistes; leicht und voll süßlicher Verführung dagegen der Duft der Gewürznelken – über den Vorplätzen der Moscheen auf der Insel Ambon beispielsweise, eine sinnliche Herausforderung des Gemüts. Zum Trocknen sind die nagelförmigen Nelkenstengel ausgebreitet. Tausende, Abertausende verströmen in dörrendem Sonnenlicht ihr Bukett. Betörend reizt es Gefühle und Phantasie. Den Reisenden überkommt die Lust, mit beiden Händen hineinzugreifen, sich die Nelken durch die Finger gleiten zu lassen und tief einzuatmen: Das ist der Duft, der die Europäer angezogen und zu mörderischen Abenteuern angelockt hatte. Gewürze, die Geschichte machten. Auf Ambon vor einer der Moscheen, wo Nelkenblüten trocknen, steigt einem noch heute etwas davon in die Nase.

Gegensätze überall: In den meisten Dörfern der Molukken gibt es noch keinen elektrischen Strom; Petroleumlampen leuchten in der Nacht. Die Maßstäbe sogenannten Fortschritts finden sich auch dort nicht in den Dörfern, sondern in den wenigen Städten. Auf einem Hügel über der

Provinz-Kapitale Ambon auf der gleichnamigen Insel steht seit dem Frühjahr 1977 eine Fernsehstation. Die reichen Familien hatten die Empfangsgeräte schon gekauft, lange bevor das erste Bild über die Schirme flimmerte.

Tagelang ist der Reisende mit schwachmotorigen Booten unterwegs oder fährt gar unter geblähten Segeln. Er weiß nie bestimmt, wann und wie es weitergeht. Im Innern der Inseln nur zu Fuß. Und dann hat der Fremde fern von Ambon den Eindruck, in eine Welt zu kommen, wo die Zeit still steht. Wie ein Gerät von einem anderen Planeten wirkt daher der metallene Hohlspiegel der Satellitenstation auf der Insel Ternate. Dieses Ding ist Teil des in ganz Indonesien installierten elektronischen Kommunikationsnetzes jüngeren Datums. Die Amerikaner haben im Auftrag der indonesischen Zentralregierung ihre hochgezüchtete Technologie bis auf die Molukken verpflanzt. Sie soll das Inselreich leichter regierbar machen; die Armee profitiert davon; und außerdem soll die wirtschaftliche Erschließung des weiten Raumes von der Kommunikation via Satellit neue Impulse erhalten. Auch dies ein Machtinstrument, ein supermodernes.

Eine Satelliten-Station auf Ternate: Das ist schon ein merkwürdiges Bild am Ende einer solchen Reise auf den Spuren Magellans in Südostasien, fast am Ende einer Tour, die nach Malaysia, auf die Philippinen, nach Brunei und ins östliche Indonesien führt. Der Anblick à la Science-fiction überrascht den Europäer, wenn er so ein technisches Wundergerät aus seiner eigenen Welt auf der anderen Seite des Globus wiederentdeckt. Doch da ist nichts Geheimnisvolles. Bei genauerer Betrachtung fügt sich dieses moderne Produkt westlicher Denkweise folgerichtig ein in die Spurensuche nach europäischen Einflüssen. Dieses Weltraum-Ohr aus dem Westen ist nur ein weiteres Glied einer

Satelliten-Station auf Ternate

langen Kette von Fremdbestimmungen, mit der die Menschen Südostasiens zu kämpfen hatten und zu kämpfen haben: eine Kette aus Religion, Geschäft und Politik, abendländischen und später auch amerikanischen Ursprungs. Bereits Magellan hatte Glieder für diese Kette mit in seinem Gepäck bei der ersten Weltumsegelung.

Nelken, Nelken, Nelken

Abschied auf Tidore mit Hindernissen

Wollte man heute an den historischen Schauplätzen einen Film über die erste Reise um die Erde drehen, dann müßte auf den Molukken kaum etwas auf alt getrimmt werden. Über die technischen Fortschritts-Symbole in den Städten könnte das Kamera-Auge hinwegsehen; und wenn einer der seltenen modernen Hochseefrachter seine Ladebäume über den Horizont reckt, brauchte das Objektiv nur zur Seite zu schauen: Das Gewimmel der Einbäume, die von kräftigen braunen Armen gerudert werden, käme ins Bild, ebenso die Vielzahl der Praus mit ihren oft geflickten Dreiecks-Segeln und die Zweimaster der Buginesen vor den Umrissen der Vulkankegel – das sind Motive, die schon Magellans Männer geschaut und als Erinnerung mit auf die Heimreise ins vertraute Europa genommen haben, gewissermaßen als optische Zugabe zu den eigentlichen Schätzen, den Gewürzen. Und die häuften sich während der Wochen auf Tidore von Tag zu Tag.

Mit der gewinnbringenden Fracht in ihren Bäuchen senkten sich »Victoria« und »Trinidad« immer tiefer in das leuchtend-blaue Wasser. Offiziere und Mannschaft waren drängend vor die Entscheidung gestellt, zwischen ihrer Gier nach mehr Gewürzen und den Erfordernissen der Manövrierfähigkeit der beiden Schiffe einen Kompromiß zu finden, der eine sichere Heimreise versprach. Wie gefährlich nahe die Relings den Wellen schon gekommen waren, läßt eine Bemerkung Pigafettas vermuten. Als der König der südlich gelegenen Insel Bacan mit vielköpfigem Gefolge die Europäer besuchte, um ihnen damit eine Ehre zu erweisen, schwiegen die Schiffskanonen auf »Victoria« und »Trinidad«, mit denen die Weißen bei solchen Gelegenheiten stets so wirkungsvoll Salut zu schießen pflegten. Die Sorge, ihre Schiffe könnten durch die Rückstöße der Kanonen aus dem Gleichgewicht geraten, war größer als das Bedürfnis nach Imponieren.

Jetzt, da alle Leiden der zurückliegenden zweieinhalb Jahre in so wunderbarer Weise mit der Erfüllung aller Träume belohnt sind, will keiner der Europäer mehr ein Risiko eingehen. Der Sultan von Tidore versucht, seine neuen Verbündeten zum längeren Verweilen auf seiner Insel zu veranlassen. Vergeblich. Seine Gäste haben es nun sehr eilig. Die Einladung zu einem Fest, das ihnen der Sultan ausrichten will, läßt ihr Mißtrauen, das in Tidores milder Luft schon schläfrig geworden ist, sofort wieder hellwach werden. Ein Fest an Land? Der Sultan lädt ein? Die Schrecken von Cebu sind unvergessen. Auf Tidore haben sich die Männer aus Magellans restlicher Truppe zurückhaltend, im Vergleich zu ihren früheren Schurkereien geradezu sanftmütig benommen. Aber an edle Freundschaft und aufrichtige Verbundenheit mit den Menschen der Molukken glaubt doch wohl keiner der Europäer, weil sie von ihrem eigenen rücksichtslosen Verhalten auf das der anderen schließen. Gerüchte über kürzlich auf Tidore umgebrachte Portugiesen machen die Runde. Pigafetta schreibt, daß einige einflußreiche Männer von Tidore dem Sultan den Rat gegeben haben, die (spanischen) Europäer zu ermorden, um das Wohlwollen der (portugiesischen) Europäer zu gewinnen. Pigafetta beruft sich dabei auf eine *sichere Quelle,* ohne sie allerdings näher zu benennen. Der Sultan soll zwar dieses verruchte Ansinnen zurückgewiesen und treu zu den Spaniern gestanden haben, aber die Lust an einheimischen Festen ist denen seit Cebu gründlich vergangen.

Der Sultan bittet sie, noch zu verweilen, offenbar, um mit den spanischen Fahnen auf den Schiffen an seiner Küste allen verfeindeten Inselfürsten zu zeigen, mit welcher Macht er da einen Bund eingegangen ist. Doch die Männer auf eben diesen Schiffen hält nichts mehr. Schleunigst die Anker gehoben. Der Sultan sieht sich in seiner Ehre verletzt. Alle Geschenke will er den Europäern sofort zurückgeben, wenn sie so plötzlich aufbrechen; seine Nachbarn, so die Begründung, müßten annehmen, er, der Sultan von Tidore, habe seine Gäste nicht würdig genug behandelt; und solch ein Vorwurf hafte dann an ihm ein Leben lang. Ein ganz und gar ungerechtfertigter Vorwurf, wie der Herrscher anfügt, denn er sei und bleibe ein ergebener Freund des Königs von Spanien.

Die diplomatische Rede trifft offenbar den Ton, den die Europäer so gern hören. Sie bleiben zwei weitere Wochen, übergeben dem Sultan ein Königssiegel und die Fahne Kastiliens; und sie übereignen ihm das gefährliche Gerät, das in späteren Jahrhunderten von den Weißen noch so oft den Verbündeten in Übersee zur Verfügung gestellt wurde, wenn sie einen gegen den anderen ausspielen wollten: Kriegsgerät. Der Sultan von Tidore erhält einige Gewehre und eine Kanone samt vier Fässern Pulver. Der symbolische Wert der Waffen übertraf den militärischen bei weitem, aber damit wechselte ein brisantes Handelsgut den Besitzer, das unter dem Stichwort Waffenexport hochaktuell geblieben ist.

Mittwoch, der 18. Dezember 1521, wird als Tag der Abreise festgelegt. Alles ist bereit. Die Segel der »Victoria« und »Trinidad« sind frisch geflickt und mit dem Kreuz des heiligen Jakobus von Galizien bemalt. Lebensmittel- und Wasservorräte sind verstaut. Die Bewohner von Tidore tummeln sich zum Abschied am Strand; einige Dutzend von ihnen sind als Matrosen angeworben worden und werden an der Reise teilnehmen. Praus treiben bereits auf dem Wasser, um die Schiffe noch ein Stück auf dem Weg in deren Heimat zu begleiten. Alles sieht nach friedlichem Abschied aus. Keine Flucht wie Monate zuvor von Cebu und Brunei. Kein Komplott in letzter Minute. Und doch kommt wieder alles anders, als es den Anschein hat. Die »Victoria« lichtet ihren Anker, gewinnt an Fahrt und treibt hinaus aufs offene Meer, um dort auf die »Trinidad« zu warten. Vergebens. Zuerst hat das einstige Flaggschiff Magellans Schwierigkeiten, den Anker zu heben, dann wird das eigentliche Unglück erkennbar. Irgendwo ganz unten im Schiffsraum strömt Wasser ins Innere. Ein Leck!

Signale an die in Sichtweite gebliebene »Victoria«. Sie kehrt zurück. Die »Trinidad« muß teilweise entladen werden. Stunden vergehen. An Aufbruch ist jetzt nicht mehr zu denken. Die Männer arbeiten angestrengt. Die einen pumpen das Wasser heraus, die anderen versuchen, das Leck ausfindig zu machen. Der Sultan bietet seine Hilfe an. Einheimische Taucher stürzen sich ins Wasser. Die geübten Männer klopfen die Planken ab. Das Loch finden auch sie nicht. Wie so oft auf dieser Reise müssen Pläne, Absichten, Routen von einer Minute zur nächsten über den Haufen geworfen werden. Die gemeinsame Heimreise beider Schiffe ist vereitelt.

Die »Trinidad« muß gründlich ausgebessert werden, so beschließen die Seeleute. Der Sultan sichert helfende Hände zu und verspricht, den zurückbleibenden Europäern ein sorgender Vater zu sein. Die mit allen Wassern gewaschenen Männer nehmen die Worte mit Rührung und Tränen in den Augen auf, so bemerkt Pigafetta. Wenn die »Trinidad« wieder seetüchtig ist, soll sie Kurs Nordost nehmen, um über den Stillen Ozean den amerikanischen Kontinent zu erreichen. Inzwischen wird die »Victoria« westwärts segeln, um den afrikanischen Kontinent zu umrunden und durch den Atlantik in heimische Gewässer zu gelangen. Das warnende Beispiel der »Trinidad«, das auf hoher See zur Katastrophe geführt hätte, macht vorsichtig. Sechzig Zentner Gewürznelken werden aus den Laderäumen der »Victoria« herausgebracht, um sie leichter zu machen. Was so raffgierig gestapelt, was in manchem Kopf schon in Gewinn umgerechnet worden ist, da liegt es wieder am Strand.

Der zweite Abschied wird gefühlvoller als der verhinderte erste. Mit der lecken »Trinidad« bleiben 53 Europäer mit Kapitän Gomez de Espinosa zurück. Wer schreiben kann, hat in den letzten Stunden vor dem Start seine Grüße für die Angehörigen zu Papier gebracht. Mitteilungen, Bitten, Aufträge werden den Kameraden auf der »Victoria« noch zugerufen, als das Schiff endlich, am Samstag, dem 21. Dezember 1521, dem Rat der beiden Lotsen folgt, die der Sultan von Tidore dem Kapitän Delcano zur Seite stellt. Lange winken sich die Männer Magellans noch zu. Die 53 Europäer am Ufer und die 47 auf der immer kleiner werdenden »Victoria« verbindet nach der gemeinsamen leidvollen Reise, die später einmal in allen Geschichtsbüchern vermerkt sein wird, ein gemeinsames Schicksal. Sie sind fast unerträglich lange auf Leben und Tod miteinander verkettet gewesen. Der Abschied in den Mittagsstunden dieses 21. Dezembers ist für die meisten von ihnen endgültig. Nur wenige werden sich jemals wiedersehen. Beide Schiffe steuern von Tidore aus, dem Ort der glücklichen Tage, wieder über kurz oder lang den Kurs, der sie immer wieder und auf allen Weltmeeren geleitet hat: den Kurs des Grauens.

Im April 1522 wagen es die Männer der »Trinidad«, mit ihrem reparierten Schiff von Tidore aus wieder unter Segel zu gehen. 48 Männer steigen an Bord, fünf bleiben bei einem

Die »Victoria« nach einem zeitgenössischen Kupferstich

Teil der zurückgelassenen Waren. Im Juni erreicht das Schiff die Inselgruppe der Ladronen. Ein Sturm knickt den Hauptmast, zertrümmert die Aufbauten, fegt die Vorräte über Bord. Die amerikanische Ostküste anzulaufen, ist nicht mehr möglich. Mit günstigerem Wetter versuchen die überlebenden und wieder mal total erschöpften Seeleute, zu den Molukken zurückzukehren. Schreckliche Szenen in Neuauflage. Wieder raffen Krankheiten und Hunger die Schwächeren dahin. Sechs Wochen dauert dieser Teil des Leidens. Eine Insel bietet Rettung. 27 Mann sind es noch, die sich an ihren Früchten laben können. Doch das Glück währt nicht lange. Auf der Weiterfahrt zu den Molukken, die schließlich gelingt, gerät die »Trinidad« wieder in den Machtbereich der Portugiesen.

Nicht irgendwelche Meeresungeheuer aus den Tiefen der Fabel werden zum Verderben, kein Riesenkrake legt seine vernichtenden Arme über das morsche Schiff, nicht die angeblich grausamen Heiden schlagen zu, keiner der vermeintlich Wilden und niemand von den ach so barbarischen braunen Menschenfressern lauert den ausgemergelten Männern auf, die da unter spanischer Flagge und zerfetzten Segeln im Norden der Molukken treiben; nein, schlimmer: Europäer sind es, die Europäern das alles antun.

Wenn es ums Geschäft geht, können die Männer aus dem Abendland die schönen christlichen Grundsätze gar nicht schnell genug vergessen, die sie anderen Menschen so gern verordnen. Auf Ternate, vor dessen Küste nun wieder portugiesische Schiffe ankern, müssen Espinosa und seine Männer die Rache der Konkurrenten erdulden. Gegenwehr ist zwecklos. Er und kaum mehr als ein Dutzend seiner noch lebenden Getreuen werden gefangen genommen. Der Opferweg wird furchtbar. Nur acht Mann treffen im Februar 1523 in Malakka ein. Monate vergehen, in denen sie wie Sklaven von den portugiesischen Statthaltern behandelt werden. Nächste Station: Cochin an der Malabarküste. Espinosa gelingt es, einen Brief zu schreiben und diesen einem befreundeten Seemann nach Europa mitzugeben, wo die Botschaft vom Leiden tatsächlich bis an den Hof Karls V. gelangt. Diplomatische Interventionen auf höchster politischer Ebene haben schließlich Erfolg. Im August 1527 kehren drei Überlebende, unter ihnen Espinosa, aus der portugiesischen Haft nach Spanien zurück; drei von 48 Männern, die mehr als fünf Jahre zuvor mit der »Trinidad« von Tidore aus gen Westen gesegelt waren. Es sind gebrochene Männer. Von den Qualen zu erfahren, die die Kameraden auf der »Victoria« in der Zwischenheit zu erdulden hatten, wird ihnen kaum ein Trost gewesen sein.

Freiheit, die die anderen meinen

Die Wilden

Hohn und Erpressung

Die beiden Lotsen von Tidore kennen sich aus. Sicher raten sie Kapitän Sebastian Delcano, wie er die »Victoria« durch die für europäische Augen so verwirrende Inselwelt der Molukken führen soll. Untiefen, Klippen, schmale Wasserstraßen. Dann Ende Dezember 1521 die Insel Buru. Die Banda-See. Tagelang offenes Meer. Wieder heftige Stürme. Schutz bei den Kleinen Sunda-Inseln. An der Küste von Ombay, das heute Alor heißt, müssen neue Schäden am Schiff repariert werden. Zwei Wochen im Januar 1522 bleibt die Mannschaft dort.

Auch Delcano muß auf der Hut vor den portugiesischen Konkurrenten sein. Hinter jeder Inselgruppe könnten deren Segel auftauchen. Doch die Feinde lassen sich in diesem Jahr nicht blicken. Und die gefürchteten Wilden, die Pigafetta auf Ombay als die *»häßlichsten und rohesten Menschen in diesem Teil Indiens«* beschreibt, erweisen sich als harmlos und lassen sich mit kleinen Geschenken freundlich stimmen. Offenbar bereitwillig und selbstverständlich teilen diese Menschen, die noch nie etwas vom Christentum und dessen geforderter Nächstenliebe gehört haben, mit den bärtigen Weißen die Gaben ihrer Insel. Pigafetta notiert, daß sie keinen Mangel zu leiden haben: Ziegen, Hühner, Fische, Kokosnüsse, Wachs, Pfeffer sind reichlich verfügbar. Die Menschen von Ombay helfen bei der Beschaffung; und es bleibt der Nachwelt überlassen, darüber zu urteilen, wer hier »wild« ist und wer nicht. Pigafetta, der die Einheimischen zumeist wohlwollend erwähnt, sieht dennoch in denen von Ombay *»eher unvernünftige Tiere als Menschen«*; nackt gehen sie, und Kannibalen sind es obendrein. Immerhin vertrauen sich Delcano und seine Mannen dankbar einem dieser Wilden an, der ihnen den Weg durch die Wellen weist und sie heil zur nächsten großen Insel geleitet: nach Timor.

Dort sind es wiederum die Europäer, die ihren Beitrag zur Beantwortung der Fragen leisten, wem das Attribut »wild« gebührt. Pigafetta wird an Land geschickt, um mit einem Häuptling über den Eintausch von Lebensmitteln zu verhandeln. Der Mann ist entgegenkommend. Büffel, Schweine, Ziegen bietet er an. Doch Pigafetta hat ziemlich leere Hände. Was die Europäer an Tauschwaren mit sich geführt hatten, ist auf Tidore in Gewürze umgesetzt worden. Nun wollen die Männer als Schnorrer auftreten. Pigafettas Redekünste bleiben erfolglos. Die »Victoria« segelt die Küste entlang. Bei der nächsten Gelegenheit verlassen sich ihre Führer nicht mehr auf bloße Worte. Ein Dorfchef kommt mit seinem Sohn an Bord. *»Er erschien bei uns ohne jeden Argwohn und unterhielt sich mit uns treuherzig und ohne Furcht«*, so berichtet Pigafetta. Der Mann von Timor und sein Sohn hätten allen Grund gehabt, sich zu fürchten, denn an Unterhaltung ist den Europäern gar nicht gelegen. Noch einmal Pigafetta: *»Schnell entschlossen und kurzerhand nahmen wir beide fest und versprachen ihnen* *die Freiheit, wenn sie uns sechs Büffel, zehn Schweine und zehn Ziegen verschaffen würden.«*

Das ist wieder die Sprache der Gewalt, mit der sich die Europäer bereits an so vielen Orten unmißverständlich ausgedrückt haben. Den beiden timoresischen Geiseln an Bord der »Victoria« bleibt keine andere Wahl, als den Dorfgenossen drüben am Ufer klarzumachen, daß es die Weißen mit ihrer Drohung ernst meinen. Was die Spanier erpressen, bedeutet für eine Sippe wie jene an der Küste Timors ein Vermögen. Sich der Übermacht beugend, bringen die Menschen ihre Tiere herbei, die ihren Besitz darstellen, sorgsam gepflegt als sichtbarer Reichtum.

Es ist ein schwarzer Tag für dieses Dorf. Die paar Kleinigkeiten – Beil, Messer, Spiegelscherben –, die die Erpresser doch noch herausrücken, *»um den Dorfhäuptling zu beruhigen und ihm unseren friedlichen Charakter zu bezeugen«*, wie Pigafetta das nennt, stellen nicht im mindesten einen Gegenwert zu den Tieren dar, die die Dorfleute unter dem Zwang des Kidnappings abliefern müssen. Wie blanker Hohn klingt deshalb Pigafettas Schlußbemerkung: *»Als wir dem Häuptling seine Freiheit wiedergaben, schied er von uns beruhigt und voll Zufriedenheit.«*

Mit diesen Worten hatte Pigafetta ein Leitmotiv umrissen, das für die Menschen Timors fortan das Schicksal prägen sollte. Was sie für gut und richtig zu halten hatten und was ihnen angeblich volle Zufriedenheit brachte, das bestimmten von diesen Anfängen im 16. Jahrhundert an stets die Fremden. Erst waren es die Portugiesen, die die Timoresen zu deren vermeintlichem Glück zwangen; dann halfen die Holländer bei diesem kolonialen Geschäft der Vergewaltigung; und in der Gegenwart des 20. Jahrhunderts sind es die Indonesier von Java, die den Timoresen die Freiheit verpaßt haben, wie sie in Jakarta interpretiert wird.

Timors Tragödie als Lehrbeispiel der Macht

Die Opfer der kleinen Leute

Die Insel Timor bietet ein besonders eindrucksvolles Beispiel für die Folgen jener europäischen Einmischungs-Politik, die in den Jahren begann, da die »Victoria« vor Timors Küsten kreuzte, und die bis in die Gegenwart reichen. Wagen wir an dieser Stelle wieder einen Sprung in unser Jahrhundert. Die nächste Szene spielt im Herbst 1974.

»Timor ist nicht Afrika«, sagte einer der portugiesischen Soldaten und spuckte die Schalen der kleinen Krebse in den Sand, die er zum Frühstück verspeiste. Draußen auf See ankerte ein Kutter, der während der Nachtstunden von Dili gekommen war. Ein Schlauchboot brachte Soldaten an Land. Wachablösung im Fort Batugadé. Portugiesische Unteroffiziere, martialische Söldnertypen mit Schnauzbärten, gaben den Mannschaften kurze Befehle: Männern timoresischer Herkunft, dunkelhäutig, klein von Gestalt. Ein Mercedes-Unimog fuhr Wasserkanister heran.

Längst war zu dieser Zeit das lusitanische Kolonialreich bankrott gegangen. Die Welt sprach von Angola, Mozambique und Guinea-Bissau. Um Lissabons Restposten aber, 800 Kilometer von der Nordküste Australiens entfernt, kümmerte sich kaum jemand. Das Fort Batugadé wirkte wie ein Symbol: Es war halb zerfallen, doch über dem brüchigen Gemäuer wehte noch immer die portugiesische Flagge. Nur ein paar Kilometer weiter stand jenes Grenzschild, auf dem links »Timor« (indonesischer Teil) zu lesen war und rechts »Portugal«. Sandstrand. Palmen im Wind. Ein Motiv wie aus einem Reiseprospekt. Es schien ganz so, als brauchten die Soldaten, die da im Schatten der uralten Festung ihr Weißbrot kauten, nicht gegen Befreiungsorganisationen zu kämpfen. Noch gingen die Uhren, die auf dem afrikanischen Kontinent längst auf Veränderung gestellt waren, im portugiesischen Ostteil der Insel Timor beträchtlich nach.

Hinter dem Fort Batugadé kam ich mit einem alten Bauern ins Gespräch. Über seinem Hof lag ein Hauch von Zeitlosigkeit: auf dem Boden hockende Frauen, die Reis verlasen, spielende Kinder, Hunde, Hühner. Das Holzhaus war mit Palmblättern gedeckt. In dieser Umgebung gab es nichts Gedrucktes, nichts, was eine Jahreszahl festhielt. Doch der Alte gebrauchte ein Wort, das Umbruch signalisierte. Des Lesens unkundig, aber im Besitz eines Transistor-Radios, sprach der Mann von Unabhängigkeit. In Afrika sei der Anfang gemacht worden, so sagte er, zog an seiner Maisblatt-Zigarette und fragte: »Warum soll Timor die Freiheit vorenthalten werden?«

Damals im Herbst 1974 erfüllte die Menschen im östlichen Timor noch die Hoffnung, wenigstens in diesem Teil der Welt könne die Kolonialzeit unblutig zu Ende gehen. Die Wirkung jenes 24. April 1974, an dem der Militärputsch in Lissabon ein neues Kapitel der Geschichte Portugals aufschlug, war auf Timor nur allmählich zu spüren. Der Funke der afrikanischen Revolution sprang noch nicht über. Drei politische Gruppierungen formierten sich, die Timors Heil jeweils in einer anderen Zukunft sahen. Da war 1. die UDT (Uniao Democratica Timorense), die Mitglied eines portugiesischen Verbandes bleiben und den Bruch mit Lissabon vermeiden wollte. Da war 2. die APODETI (Associaçao Popular Democratica Timorense), die den Anschluß an Indonesien suchte. Und da war 3. die FRETILIN (Frente Revolucionaria do Timor Leste Independente), die die völlige

Dili/Ost-Timor: Portugiesische Soldaten im Jahr 1974

Unabhängigkeit anstrebte und mit Portugals Hilfe einen selbständigen Staat Ost-Timor aufbauen wollte. Zum erstenmal überhaupt waren im portugiesischen Teil der Insel politische Parteien zugelassen. Ihre Sprecher bekamen feste Sendezeiten im Rundfunk von Dili. Stolz hielt mir der damalige FRETILIN-Chef Francisco Xavier do Amaral ein Exemplar seiner Parteizeitung entgegen. »Nacroma« hieß sie, ein Wort der einheimischen Sprache Tetum; es bedeutet soviel wie Licht. Optimismus lag in der milden Luft von Dili. Die Parteigründungen waren erste Gehversuche in Sachen Demokratie. »Wir stehen mit unserer politischen Arbeit noch am Anfang«, räumte do Amaral ein. Als Absolvent einer katholischen Missionsschule hatte der Timorese einmal Priester werden wollen und war Beamter beim Zoll geworden. Auch die Führer der anderen politischen Gruppierungen, untereinander teilweise verwandt, rekrutierten sich aus Lehrern und Beamten. Politik war und blieb Sache einer Minderheit. Es fehlte an ausgebildeten Verwaltungsleuten, an Kadern, an Technikern. In jenen Tagen sagte mir do Amaral rundheraus, daß sich Ost-Timor nicht allein regieren könne und daß weder die FRETILIN, noch andere politische Gruppierungen ohne Hilfe vom Ausland eine Chance hätten. Entwicklungshilfe – auch die Bundesrepublik Deutschland wurde als Geberland angesehen – sollte der Schlüssel zur Lösung der Probleme werden.

Daß an solchen kein Mangel herrschte, war allen klar. Portugal hat auch auf Timor keinen Grund, seiner kolonialen Hinterlassenschaft wegen stolz zu sein. Als Magellans Männer unter dem Kommando Delcanos mit der »Victoria« vor Timor lagen, im Januar 1522, rechneten die Portugiesen bereits die Insel zu ihrem Einflußgebiet. Portugiesische Dominikaner-Mönche waren die ersten, die von 1590 an das europäische Werk aus Missionieren, Intrigieren, Profitieren in Gang setzten. Geschickt nutzten die frommen Männer die lokalen Streitigkeiten zwischen einzelnen Stammesgesellschaften, spielten Häuptlinge gegeneinander aus und ebneten die Wege, auf denen die Portugiesen den Reichtum Timors erlangen konnten: Sandelbäume.

Deren weißes, wohlriechendes Holz war schon zu Delcanos Zeit ein wertvolles Exportgut. Pigafetta erwähnt eine Dschunke von Luzon, die nach Timor gekommen war, um dieses Sandelholz einzutauschen. Das edle Gewächs, zur Herstellung feiner Möbel ebenso gefragt wie das in der Parfümerie und Heilkunde begehrte Öl, das aus dem Holz destilliert werden kann, wurde für die Portugiesen ein einträgliches Geschäft. Immer wieder brachen portugiesische Söldner deshalb den an verschiedenen Orten der Insel aufflammenden Widerstand der timoresischen Volksgruppen. Deren mangelhafte Verbindungen untereinander und ihre von den Portugiesen geschürten Händel boten den Europäern überhaupt erst die Möglichkeit, sich Jahrhunderte lang in Timor als Herren halten zu können. Die eigentliche Bedrohung erwuchs ihnen auch dort nicht aus den Reihen der bevormundeten Einheimischen, sondern aus dem Machtanspruch der europäischen Konkurrenz.

1651 eroberten die Holländer die Hafenstadt Kupang an der nordwestlichen Küste Timors. Aus fast allen Stützpunkten Südostasiens wurden die Portugiesen während jener Jahre vertrieben, im östlichen Teil Timors aber konnten sie sich halten. 1859 erklärten die Holländer den westlichen Bereich als zum Hoheitsgebiet Niederländisch-Indiens gehörend. Die Teilung wurde erstmals festgeschrieben; die Grenze verlief ziemlich genau durch die Hälfte der Insel. Im westlichen, nun zu Holland gehörenden Gebiet, erhielt Portugal die Enklave Ocussi Ambeno, außerdem die der Verwaltungszentrale Dili vorgelagerte Insel Atauro. Noch zwei weitere Male wurde die Grenzziehung gewissermaßen notariell beglaubigt. 1914 wurde dazu eigens der Schweizer Gesandte in Paris, Charles-Edouard Lardy, bemüht, Endgültiges zu Papier zu bringen. Es wurde ein Muster-Entscheid für Staatsrechtler. Die Menschen von Timor aber fragte niemand nach ihrer Ansicht.

Auch nachdem 1945 in Jakarta die Unabhängigkeit der indonesischen Republik proklamiert worden war, blieben die Grenzen unangetastet. Nur die Namen wechselten. In den 50er Jahren, als die Bezeichnung Kolonie den Ruch des Schandbaren bekam, nannten die Herren in Lissabon ihr Ost-Timor eine Überseeische Provinz, genauso wie die afrikanischen Kolonien. Für die Mehrzahl der 650 000 Einwohner auf der portugiesischen Inselhälfte änderte das neue Etikett nichts; die Menschen verharrten, politisch gesehen, in einem Dornröschenschlaf. Ein Indiz der portugiesischen Versäummnisse: Nach vierhundertjähriger Anwesenheit der europäischen Herren waren über 90 Prozent der Timoresen Analphabeten geblieben.

Ost-Timor macht 18 899 Quadratkilometer aus und ist damit etwas größer als Schleswig-Holstein; mit 33 615 Quadratkilometern entspricht das gesamte Timor etwa der Fläche von Nordrhein-Westfalen. Dili wurde von einem touristischen Prospekt des lokalen Reisebüros in den letzten Jahren der portugiesischen Zeit so beschrieben: *»Dili ist bevölkert von einer Mischung verschiedener Rassen«,* so hieß es noch 1975 über die Stadt mit damals 25 000 Einwohnern, dem Sitz des portugiesischen Gouverneurs: *»Timoresen, Chinesen, Goanesen und Europäer leben Seite an Seite in vollständiger Harmonie – einige in Eingeborenenhütten, andere in schönen modernen Häusern.«* Eine heile Inselwelt zwischen dem achten und zehnten Breitengrad südlich des Äquators – so mußte es jedenfalls den wenigen, vor allem australischen, Touristen erschienen sein, als sie noch ungehindert nach Ost-Timor reisen konnten. Dili war mit seinen sauberen Asphaltstraßen und den zweigeschossigen Geschäftshäusern der chinesischen Händler, mit katholischen Kirchen und uralten Kanonen am Strand eines jener verschlafenen Nester, um das der Strom der Zeit einen weiten Bogen gemacht hatte.

Die meisten der 17 000 Portugiesen Ost-Timors lebten in Dili; sie waren es, die die »schönen modernen Häuser« bewohnten und an den Hebeln der regionalen Macht saßen. Einige Familien waren seit Generationen auf der Insel, andere als Beamte, Lehrer, Soldaten oder Mediziner für einige Jahre dorthin versetzt – oder strafversetzt. Nach Timor drängte sich niemand. Die 30 000 Ost-Timor-Bürger chinesischer Abstammung, teilweise ebenfalls seit Generationen dort beheimatet, hielten sich aus der Politik weitgehend heraus; sie wollten Geschäfte machen. Der Kommerz der

Chinesen florierte auch auf Timor. Taiwan hatte eine diplomatische Vertretung in Dili. Bezeichnenderweise standen auf den Banknoten Portugiesisch-Timors auch chinesische Schriftzeichen.

Die meisten Timoresen lebten verstreut über das bergige Land. Der Boden ist karg. Die Bauern bestritten mit primitiven Mitteln ihren kümmerlichen Lebensunterhalt: großer Aufwand an Arbeit, geringer Ertrag. Die Dörfer sind unzugänglich. Außerhalb der wenigen städtischen Siedlungen keine Asphaltstraßen, kein elektrischer Strom; nur vereinzelte Krankenstationen. Nachdem in Raubbaumanier fast der gesamte Sandelholz-Bestand verfrachtet worden war, wurde der Kaffee in moderner Zeit als nennenswertes Ausfuhrprodukt kultiviert. Doch auch davon profitierten nur die Ausländer. Die meisten Menschen Timors lebten von der Hand in den Mund.

Die fragwürdige »Bruderhilfe«

Bis zum Sommer 1975 hatte es tatsächlich den Anschein, als könne sich die sogenannte Überseeische Provinz Ost-Timor aus jenem möderischen Strudel heraushalten, der die Auflösung des lusitanischen Kolonialreiches kennzeichnete. Lissabon hatte einen neuen Gouverneur eingesetzt; Lemos Pires sollte die friedliche Übergabe einleiten. Am 30. Juni verhandelten in Macao die Vertreter der portugiesischen Regierung und Repräsentanten der APODETI und der UDT; sie einigten sich auf ein gemeinsames Programm. Bis 1978 sollte Lissaboner Oberhoheit fortbestehen, eine Übergangsregierung unter Mitwirkung aller drei Timor-Parteien gebildet und 1976 ein Referendum abgehalten werden. Zum letzten Mal standen die Zeichen auf Optimismus. Doch die Führer der FRETILIN waren gar nicht erst nach Macao gereist. Aus ihrer Ablehnung einer Volksbefragung hatten sie keinen Hehl gemacht. Do Amaral: *»Ob unsere Leute die Freiheit wollen, braucht man sie nicht erst zu fragen.«*

In der Tat bekam die FRETILIN in der Bevölkerung Ost-Timors einen bemerkenswerten Zulauf. Gerade die Leute auf dem Land, um die sich in der Vergangenheit niemand zu ihrem Nutzen gekümmert hatte, sahen in den FRETILIN-Mitgliedern ein Stück Hoffnung. Was von den Portugiesen in der Endphase ihrer kolonialen Herrschaft auf dem Schulsektor bescheiden angefangen wurde, setzten FRETILIN-Abgesandte emsig fort. Sie gingen in die Dörfer, unterstützt von Angehörigen der portugiesischen Armee. Es zeichnete sich ab, daß die APODETI mit ihrem Drang zur Vereinigung mit Indonesien und die UDT mit ihrer Repräsentation der kleinen einheimischen Oberschicht an Einfluß bei der Bevölkerung abnahmen und die FRETILIN an Sympathie gewann.

Die Ereignisse am 11. August 1975 schlugen wie ein Blitz ein. Die UDT besetzte den Flugplatz in Dili und andere strategisch wichtige Einrichtungen – angeblich, um einem Putsch der FRETILIN zuvorzukommen. Die Gewalt eskalierte. Zwar hatte es schon zuvor gelegentliche Prügeleien unter den gegnerischen Parteien gegeben, mit dem 11. August jedoch begann der Bürgerkrieg. Ein Krieg, dessen Fronten nicht genau auszumachen waren, denn die Dreiteilung der Gruppen konnte nur bei oberflächlichen Beobachtungen den Eindruck erwecken, auf Timor stünden sich wohlorganisierte, feste Parteien gegenüber. In Wirklichkeit brach ein Chaos aus, in dem sich politische Motive kaum entwirrbar mit privater Rache, familiären Streitigkeiten und persönlichem Machtstreben vermischten. Auf eine sachliche Auseinandersetzung war niemand vorbereitet gewesen. Die mangelnde intelektuelle Basis zur nüchternen Klärung des künftigen Weges bot den besten Nährboden emotionaler Ausbrüche. Es fehlte die Tradition, in demokratischer Weise Konflikte auszutragen, deren Ursachen fremdbestimmt waren. Timors Tradögie verlief unaufhaltsam.

Gab es in jenen Wochen tausend Tote, fünftausend, mehr? Niemand vermag es zu sagen. Doch das war erst der Anfang des Blutvergießens. Die ohnehin nur bedingt feststellbaren Fronten verschoben sich; UDT und APODETI, die sich zu Beginn der Auseinandersetzungen bekämpft hatten, schlossen sich gegen die FRETILIN zusammen. Gouverneur Pires mußte Dili verlassen und flüchtete mit einem Stab seiner Getreuen auf das benachbarte Eiland Atauro. Dieser Rückzug war eine makabre Pointe der Geschichte: Auf Atauro hatten die Portugiesen einst ihre Gefangenen unter unmenschlichen Lebensverhältnissen inhaftiert. Portugiesische Zivilisten flohen nach Australien. Die Armee löste sich praktisch auf. Waffendepots gerieten in die Hände kämpfender Bürger.

Am 28. November rief die FRETILIN die Demokratische Republik Timor aus, die DRT. Wenige Tage später griff *die* Macht militärisch ein, die sich bis dahin vor der Weltöffentlichkeit um schamhafte Zurückhaltung bemüht hatte, die Republik Indonesien. Am 7. Dezember überschritten indonesische Armee-Einheiten die Grenzen zu Ost-Timor. Vor Dili fuhren Schiffe der indonesischen Marine auf. Zufall oder nicht: Just zu dieser Zeit weilte der amerikanische Präsident Ford zum Staatsbesuch in Jakarta. Die amerikanische Duldung der indonesischen Intervention kann als sicher gelten.

Die Suharto-Regierung hat sich um die Rolle, die sie schließlich in Timors Tragödie spielte, nicht gerissen. Immer wieder erklärte der damalige indonesische Außenminister Adam Malik, sein Land erhebe keinen Anspruch auf den portugiesischen Inselteil. Die Republik Indonesien umfasse nur die Grenzen des holländischen Kolonialgebietes. Sollte aber die timoresische Bevölkerung bei einem Referendum den Anschluß an Indonesien wünschen, so wurde Malik nicht müde zu erklären, werde das seine Regierung respektieren.

Die Herren in Jakarta spielten auf Zeit. Bis zum Sommer 1975 herrschte in der Suharto-Regierung die Meinung vor, das Timor-Problem werde sich zu Indonesiens Vorteil friedlich lösen lassen. Als noch der portugiesische Gouverneur in Amt und Würden war, traf er sich mit dem für die indonesische Timor-Seite zuständigen Gouverneur der Provinz Nusa Tenggara Timur, El Tari. Von der indonesischen Regierung wurden APODETI-Führer nach Jakarta eingeladen. Dort verkündete Arnaldo Araujo, der APODETI-Chef: *»Wir haben keine andere Alternative, als die 27. Provinz Indonesiens zu werden.«*

Als sich die Krise zuspitzte, wurde der schwache staatliche Rundfunksender in Kupang, der Provinzhauptstadt auf der indonesischen Timor-Seite, ausgebaut. Der APODETI wurde Gelegenheit gegeben, auch über den Äther für den Anschluß zu werben und gegen die FRETILIN zu agitieren. Doch Jakarta vertraute nicht nur verbalen Vorstößen und der finanziellen Unterstützung der APODETI. Daß der militärische Eingriff längst vor der tatsächlichen Intervention im indonesischen Kalkül steckte, läßt sich auch daran erkennen, daß die miserable Piste von Kupang nach Atambua und zur Grenze nach Ost-Timor, an der jahrelang nichts getan worden war, im Sommer 1975 ausgebaut wurde.

Als im Herbst 1975 der Flüchtlingsstrom vom östlichen Inselteil hinüber zum indonesischen einsetzte und sich im Grenzgebiet die improvisierten Lager füllten, steigerte Indonesien sein Engagement. Männliche Flüchtlinge wurden von indonesischen Soldaten ausgebildet und unbewaffnet zwar, aber mit der Aufforderung, sich aus den ehemaligen portugiesischen Militärdepots Gewehre zu beschaffen, zurückgeschickt. Die Lage wurde undurchsichtiger von Tag zu Tag. Der Bürgerkrieg, vor allem im Grenzbereich, nahm immer grausamere Folgen an. Das Fort Batugadé war einer der umkämpften Plätze. Auf beiden Seiten wurden Gefangene gemacht. Das Internationale Komitee vom Roten Kreuz konnte damals noch helfen. Christliche Missionen linderten die Not.

Da fiel die Entscheidung, die die Suharto-Regierung gern vermieden hätte: militärischer Einmarsch. Wochenlang wurde die Intervention energisch dementiert. Schließlich bequemte sich Jakarta zur Mitteilung, es handele sich nur um Freiwillige, die von den pro-indonesischen Gruppierungen auf der Ost-Timor-Seite gerufen worden waren. Die indonesischen Soldaten trugen tatsächlich am Arm weithin sichtbare Abzeichen, auf denen das Wort »Freiwilliger« zu lesen war. Eine Farce.

Dem, was Jakarta um jeden Preis umgangen hätte, folgte die weltweite Kritik. Am 22. Dezember 1975 erließ der Weltsicherheitsrat der Vereinten Nationen eine einstimmig gebilligte Resolution. Das UN-Gremium forderte die indonesische Regierung auf, unverzüglich ihre Truppen aus Ost-Timor zurückzuziehen. Damit wurde Indonesien von einer der wichtigsten UN-Institutionen bescheinigt, daß es völkerrechtliche Grenzen mit militärischen Mitteln verletzt habe, daß es mit Waffengewalt durchgesetzt habe, was diplomatisch nicht zu erreichen gewesen war. Ganz so, wie es die Europäer in den Jahrhunderten zuvor praktiziert hatten.

Jakarta hatte mit seinen Bajonetten die Weichen für den Zusammenschluß beider Timor-Teile gestellt. Am 17. Juli 1976 erfolgte die Aufnahme in die Republik Indonesien. Ost-Timor wurde 27. Provinz. Das immer wieder angekündigte Referendum hat nie stattgefunden.

Was steckte hinter dieser unaufhaltsamen Annexion? Im Interesse an Bodenschätzen oder anderen Reichtümern kann der so hartnäckig geführte Kampf um den Einfluß in Ost-Timor nicht zu suchen sein. Bislang gibt es kaum etwas zu holen. Und außerdem: »Soziale Spannungen haben wir eigentlich schon genug, als daß wir uns noch die aus Ost-Timor aufhalsen sollten«, sagte mir schon vor Jahren ein hoher Beamter der Provinzregierung in Kupang. Hinter Jakartas Intervention stehen politische Gründe. Die indonesische Einmischung im Stil der einst von den Kolonialherren praktizierten Kanonenboot-Politik ist nur vor dem Hintergrund der jüngeren indonesischen Geschichte zu verstehen. Es war die Furcht, Timor könnte ein zweites Kuba werden. Mit der indonesischen Flagge über Ost-Timor sollte nach dem Rückzug – besser: nach der Flucht – der Portugiesen gewährleistet sein, daß die freiwerdenden Plätze nicht von Vertretern anderer Mächte eingenommen werden. Die Sorge Jakartas läßt sich auf das Wort »Kommunisten« reduzieren. Nachdem deren Einfluß im eigenen Land durch die Massaker nach dem Umsturz von 1965 bis auf weiteres ausgeschaltet worden ist, fürchtet die Suharto-Regierung nichts mehr, als ein kommunistisches Sprungbrett in so unmittelbarer Nachbarschaft wie auf Timor.

Ob die FRETILIN diese Angst jemals berechtigte, ist umstritten. Demonstrativ freundlich waren ihre Vertreter zu Beginn 1976 in Peking empfangen worden. Die von der

FRETILIN ausgerufene Ost-Timor-Republik war von Mozambique, Angola, Guinea, Guinea-Bissau, der Volksrepublik China, den Kapverden, Nordkorea und Vietnam anerkannt worden. Die westliche Welt – so sie das Thema Ost-Timor überhaupt zur Kenntnis nahm – folgte bereitwillig der Jakarta-Version von der »kommunisitischen« FRETILIN; das war für die Etikettierung so schön bequem. Vor Ort aber gingen die ideologischen Meinungen viel zu sehr auseinander, als daß sie sich auf ein einziges Attribut hätten festlegen lassen. Die Kommentatoren machten es sich jedenfalls zu leicht, die FRETILIN in die kommunistische Ecke zu stellen. Auch die deutschen Kommentatoren. Als die deutsche katholische Kirche zu einer Sonderkollekte für die Flüchtlinge in den ehemals portugiesischen Kolonien aufrief, schrieb Joseph Kardinal Höffner in seinem Hirtenbrief am 16. November 1975: *»Auf der Insel Timor/Indonesien ist im portugiesischen Teil der kommunistische Terror ausgebrochen.«* Dabei war nicht nur die geographische Bezeichnung eigenartig, auch die Darstellung der Lage war unzulässig verkürzt.

Die Macht des Stärkeren

Nach der Annexion war es in der Weltpresse um die neue indonesische Provinz ruhig geworden. Indonesien ließ keine Journalisten mehr in das Gebiet kommen. Selbst die Delegierten des Internationalen Komitees vom Roten Kreuz ließ die Regierung draußen vor der Tür. Keine Einreiseerlaubnis. Die FRETILIN verbreitete über einen Rundfunksender die Meldung, während die Bevölkerung Ost-Timors hungere, brächten indonesische Soldaten landwirtschaftliche Erzeugnisse von Ost-Timor nach Indonesien, namentlich Java. Kirchliche Vertreter, die auf beiden Inselseiten humanitäre Dienste versahen, erklärten, daß sich das Verhältnis zwischen den indonesischen Besatzungs-Soldaten und der Bevölkerung ständig verschlechtere.

In den ersten Monaten nach dem blutigen Eingriff konnten Jakartas Männer die Auseinandersetzungen eindämmen; jene Teile der nicht unmittelbar am Kampf beteiligten Bevölkerung nahmen das zustimmend auf. Doch später, so die Aussagen kirchlicher Mitarbeiter, sei es zu Ausschreitungen gekommen. Die indonesischen Soldaten spielten sich als die neuen Herren auf. Die christlich beeinflußten Timoresen fühlten sich von den islamisch geprägten Soldaten von Java bedrängt. Javaner übernahmen die Verwaltungsaufgaben. Das verstärkte eine in vielen Gebieten Indonesiens außerhalb von Java vorhandene Furcht vor der javanischen Bevormundung; nun wurde auch Ost-Timor davon erfaßt.

Die immer katastrophaler werdende Versorgungslage war von Landeskennern vorhergesagt worden. Vor allem aus kirchlichen Kreisen kamen bereits 1977/78 Hungermeldungen. Jahrelang wurden die Bauern der Insel zwischen den indonesischen Soldaten und der FRETILIN zerrieben; sie retteten sich in unwegsame Berge, stets auf der Flucht und daran gehindert, langfristig Landbau zu betreiben. Ausgezehrt und erschöpft kehrten sie allmählich in die Täler und an die Küsten zurück. Die indonesische Provinzverwaltung ließ Lager errichten, die zwar Unterkünfte, aber keine Ernährungsgrundlage boten. Bürokratische Schwerfälligkeit und politische Schönfärberei und Korruption verzögerten Hilfsprogramme. Erst nach australischen Presseberichten Ende 1979 konnte auch Jakarta die Not nicht mehr leugnen, verband dieses Eingeständnis jedoch mit dem Vorwurf, an der Misere sei einzig die FRETILIN schuld.

Ein umfangreiches Hilfsprogramm internationaler Organisationen linderte die katastrophalen Zustände. Das Internationale Komitee vom Roten Kreuz startete zusammen mit dem indonesischen Roten Kreuz und dem Catholic Relief Service eine Rettungsaktion, die weiteres Massensterben verhindern konnte. Wieviele Tote zu beklagen sind, ist ein Streitpunkt zwischen der indonesischen Regierung und ihren Kritikern in aller Welt, die Jakarta vorwerfen, bei einer schneller zugelassenen Hilfe von außen hätten Tausende Timoresen überleben können. Die Schätzungen der Zahl der Todesopfer gehen über 100 000. Die allermeisten starben nicht im Kugelhagel oder bei militärischen Einsätzen, sondern an Hunger und damit verbundenen Krankheiten. Die Menschen starben an den Plagen, die von fremden Mächten auf ihre Insel gebracht worden waren wie ein immerwährender Fluch.

»Die Zukunft Ost-Timors soll in den Händen der Menschen von Ost-Timor selbst liegen und nicht von irgendeiner Macht von außerhalb aufgezwungen werden.« Dieser Satz steht nicht nur in den Aufrufen der FRETILIN, dieser Satz wurde auch von der indonesischen Regierung in Jakarta als Erwiderung auf die UN-Sicherheits-Resolution vom 22. Dezember 1975 gebraucht. Eine Chance der Verwirklichung hatten und haben die Menschen Timors nicht. Machtpolitisch ist die Entscheidung gefallen. Die FRETILIN ist von der militärischen Übermacht Indonesiens zerschlagen worden. Die Regierungen von Australien und Neuseeland, die wegen der Spannungen vor ihren Haustüren besorgt gewesen sind und das militärische Eingreifen Indonesiens verurteilt haben, akzeptieren nun die politische Konstellation. Unter Verletzung des Völkerrechts sind von Jakarta Realitäten geschaffen worden, mit denen sich die Welt abgefunden hat. Ähnliches war mit der ehemaligen portugiesischen Kolonie Goa auf dem indischen Subkontinent geschehen. Anfang der 60er Jahre verleibte sich Indien mit militärischer Gewalt und ungeachtet weltweiter Proteste die Enklave Goa nebst Damao und Diu ein. Die kleinen Leute wurden nie um ihre Meinung gefragt. Auch Timor ist ein Lehrbeispiel der Macht.

Gewinne für die Spekulanten

Der Anfang des Nord-Süd-Konflikts

Auf Timor haben Juan Sebastian Delcano und seine Mannschaft zum letztenmal asiatischen Boden betreten. Mitte Februar 1522 gibt der Kapitän den Befehl zum Aufbruch. Die flachen Umrisse Timors und ihrer vorgelagerten Inseln verschwimmen im Dunst. Die östlichen Ausläufer Asiens bleiben zurück. Die »Victoria« enteilt den Gewässern des Kontinents, der die Phantasie und Lüste Europas so gereizt, der die edelsten wie die niedersten Instinkte des Abendlandes mobilisiert hatte. Allzu gefühlvoll werden sich die Männer unter ihren knatternden Segeln nicht umgedreht haben. Vor ihnen liegt eine neue Herausforderung. Der Bug der »Victoria« taucht ein in die Weiten des Indischen Ozeans, der Wasserwüste des Pacifics durchaus ebenbürtig. Der Vergleich macht in den Gesprächen an Bord bald die Runde. Wochenlang steuert das Schiff den Kurs in Richtung Kap der Guten Hoffnung, ohne ein anderes Segel zu sichten, ohne eine Insel anlaufen zu können. Doch diesmal haben die Seeleute eine Vorstellung von den Dimensionen. Die Männer riskieren bewußt den unbefahrenen direkten Weg von Asien nach Afrika, um nicht eine Begegnung mit den Portugiesen befürchten zu müssen.

Entlang der Straße von Malakka, entlang der indischen Küste, entlang Afrika nach Süden und dann erst ums Kap – das wäre der sichere Weg, was die Landnähe und die Möglichkeiten der Wassernahme und der Rastplätze betrifft. Aber überall dort haben sich schon seit mehr als einem Jahrzehnt die Portugiesen festgesetzt. Ihnen auszuweichen, bleibt auch dann eiserner Befehl, als die so bitter vertrauten Qualen auf die »Victoria« zurückkehren, die im Stillen Ozean bereits hohen Todeszoll verlangt haben. Hunger, Durst, Krankheiten. Das auf Timor erbeutete Fleisch ist zwar gewichtig, aber mangels Salz nicht zu konservieren gewesen. Das Trinkwasser beginnt zu faulen. Skorbut läßt die Männer abmagern. Wieder müssen Leichen in die Wellen geworfen werden. Wieder fährt das Grauen mit, das das Schiff von der tiefsten Ladefläche bis zur Mastspitze in seinen mordenden Klauen hält. Mozambique an der Südostküste Afrikas könnte angelaufen werden. Aber dort sind die Portugiesen. Delcano verbietet den Kurswechsel. Viele Tage und Nächte kämpfen die zu Tode gemarterten Männer gegen die Stürme an, die ums Kap der Guten Hoffnung das Meer peitschen. Am 19. Mai gelingt die Umrundung. Die »Victoria« durchdringt die Orkanhölle vor den Felsen des Kaps, wo der Indische Ozean und der Atlantik zusammenprallen. *»Fürchterliches Kap«,* schreibt Pigafetta. Zwei Monate führt die Reise weiter nach Norden.

Jede Woche geben zwei, drei Seeleute ihren Geist auf. Was bis dahin unter allen schrecklichen Umständen vermieden worden ist, muß nun getan werden. Vor den Kapverdischen Inseln läßt Delcano ankern. Ein paar seiner Leute rudern hinüber zur Insel Santiago, um Lebensmittel und Wasser zu bekommen. Alle wissen, wo sie sich befinden. In portugiesischem Gebiet. Eine List soll helfen. Man sei aus Amerika segelnd von der Route abgekommen und in Not, so schärft Delcano seinen Leuten die Lüge ein, die die wahre Herkunft verschleiern soll.

Doch die portugiesischen Herren auf den Kapverden lassen sich nicht hinters Licht führen. Der Weg um Afrika herum ist ihr Privileg, und die Gewürznelken der »Victoria« sind genau die Fracht, die sie keiner anderen Macht als der ihrigen zubilligen. Nur durch schnelle Flucht kann Delcano die Fahrt fortsetzen. Dreizehn seiner Männer werden auf der Insel Santiago als Gefangene zurückgehalten. Ohne die erhoffte Auffrischung der Nahrungsmittel, doch gestraft durch noch mehr fehlende Seeleute segelt die marode »Victoria« weiter. Es mag offen bleiben, welche Phase der nun zu Ende gehenden Weltreise die leidvollste war; diese letzten Wochen jedenfalls bringen noch einmal alle Prüfungen, die doch schon bestanden zu sein schienen. Ein Finale des Schreckens.

Als einzelne, arme Tröpfe büßen die ausgemergelten Männer während dieser Tage, kurz bevor das Kap Vicente, bevor Europas südwestlichste Felsspitze in die von Schmerzen getrübten Blicke kommt, noch einmal für all ihre Schändlichkeiten. Mit ihrem Leben, mit ihrer Gesundheit, mit ihrem Geist bezahlen die jämmerlichen Kreaturen das Leid, das sie anderen Menschen auf dieser langen Reise zugefügt haben. Individuell ist diese Rechnung also schon beglichen, als 18 mehr tote als lebendige Seeleute dort an Land gehen, wo knapp drei Jahre zuvor die fünf Schiffe mit ihren 265 Männern unter Magellans Kommando die Anker gelichtet hatten: in Sanlucar de Barrameda, dem Hafen an der Mündung des Guadalquivir. Man schreibt Samstag, den 6. September 1522. Die Erde ist umrundet. Zum ersten Mal hat es eine Handvoll ihrer Bewohner von der Gattung des Homo sapiens geschafft und dafür einen hohon Preis entrichtet.

In der großen Rechnung der Politik und der Wirtschaft, in den Bilanzen der Könige und ihrer Geldgeber in Europa schlug das Leiden nicht zu Buch, weder das der unschuldigen einheimischen Opfer irgendwo an den Gestaden Patagoniens, Cebus oder Borneos, noch das Leiden derer, die gemäß höheren Auftrages die blutigen Segnungen des Abendlandes dorthin gebracht hatten. Wahrscheinlich wa-

Allegorische Darstellung der ersten Weltumsegelung auf einem alten Stich nach der Zeichnung von Stradanus, 1522

ren es bei den Daheimgebliebenen in Sanlucar und Sevilla längst vergessene Leute, die sich mühsam vom Wrack der »Victoria« ans Ufer des Guadalquivir schleppten und ihre Dankesmessen sangen.

Mit ihrer Rückkehr hatte in Spanien niemand mehr gerechnet – auch nicht im geldlichen Sinn des Wortes. Um so freudiger die Überraschung bei Männern wie Bankier Christobal de Haro und bei den Pfennigfuchsern im Haus der deutschen Fugger, die an der Finanzierung der einzigartigen Expedition beteiligt gewesen waren. Die Investitionen galten ja bereits als verloren. Unternehmerisches Risiko wird so etwas genannt. Doch nun, über Nacht, zahlte sich für die Spekulanten, die selbst keinen Tropfen an Blut,

Schweiß und Tränen vergossen hatten, der Einsatz an Geld sogar noch aus. Nicht Verlust, nein, Gewinn ist zu verbuchen. Die Nelkenladung der »Victoria«, so um die 550 Zentner schwer, übertrifft beim Weiterverkauf die Kosten für die Ausrüstung der gesamten Flotte. Drei Schiffe als Totalschaden, die Zahl der Toten geht in die Hunderte – doch die Geldgeber machen letzten Endes einen Profit. Donnerwetter. Das ist die Art von Geschäft, die dem Entdecken und Erobern folgte.

Auch damit ist Magellans Name unauflöslich verbunden. Er gehört zu den Großen, die den Weg zu solchem Handel rund um den Globus bereitet und mit dem eigenen Leben dafür bezahlt haben, daß Europas Gewinnstreben einen ganzen Planeten umfassen kann. Tat und Leiden der Person sind nicht zu trennen von den Folgen, die weit über die Person hinausreichen und in die Gegenwart münden. Zum Menschen mögen Attribute wie genial und heldenhaft passen. Die seemännische Leistung des Magellan ist unbestreitbar eines der großartigsten Beispiele menschlichen Suchens. Immer wieder hat der Mann deshalb die Autoren zu romantisierender Darstellung angeregt: ein Heros für die Jugend. Doch das, was Magellan getan hat, verlangt eine nüchterne Beurteilung. Er half mit, weltpolitische Weichen zu stellen, die die Richtung bestimmten, in der die moderne Entwicklung verlief. Europas Vormacht in den Teilen der Welt, die heute die Dritte Welt genannt werden, resultiert aus der Geschichte, die sich in dieser ersten Umsegelung der Erde widerspiegelt.

Die Anfänge der geteilten Welt des 20. Jahrhunderts in eine wohlhabende nördliche und eine verarmte südliche Hälfte reichen in die Jahre zurück, da sich Europa angeschickt hat, über seine kontinentalen Grenzen hinaus in fremde Taschen zu greifen. Die Rechtfertigung dazu steht in Verträgen wie dem von Tordesillas; das Weltmacht-Verlangen der herrschenden Oberschicht lieferte die erforderliche politische Triebkraft; die Profit-Kalkulation der Fugger & Co. schließlich sorgte für die materiellen Mittel der europäischen Ausdehnung. Solcherart ausgestattet mit kirchlichem Segen, diplomatischem Auftrag und finanziellem Polster waren Männer vom Schlag eines Magellan gerüstet, den Geist à la Tordesillas in die erobernde Tat umzusetzen.

Magellans Tod auf Mactan änderte nichts an der Entwicklung, die der Mann selbst so konsequent mit in Gang gesetzt hatte. Dem eigenen Ruhm war dieses Ende abträglich, weil Magellan – anders als Kolumbus – keine Gelegenheit mehr vergönnt war, sich daheim feiern zu lassen und den Kritikern entgegentreten zu können; doch der Tod auf Mactan ist mehr als nur ein persönliches Schicksal. Magellans Sterben zwingt zu der Erkenntnis, daß es auf der anderen Seite der Erde einen Lapulapu gibt. Dieser wehrhafte Mann von Mactan repräsentiert jenseits der europäischen Grenzen die Milliarden von Menschen, die für sich dasselbe Existenzrecht beanspruchen, von dem die Weißen stets der Ansicht waren, es stehe ihnen allein zu. Dieser eine Todesstoß am 27. April 1521 hat das Abendland in seiner fatalen Selbstüberheblichkeit nicht schwankend werden lassen. Im Gegenteil. Der Tod im Schlamm von Mactan war ein Anfang des Nord-Süd-Konfliktes.

NORDAMERIKA

San Lucar

Atlantik

Pazifik

SÜDAMERIKA

Atlan

Port San Julian

Die erste Weltumsegelung

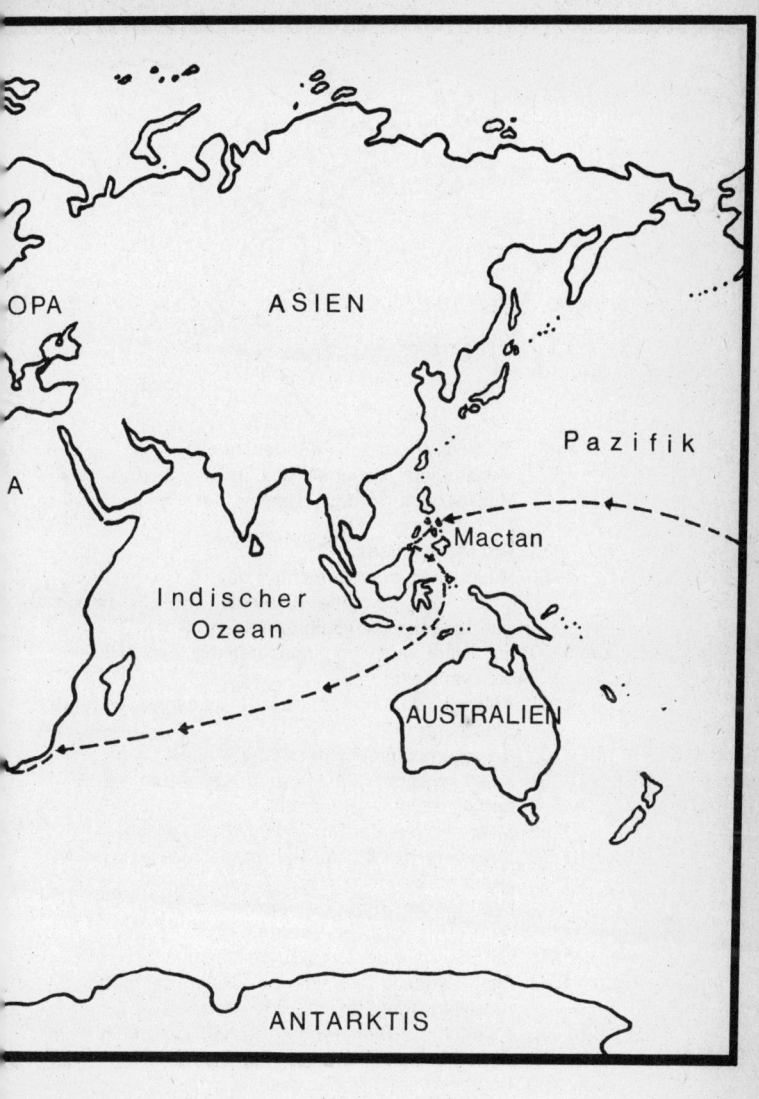

Anhang

Historische Daten im Spannungsverhältnis zwischen Südostasien und Europa

7.–10. Jhdt.	Srivijaya, Großreich in Südostasien
622	Mohammed, Gründer des Islam, flüchtet von Mekka nach Medina, Beginn der muslimischen Zeitrechnung
632	Tod Mohammeds
711	Mauren (Araber) vernichten das Reich der Westgoten, die Iberische Halbinsel wird für sieben Jahrhunderte maurisch-islamisch
um 1000	der Islam wird von Kaufleuten bis nach Nordindien verbreitet
1161	Anfänge der Hanse; erst Kaufmanns-, später Städtebund
um 1200	der Islam kommt nach Südostasien
1256 bis 1381	Krieg zwischen Venedig und Genua um die Vorherrschaft im Orienthandel
1292	Marco Polo in der Straße von Malakka
1293 bis 1520	Majapahit, Großreich, das weite Teile des heutigen Indonesiens einschloß
1341	Portugiesen entdecken Kanarische Inseln, Beginn der portugiesischen Vorstöße in Übersee
1345	Ibn Battuta reist durch Südostasien
1368 bis 1644	Ming-Dynastie in China, das Reich der Mitte intensiviert Kontakte mit Südostasien
1394 bis 1460	Heinrich der Seefahrer, die große Zeit der ersten portugiesischen Entdeckungsreisen
um 1400	Parameswara gründet Malakka

1405 der chinesische Admiral Yin Ching besucht Malakka

1409 China ermöglicht Malakka den Status des König-
reichs

1420 Portugiesen besiedeln Madeira-Inseln, Beginn
der portugiesischen Kolonisierung in Übersee

1434 der Portugiese Gil Eanes umrundet als erster Europäer das Kap Bojador (Westafrika), das bis dahin als südliche Grenze des befahrbaren Ozeans
galt

1441 Portugiesen beginnen unter Leitung Heinrich des
Seefahrers mit der Einfuhr afrikanischer Sklaven,
Anfang des Europa, Afrika und Amerika umspan-
nenden Menschenhandels

um 1448 Johannes Gutenberg erfindet in Mainz den Buch-
druck, revolutionäre Neuerung zur Verbreitung
von Gedanken und Ideen

1452 Papst Nikolaus V. gibt mit der Bulle »Dum diver-
sae« den Portugiesen das Recht, Moslems und
Heiden zu bekriegen, zu berauben und zu ver-
sklaven

1453 Konstantinopel wird von den ottomanischen Türken erobert, Ende des oströmischen Reiches

1455 Papst Nicolaus V. bekräftigt in seiner Bulle »Ro-
manus Pontifex« den Freibrief für Portugal, in islamische und nicht-christliche überseeische Gebiete einzudringen

1456 Papst Calixt III. überträgt den Portugiesen alle
Rechte an neu zu entdeckenden Gebieten, Bulle
»Inter caetara«

1480 Ferdinand Magellan geboren

1487 Portugiesen unter Bartolomeus Diaz umfahren
die Südspitze Afrikas

1492 Kastilien/Aragon erobert Granada und besiegelt
damit das Ende der spanischen »Reconquista«,
christliche Wiedereroberung maurischen Gebie-
tes

Kolumbus entdeckt Amerika – erster Globus von
Martin Behaim

1493 Papst Alexander VI. zieht Grenze zwischen portugiesischen und spanischen Interessengebieten in
Übersee

1494 Vertrag von Tordesillas, Weltenteilung zwischen
Spanien und Portugal

1497/99   der Portugiese Vasco da Gama entdeckt den Seeweg nach Indien ums Kap der Guten Hoffnung

1500 bis 1558   Karl V., Kaiser des Heiligen Römischen Reiches Deutscher Nation

1500   der Portugiese Pedro Alvares Cabral entdeckt das Territorium von Brasilien

1507   der von Kolubus (wieder-)entdeckte Kontinent wird erstmals Amerika genannt, nach Amerigo Vespucci, der den Kontinent als erster umfangreich beschrieben hatte

1509   Portugiesen erreichen erstmals Malakka

1505/12   Magellan erstmals in Südostasien

1510   Goa an der indischen Westküste wird portugiesisch und bleibt es bis 1961

1511   Malakka kapituliert vor den Portugiesen unter Affonso d'Albuquerque

1513   Magellan in Marokko

1514   Papst Leo X. stellt Portugal Universalpatronat für all seine Besitzungen aus, einschließlich der Molukken

Portugiesen erstmals in Macao (Südchina), wo sie bis in die Gegenwart eine überseeische Provinz verwalten, das letzte erhaltene Stück des lusitanischen Weltreiches

1515   Magellan wird aus portugiesischen Diensten entlassen

1517   Magellan kommt nach Spanien

Luthers 95 Thesen gegen Ablaßhandel, Auftakt zur Reformation

1518   Vertrag zwischen Magellan und dem spanischen König, der die Bedingungen der ersten Weltumsegelung festlegt

28. Juni 1519   Carlos I. von Spanien wird als Karl V. zum Kaiser gewählt; Wahl gegen Franz I. von Frankreich war dank der für Bestechungsgelder verwendeten Finanzen aus dem Bankiershaus Fugger möglich geworden

10. Aug. 1519   Magellans fünf Schiffe verlassen Sevilla

20. Sept. 1519   Magellans Schiffe verlassen bei Sanlucar de Barrameda die Küste Europas

Dez. 1519   Rast der Magellan-Flotte in Rio de Janeiro

März bis August 1520	Aufenthalt der Magellan-Flotte in Port San Julian
22. Mai 1520	Untergang des ersten der Magellanschen Schiffe, der »Santiago«
21. Okt. 1520	Magellan erreicht den Eingang der später nach ihm benannten Straße um Südamerika
8. Nov. 1520	das Schiff »San Antonio« aus der Magellan-Flotte desertiert und fährt zurück nach Spanien
28. Nov. 1520	Magellan-Flotte erreicht den Stillen Ozean
6. März 1521	Magellan-Flotte erreicht die Inseln der Ladronen (Diebesinseln)
16. März 1521	Magellan-Flotte erreicht die erste philippinische Insel
7. April 1521	Magellans Ankunft in Cebu
14. April 1521	Magellan veranstaltet Massentaufe in Cebu
16. April 1521	Martin Luther vor dem Reichstag in Worms
27. April 1521	Magellan wird an der Küste der Insel Mactan getötet
1. Mai 1521	Komplott des König Humabon auf Cebu, überstürzte Flucht der Magellanschen Restflotte
4. Mai 1521	die »Concepcion«, eines der Magellanschen Schiffe, muß verbrannt werden
6. Mai 1521	die in Südamerika desertierte »San Antonio« kommt in Sevilla an
9. Juli 1521	die Schiffe »Trinidad« und »Victoria« erreichen Borneo
16. Juli 1521	Magellans Mannschaft wird vom Sultan in Brunei empfangen
29. Juli 1521	die Spanier attackieren Brunei
8. Nov. 1521	»Trinidad« und »Victoria« erreichen die Molukken und ankern vor Tidore
21. Dez. 1521	»Victoria« startet zur Heimreise
13. Febr. 1522	»Victoria« verläßt Timor
18. Mai 1522	»Victoria« umfährt das Kap der Guten Hoffnung
9. Juli 1522	»Victoria« vor den Kapverdischen Inseln, die zum portugiesischen Machtbereich gehörten
6. Sept. 1522	»Victoria« erreicht den spanischen Hafen Sanlucar, Ende der ersten Weltumsegelung
1529	Vertrag von Saragossa, Spanien und Portugal revidieren Abgrenzung kolonialer Interessengebiete; Philippinen (nach dem Vertrag von Tordesillas in portugiesischer Sphäre) können nun spanisch werden

1530/74	Portugiesen beherrschen Sultanat Ternate
1565	Landung der spanischen Expedition unter Miguel Lopez in Cebu
1571	Legazpi erobert Sultanat Manila, Beginn der spanischen Kolonisierung der Philippinen
1580 bis 1640	Portugal wird Teil des spanischen Reiches und verliert einige seiner Kolonialgebiete
1581	Unabhängigkeitserklärung der Niederlande
1595	Holländer erstmals in Südostasien, Beginn der niederländischen Expansion in Übersee
1600	Briten gründen Ostindiengesellschaft, Beginn der englischen Expansion in Übersee
1602	Gründung der holländischen Vereinigten Ostindischen Kompanie (VOC). Beginn der holländischen Kolonisierung Südostasiens
1605	die Molukken-Insel Ambon wird von den Holländern annektiert, Ausgangspunkt für die Kolonialherrschaft in Indonesien
1607	Holländer etablieren sich auf Ternate/Molukken
1623	Holländer und Briten bekämpfen sich auf Ambon
1635/46	erste umfassende Revolte auf den Molukken gegen die Holländer
1642	Holländer erobern Malakka
1786	Briten eignen sich die Insel Penang in der Straße von Malakka an
1795	Briten erobern Malakka
1819	Sir Stamford Raffles gründet das moderne Singapur
1824	Malakka wird britische Kolonie, Engländer und Holländer einigen sich auf eine Neuteilung Südostasiens
1842	James Brooke wird Rajah von Sarawak/Borneo
1872	Cavite-Aufstand, der philippinische Nationalismus formiert sich
1888	Briten machen Brunei, Sarawak und Nordborneo zum Protektorat
1896	bürgerliche Revolution auf den Philippinen
1898	Amerikaner vernichten spanische Flotte in der Bucht von Manila, Beginn der amerikanischen Bevormundung der Philippinen, Fortsetzung der Kolonialzeit mit modernen Mitteln
1904	erste Festlegung der Grenze Ost-Timors zwischen den Holländern und Portugiesen

1906	erster britischer Resident in Brunei
1938	Commonwealth-Regierung auf den Philippinen, amerikanische Zugeständnisse an die bürgerlichen Kräfte
1939	Indonesischer Volkskongreß, Sammlung der nationalistischen Kräfte
1941/45	Japan besetzt weite Regionen Südostasiens, darunter Malaya, die Philippinen, Indonesien
1945	Proklamation der Republik Indonesien
1946	formelle Unabhängigkeits-Erklärung der Philippinen. Nordborneo und Sarawak werden britische Kolonien
1947	99 jähriger Stützpunkt-Vertrag der Philippinen mit den USA
1957	die Föderation Malaya wird unabhängig
1963	Gründung von Malaysia einschließlich Malaya, Singapur, Sarawak und Sabah/Nordborneo
1965	Singapur wird selbstständiger Stadtstaat Errichtung eines Mititärregimes in Indonesien, das bis zur Gegenwart andauert
21. Sept. 1972	Präsident Marcos verhängt über die Philippinen das Kriegsrecht, das am 17. Januar 1981 formell aufgehoben wurde, ohne daß sich damit an der tatsächlichen Machtfülle des Präsidenten etwas änderte
25. April 1974	Revolution in Portugal, bis auf Macao und Ost-Timor werden die portugiesischen Kolonien unabhängig
1974	im portugiesischen Ost-Timor bilden sich politische Parteien
1975	Tod des Diktators Franco, Ansätze einer demokratischen Öffnung Spaniens
28. Nov. 1975	die politische Bewegung FRETILIN ruft in Ost-Timor die Republik aus
7. Dez. 1975	Invasion der indonesischen Armee in Ost-Timor, Beginn der bis in die Gegenwart reichenden Kämpfe um die Zukunft der ehemaligen portugiesischen Kolonie
17. Juli 1976	die indonesische Regierung in Jakarta erklärt Ost-Timor zur 27. Provinz der Republik Indonesien
1984	das Sultanat Brunei erhält die politische Unabhängigkeit

Bücher zum Thema

Teodoro A. Agoncillo: A short History of The Philippines. New York 1969

Teodoro A. Agoncillo/Milagros C. Guerrero: History of The Filipino People. Quezon City, elfte Auflage 1980.

Abilio Araujo: Ost-Timor – Von den Unabhängigkeitskriegen zur Revolution des Maubere-Volkes. Frankfurt 1978.

John Bastin/Robin W. Winks: Malaysia – Selected Historical Readings. Kuala Lumpur 1966.

Rudolf Baumgardt: Fernando Magallan – Die Geschichte der ersten Weltumseglung. Berlin 1942.

E. F. Benson: Ferdinand Magellan. London 1929

Miguel Bernad, S. J.: The First Encounter – An Idyll of Innocence. Aus: Rediscovery – Essays in Philippine Life and Culture. Manila 1977.

Jose Vicente Braganza, S.V.D.: The Encounter – The Epic Story of the Christianization of The Philippines. Cebu City 1965.

Alexander Bom: Hinaus über das Ende der Welt – Heinrich der Seefahrer. Wien 1980.

Ian Cameron: Magallan und die erste Weltumsegelung. Wiesbaden 1977.

Duncan Castlereagh: Das Zeitalter der großen Entdeckungen. Gütersloh 1977.

Renato Constantino: The Philippines – A Past Revisited. Quezon City, sechste Auflage 1980.

Renato Constantino: Identity and Consciousness – The Philippine Experience. Manila, fünfte Auflage 1980.

Jean Denucé: Magellan – La Question des Moluques et la première Circumnavigation du Globe. Brüssel 1911.

T. J. S. George: Revolt in Mindanao – The Rise of Islam in Philippine Politics. Kuala Lumpur 1980.

Roland Gööck: Das Buch der Gewürze. München 1977.

Peter Gordon Gowing: Muslim Filipinos – Heritage and Horizon. Quezon City 1979.

F. H. H. Guillemard: The Life of Ferdinand Magellan and the first Circumnavigation of the Globe. London 1890.

Paul Herrmann: 7 vorbei und 8 verweht – Das Abenteuer der frühen Entdeckungen. Hamburg 1965.

Paul Herrmann: Das große Buch der Entdeckungen – Wagemut und Abenteuer aus 3 Jahrtausenden. Reutlingen 1958.

Ruth Ho: Rainbow round my Shoulder. Singapur 1975.

Kurt Honolka: Magellan – Eines der größten Abenteuer der Seefahrt. Braunschweig 1958.

Richard Humble: Die Entdecker – Die Seefahrer. Amsterdam 1980.

Amrin Imran: Timor Timur – Provinsi ke-27 Republik Indonesia. Jakarta 1977.

Indonesien Heute, Sonderausgabe Ost-Timor. Bonn 1980.

Nick Joaquin: Lapulapu and Humabon – The Filipino as Twins.
aus: Philippine Quarterly of Culture & Society. Cebu City 1979.

J. Kennedy: A History of Malaya. Kuala Lumpur, zweite Auflage 1962.

Walter Krämer: Die Entdeckung und Erforschung der Erde. Leipzig 1953.

Christopher Lloyd: Atlas zur Seefahrtsgeschichte. Oldenburg 1980.

I. A. Macgregor: Notes on the Portuguese in Malaya. (Aus: Bastin/Winks)
Aus: Philippine Quarterly of Culture & Society. Cebu City 1979.

Carmen Guerrero Nakpil: The Philippines and the Filipinos. Quezon City 1977.

Robert Nicholl: European Sources for the History of The Sultanate of Brunei in the Sixteenth Century. Brunei 1975.

Gert v. Paczensky: Die Weißen kommen – Die wahre Geschichte des Kolonialismus. Hamburg 1970.

Antonio Pigafetta: Die erste Reise um die Erde – Ein Augenzeugenbericht von der Weltumsegelung Magellans 1519 – 1522. Tübingen, dritte Auflage 1974.

Hans Plischke (Hrsg.): Fernão de Magalhães – Die erste Weltumsegelung. Haar bei München 1964.

Jainal D. Rasul: Muslim-Christian Land – Ours to Share. Quezon City 1979.

Anthony Reid/David Marr (Hrsg.): Perceptions of the Past in Southeast Asia. Singapur 1979.

Sejarah Melayu or Malay Annals, englische Übersetzung von C. C. Brown. Kuala Lumpur 1976.

Rüdiger Siebert: Wolken über Borneo – Insel der Träumer, Narren und Piraten. Würzburg 1984. Philippinen/Bildband. München 1985.

Rüdiger Siebert: Bambus läßt sich nicht brechen – Reportagen vom Überleben in Südostasien. Würzburg 1986.

N. J. Ryan: The Making of Modern Malaysia – A History from Earliest Times to 1966. Kuala Lumpur 1967.

David Joel Steinberg (Hrsg.): In Search of Southeast Asia – A Modern History. Singapur, zweite Auflage 1975.

Tan Ding Eing: A Portrait of Malaysia and Singapore. Singapur, vierte Auflage 1978.

D. J. M. Tate: The Making of Modern South-East Asia, Volume 1 – The European Conquest. Kuala Lumpur 1977.

W. F. Wertheim: Indonesian Society in Transition – A Study of Social Change. Den Haag 1964.

Lea E. Williams: Southeast Asia – A History. New York 1976.

O. W. Wolters: The fall of Śrívijaya in Malay history. London 1970.

Yoe-Sio Liem: Die ethnische Minderheit der Überseechinesen im Entwicklungsprozeß Indonesiens. Saarbrücken 1980.

Stefan Zweig: Magellan – Eine Biographie. Wien 1938.